中国艺术研究院基本科研业务费项目

（项目编号：2020-2-23）

2020 年中国艺术研究院优秀博士学位论文丛书

变动时代的安身立命
——基于黄宾虹的"避地而居"展开的考察

SETTLE DOWN IN
THE CHANGING TIMES
——AN INVESTIGATION BASED ON
HUANG BINHONG'S
"LIVING IN SECLUSION"

曹新刚　著
CAO XINGANG

文化艺术出版社
Culture and Art Publishing House

图书在版编目（CIP）数据

变动时代的安身立命：基于黄宾虹的"避地而居"
展开的考察 / 曹新刚著. —北京： 文化艺术出版社，
2021.12
（2020年中国艺术研究院优秀博士学位论文丛书 /
李树峰主编）
ISBN 978-7-5039-7167-9

Ⅰ.①变… Ⅱ.①曹… Ⅲ.①黄宾虹（1865–1955）
—人物研究 Ⅳ.①K825.72

中国版本图书馆CIP数据核字（2021）第253282号

变动时代的安身立命
——基于黄宾虹的"避地而居"展开的考察
（2020年中国艺术研究院优秀博士学位论文丛书）

主　　编　李树峰
副 主 编　孙亚平　黄忆南　郑光旭
著　　者　曹新刚
丛书统筹　李　特
责任编辑　李　特
责任校对　董　斌
书籍设计　马夕雯
出版发行　文化艺术出版社
地　　址　北京市东城区东四八条52号 （100700）
网　　址　www.caaph.com
电子邮箱　s@caaph.com
电　　话　（010）84057666（总编室）　 84057667（办公室）
　　　　　　　　84057696—84057699（发行部）
传　　真　（010）84057660（总编室）　 84057670（办公室）
　　　　　　　　84057690（发行部）
经　　销　新华书店
印　　刷　国英印务有限公司
版　　次　2023 年 3 月第 1 版
印　　次　2023 年 3 月第 1 次印刷
开　　本　710 毫米 × 1000 毫米　1/16
印　　张　17.75
字　　数　253千字
书　　号　ISBN 978-7-5039-7167-9
定　　价　78.00 元

编辑委员会

主　编｜李树峰
副主编｜孙亚平　黄忆南　郑光旭

编　委｜（按姓氏笔画排序）

丁亚平　江　东　孙伟科　李　玫　何加林　杭春晓

项目组成员｜（按姓氏笔画排序）

王小梅　王文馨　孔　旭　帅雯霖　申　文　任　赛
刘　璋　刘先福　苏子龙　李　鹏　杨　雯　杨竹青
辛姣雅　庞小强　赵东川　黄　谷

为有真才始作学

（代序）

　　面对这套"优秀博士学位论文丛书"，我想到这三年在中国艺术研究院研究生院的经历，有很多深刻的感受。

　　近五六年来，全国研究生教育质量成为社会关注点之一，毕业论文抽检比例越来越大，要求也越来越严格，被抽检的论文出现不合格的情况时有发生，那时我虽然不在研究生院工作，但常为此担忧。2019 年 5 月，我被任命兼研究生院院长后，招生质量、教学培养质量、毕业论文质量，就成为压在我心头的一块石头，使我一年四季都没办法轻松。好在院里有一群愿意做事，也能做事、有责任感的人，大家拧成一股绳，从科学建章立制、抓各个环节程序、强化导师和教学指导组职能、把好各个关口入手，小步走、不停步地向前推，逐步把研究生教学工作质量一点点提升起来。令人欣慰的是，2021 年和 2022 年毕业论文抽检，虽然涉及各个一级学科多个专业，但抽检的结果都是合格的。

　　当然，这套"优秀博士学位论文丛书"的作者，都是我院研究生院毕业生中的佼佼者，他们的毕业论文是优秀论文。这些论文，经过了答辩委员会的认真讨论和一致推荐，经过了学位评定委员会的评审，具有相当的水准。

　　当我读到这些论文时，一方面为我院能有这样认真治学、有问题意识和研究方法的同学而高兴；另一方面，我在思考，对于人文和艺术学科，究竟什么样的人最适合从事研究工作？运用怎样的考察方法才能让他们的才能和素质充分显示出来，把不热爱艺术和学术、单单为拿文凭的人鉴别出来，从而把招生工作做到位？究竟怎样的培养方式和教学方案，才能让他们的天赋和才能充分涌流？究竟怎样的毕业论文和作品，才是我们的目标和标准呢？

这些问题，并不是很容易回答的。为让考生展现出实际水平，从2021年开始，我院在博士研究生招生复试中加进了"现场写作"一科，此科所占分值不小。同时我们反复向导师组强调，希望老师们认真考察这篇现场写作文章的水平。从实际效果看，不少导师认真阅读了考生的这篇文章，并将其作为招生的重要参考，但也有不少导师还是更看重面对面答辩的印象，没有重视这篇文章，也没有从这样的写作中发现学生的思维特点和水平。

在2022年的招生工作中，刘梦溪先生对报考其博士研究生的一位考生的现场写作文章十分满意，并在整个招生工作结束后建议我们大家看看这篇文章，大家看后一致认为此文逻辑严谨、丝丝入扣且富有文采。可以肯定，这样逻辑思维能力强、写作水平高的学生，经过三年认真修炼和导师指导，毕业论文不会差。

总结这几年抓研究生教育工作的经验和体会，我觉得研究生学位教育，关键在招生，重点在培养，把关在答辩，这个系列、过程是一个整体，需要从头盯到尾。那么，研究生学位教育的核心是什么呢？从学生来说，为有真才始作学；从老师来说，为有真学始育才！

2022年10月

目 录

第三章

"人的历史"——黄宾虹"避地而居"的心理机制探究

第四章

"南返"话语中的"归与不归"——不同语境下黄宾虹"避地而居"的合法性的建构

绪

论

第一节　选题缘起

　　首先，20世纪艺术史的书写往往依托于诸如"民族国家建构""现代性"等宏大叙事的逻辑框架，这一叙事框架奠定了艺术史叙事的"正统观"，并通过正当有效的传播机制建构了当下艺术史书写的合法性，形塑了我们对于20世纪艺术史的观看方法，并深深地影响着作为历史中存在的我们对于当下艺术的观念认知、经验建构及新的知识生产。然而，自20世纪末以来，伴随着多重视角交织下的新艺术史研究的兴起——对传统的宏大叙事模式进行不断冲击与解构，其明确的结果便是艺术史研究范式开始发生悄然的转向——冲破原有的宏大叙事逻辑，艺术史研究呈现出既"广大"且"精微"的研究范式。当然，笔者所强调的"广大"与前述"宏大"的概念迥然有别，"广大"所显现的是针对课题研究的视野而言，即把课题纳入更广阔的文化语境中，成为彰显特殊时段"知识型"和"谱系学"的坐标符号；"精微"是指在新艺术史学的影响下艺术史研究跳脱"宏大"叙事的藩篱，逐渐转向"微观"叙事。"微观"叙事与20世纪80年代以来艺术史研究中提出的"外向观"和"内向观"①问题在认知范畴中存在一定的"视域重合"，但亦有差别。依笔者拙见，"外向观"与"内向观"并非严格的"二

---

①　外向观，侧重于研究艺术作品产生的背景及其生成机制，诸如作品与所处时代的自然、历史、科技、文化、宗教等的关联，注重艺术家的生活史、生理与心理、社会、思想史等诸种因素；内向观，注重艺术作品本体性研究，诸如作品的真伪、作者、形式、特征、功能等。详见［美］克莱因鲍尔著，杨思梁、周晓康译《美术史研究导论》，《美术译丛》1985年第4期。

元对立"，且在近 20 年来的艺术史研究中有融合的趋势，巫鸿的艺术史研究即呈现出二者之间的有机关联①。就某种角度而言，"微观叙事"的转向即写作中的"视角"转换。20 世纪六七十年代以来，基于后现代哲学思潮诸如语言学、结构主义、解构主义等对史学的冲击，西方史学开始反思兰克史学所强调的以政治、经济为核心的历史书写，法国年鉴学派的问世开辟了西方史学研究的新范式，特别是近 20 年来的西方史学理论与历史书写的经验建构，提供了史学研究中多元的理论和视角，诸如柯塞勒克的"历史时间"、诺拉的"记忆场域"、彼得·帕克的"文化杂交"、阿赫托戈的"历史性的体制"等②，作为学科的艺术史，其研究范式必然亦会受到史学理论及视角的影响和冲击，进而迫使研究主体在面对史料时能够借鉴新的理论与视角，得以"他山攻玉"，进行有效的知识生产。笔者选取"变动时代的安身立命——基于黄宾虹的'避地而居'展开的考察"这一课题，正是基于这一背景下针对黄宾虹的个案研究，具有试错向度的尝试。

---

① 2020 年 4 月 23 日为世界读书日，"活字文化"对中央美术学院教授郑岩进行访谈，并就巫鸿先生即将问世的著作《第一堂课》进行相关解答。据郑岩教授回忆，他曾在芝加哥问及巫鸿关于美术史的训练这一问题，巫鸿认为主要是两方面，一是要训练视觉分析能力，二是 context，即作品与外部的诸如社会、文化、历史等的关系。两个方面实际上暗示了艺术史研究中外向观与内向观的融合趋势。
② 相关研究参见张旭鹏《"国际历史理论网络"根特会议述评》，《史学理论研究》2013 年第 4 期；张旭鹏《当代西方史学理论的特点与趋向——评邓京力等著〈近二十年西方史学理论与历史书写〉》，《史学理论研究》2020 年第 1 期。

其次，自 20 世纪 80 年代以来"黄宾虹研究"这一叙事话语逐步"加温"，诸如 1986 年黄宾虹研究会成立、2004 年中国艺术研究院美术研究所筹办了第一届"黄宾虹国际学术研讨会"等，研究的群体也发生了转向——高校师生，并呈现出不断壮大的趋势。据笔者对黄宾虹研究的现状梳理统计，以"中国知网"为例，近 50 年来以黄宾虹为研究对象而"生产"的硕士学位论文达 139 篇，博士学位论文 15 篇，期刊论文搜索信息达 91164 条，这仅仅是笔者进行初步检索而呈现的结果，还未包括笔者所接触到的关于黄宾虹研究的各种著述及较有学术性的画册、画集之类，其中关于黄宾虹研究的著述包括专著、会议论文集、年谱等四十余种，画册、画集涵盖海峡两岸暨香港以及美国出品的六十几种；亦未包含笔者通过台湾中文期刊论文索引、香港中文期刊论文索引而得到的相关文本。且近年来由于信息数据技术的不断发展，如"民国期刊全文数据库""中国历史文献总库·近代报纸数据库"等的出现，使得原来淹埋在历史中的黄宾虹生前的资料大量涌现，为进行本课题研究奠定了雄厚的材料基础，在与导师商量并征得导师同意之后遂敲定此课题。

第二节　研究意义

首先，通过对近百年来"黄宾虹研究"的现状进行学术史维度的梳理，可知对于"黄宾虹研究"这一领域主要呈现三种进路：一是以黄宾虹的笔墨为核心的本体性研究；二是以黄宾虹的画史、画论、画学思想为中心的研究；三是受新艺术史影响下的关于黄宾虹的"外向观"研究，涉及交游、身份、思想史、艺术市场等领域，呈现出一种多维并进的态势，是对以往黄宾虹研究中"笔墨中心论"这一格局的反思与拓展。这种多元视角的辐射，使得"黄宾虹研究"这一叙事话语所形成的脉络之下的层层遮蔽得以浮现，进而起到祛魅的作用，这是本课题研究呈现出的意义维度之一。

其次，通过现状梳理发现，上述黄宾虹研究所呈现的三种进路之间形成某种割裂：或以笔墨论笔墨，形成笔墨中心论，但如此的"笔墨中心论"，时间弥久，亦会进入一个无休止的笔墨的"话语磨坊"中，难以产生有效的知识生产；或纯粹论述画史画论及画学思想，忽略作为"他者"影响的社会、文化、时代之语境；或虽从外部视角展开研究，但却难以真正切入其创作或理论话语内部，形成简单的对应、比附。那么如何才能使得三种进路得以有效融合并试图建构一种新的叙事范式既是本课题研究的一种试错的尝试，同时也是本课题研究呈现出的第二层意义维度。

最后，对于黄宾虹的研究而言，无论从历时性还是共时性来看，尽管百年来生产的大量文本几乎囊括了黄宾虹的各个方面，但对于黄宾虹何以迁居北平、在北平沦陷时期这一特殊场域的交游及其背后"避地而居"的心理机制等问题，因囿于时代或政治话语、笔墨中心的研究范式等因素，学术界鲜有涉猎，虽亦有相关文本，但也是浅尝辄止，仅仅是作为在这一场域中的画家群体的视角研究，个案研究未曾尝试，故而选择此课题，以黄宾虹"避地而居"的观念展开考察，尝试重构作为主体的黄宾虹在这一时段的历史真实。于笔者而言，选择这一课题无疑难度极大，也是对自身学术能力的挑战和考验，但从某种角度而言，选择任何课题都不仅仅是对以往历史主体的重构，亦是对自我的某种形塑，并辐射当下。借用著名哲学家卡尔·波普尔的一句话："不可能有事实如此这样的历史，只有历史的各种解释，每一代人都有权形成自己的解释，而且有义务这样做，因为的确有一种寻求答案的迫切需要。"也即作为历史主体是被不断建构的，研究主体在解构以往的历史主体中又重新塑造了历史主体，同时也形塑了研究主体。

第一章

他者认同：『知识』的黄宾虹
——百年来黄宾虹研究的学术史回顾
（1913—2020）

　　毋庸置疑，迄今为止，关于黄宾虹（1865—1955）研究的"资料"可谓汗牛充栋，以"中国知网"为例，据笔者不完全统计，以黄宾虹作为关键词进行主题检索，可以发现，从硕、博士学位论文维度来看，通过在论文的标题中直接显现"黄宾虹"或涉及"黄宾虹"相关内容的硕士学位论文达 139 篇，博士学位论文 15 篇。以同样的方法在期刊一栏中进行主题检索，发现直接或间接以黄宾虹为研究论题的论文，检索信息多达 91164 条。这仅仅是笔者进行初步检索而呈现的结果，还未包括笔者所接触到的关于黄宾虹研究的各种著述及较有学术性的画册、画集之类，其中关于黄宾虹研究的著述包括专著、会议论文集、年谱等四十余种，画册、画集涵盖海峡两岸暨香港以及美国出品的六十几种。黄宾虹生前即享大名，为画坛祭酒，且艺术生命弥久，加之有长达三十多年的媒体人经验，自身除去画家身份外，兼有绘画理论家、古文字学家、古书画鉴定家等多重身份，使得仅仅是黄宾虹生前的研究资料就极其庞杂，据黄宾虹研究的著名学者王中秀先生统计，仅仅在民国时期的《申报》上，黄宾虹的"出镜率"就高达 206 次。笔者虽无意统计当然也无法统计出民国时期黄宾虹及黄宾虹研究在各类报刊上呈现的确切状态，仅以目前笔者所接触到的报纸除《申报》外还包括《太平洋报》、《晨报》、《民立报》、《神州日报》、《东南日报》、《南宁民国日报副刊》、《新天津画报》、《时报》、《非非画报》、《世界日报》、《新北京报》、《北平时报》、《天津民国日报》、《国闻周报》、《三六九画报》、《皖事汇报》、《大众画报》、《华西学报》、《天津商报画刊》、《世界画报》(北京)、《川报》、《新新新闻》、《时事旬报》、《上海画报》、《真相画报》、《浙赣路讯》、《华北新报》、《风月画报》、《新晨报副刊：日曜画报》、《民言画刊》、《民国日报·国学周刊》等，杂志包括《古学丛刊》、《国粹月刊》、《东方杂志》、《文社月刊》

（上海 1933）、《鼎脔》、《古今》、《国专月刊》、《湖社月刊》、《艺文》、《艺林月刊》、《艺观》、《国画》、《南社湘集》、《艺术论坛》、《立言画刊》、《学术世界》、《国光》（无锡）、《东华》（东京）、《国画月刊》、《同声月刊》、《越风》、《国立暨南大学中国语文学系期刊》、《国艺》、《民族先锋》、《良友》、《艺甄》、《道路月刊》、《新艺》、《国专校友会集刊》、《诗经》、《文化先锋》、《华西学报》、《暨南校刊》、《文华》、《永安月刊》、《泉币》、《美术杂志》（上海1934）、《晨风》（上海 1933）、《民众文学》、《东方杂志》、《国民杂志》（北京）、《民众生活》、《西北风》、《文艺春秋》（上海 1933）、《上海美术专门学校季刊》、《真光》、《国立四川大学周刊》、《白光画刊》、《美展》、《华国》、《金石书画》、《艺苑》、《美术生活》、《绸缪月刊》、《国学汇编》、《国学周刊》、《太阳在东方》、《精致》、《新世纪》、《新民报半月刊》、《唯美》、《友声旅行月刊》、《学艺》、《东南揽胜》、《天下》（香港）、《交大季刊》、《中和月刊》等。

　　诚然，历史研究，材料越多，便越有可能穷源竟流，重构历史，因而对于黄宾虹研究而言，如此庞杂的资料使得这一研究呈现出双刃剑的效果：一方面使得研究的"触角"可以深入到研究对象的各个维度，呈现出纵横捭阖之势；另一方面却使得黄宾虹研究似呈现出"学科化"的趋势，形成极强的脉络化，多重的叙事话语造成层层叠叠的遮蔽，这很容易使得研究者无意识地掉入历史的陷阱之中难以自明。因此对于笔者而言，选择黄宾虹这一课题，首先要解决的便是拨开迷雾，即尽可能收集与课题相关的所有文本，更重要的是对这些将来作为论据的材料重新进行甄别、梳理，重点钩沉，打散原有的脉络，也即首先要检讨研究主体自身的知识经验逻辑，在去熟悉化的过程中对课题研究的历史文本进行清理，这是本课题得以展开的一个基本前提。通过对本课题进行学术史维度的回顾，也能引申出论文的写作动机与研究主题。

　　鉴于笔者已收集的材料——有关黄宾虹的著述、画册、民国报刊、拍

卖图录等，为了叙述的方便，笔者采用的方法是进行分期研究：按照文本的
生成时间，分为生前、身后两大部分，每一部分根据研究的需要分为若干阶
段，以期能对黄宾虹研究做一次较为系统的回顾。

第一节　黄宾虹生前之相关研究（1909—1955）

　　对于黄宾虹生前的研究，笔者所借助的材料主要依靠发表于民国时期的报纸、刊物、画册及与黄宾虹相关的交往书信等资料性、论说性的文字，总体而言，或囿于时代因素，或因文章作者与黄宾虹微妙的人际关系等因素，这些文本大部分为应时性的随感和评论，一鳞半爪，鲜有大段论述，且内容多有重复，严格意义上的学术文章很少。但若换一个视角来看，由于作者皆为黄宾虹生前之同人或好友，其评述虽不乏"鼓吹"之嫌，对于后世研究者而言，若能仔细甄别，亦能从这些零星片段的间隙中捕获丝丝的历史真实，去反思、检讨后期文本中易于无意呈现的"先见之明"，因而这些文本具有鲜明的历史在场感，同样具有重要的史料价值和研究意义。如 1925 年美国人爱德华·白鲁斯（Edward Bruce，1879—1943）撰写《纽约中华古画展览会宣言》①一文，文中作者以他者的眼光评价了中西绘画之特质：对比西洋画，中国画较他国为"宁静、精致与深切"，中国美术可以"使吾人得较丰富之生活与实际"。进而谈及中国画的历时性发展，至晚明时代，成为"世界美术史上无二之热心于精密，而图窥见造物之秘密与精妙"。西画"而未神似，且失其真，物质与智力两方面，均非能使人立受感动，且其排列与材料亦嫌呆板，较之伸缩自如而富想象力者，实不可同日语也"。同时也谈到，彼时，欧美受东方之影响，美术与精神上得有觉悟，塞尚、

---

① ［美］爱德华·白鲁斯著，王雪帆译：《纽约中华古画展览会宣言》，《艺观》1926年第 1 期。

凡·高、高更及现代美术家醉心于审美及思想,是得自东方也。因而我们现在着手研究中国美术,是要去探求其思想的根源,研究中国美术,可以使我们对生命有新的观察与理会。值得注意的是,根据爱德华·白鲁斯的生平,作为一个初入中国的美国商人何以对中国画及中国文化有如此清晰透彻的观察?经考,在1926年《艺观》第一期刊印的这篇文章附有编者志云:"美人白鲁斯君,曩游历中国,颇多收藏,常与宾虹商榷绩事,前岁返纽约,开中华古画展览会,提倡中华美术,以为东学西渐之助。"经此信息,加之对作者在文章中表述的话语逻辑进行推敲,清晰的答案便渐趋浮现:作者对中国文化及中国画的认知建构与经验化表述源自与黄宾虹的交往,因而此文亦可反映出20世纪20年代黄宾虹画学思想的鳞爪及他一以贯之的中西画学观,同时对于我们解读20世纪初黄宾虹与史德匿(E.A.Strehlneek)的交游,甚至拓展到黄宾虹一生之中与其他入华的外国人交游,都增添了一个很好的注脚——西学东渐的强势外表下亦隐含着东学西渐的悄然发生。

一、海上鸿飞——黄宾虹研究的"上海时段"

那么,对于黄宾虹生前的研究究竟从何时开始呢?笔者心中亦没有一个明确的答案。但毫无疑问的是,作为集士人、画家、编辑、古玩商、古书画鉴定家等多重身份于一体的黄宾虹是在定居沪上之后,其主体才得以确认的,因而笔者选择了1909年这个时间节点作为黄宾虹生前研究的一个起点。[①]正如前文所述,对于黄宾虹生前研究的文字大多为时人的只言片语,或为感性评述,或为事件记载,文章体例大多为见诸报端的记叙性文体。时间上而言,则特别表现为黄宾虹自1909年居沪之后至20世纪30年代抗战

---

① 参见肖志丹《1909年居沪前黄宾虹画家主体身份的确认探究——以王中秀〈黄宾虹年谱〉为中心的考察》,《中国书画》2018年第11期。

前夕，具有代表性的诸如张谷雏《跋画学篇》、胡淖平《南香画语》、陈直《金石纪闻》、《烂漫社同人画册第一集》载《黄宾虹小传》、俞剑华《天马观画记》、柯定盦《今年之天马会》、《广西讲学会信息汇志·艺术展览会》、《国画会欢迎黄宾虹纪——黄君演述世界上美术之流派》、《黄宾虹讲演〈中国美术之商略〉》、俞剑华《秋英先参记》、沧波《秋英会读画记》、秦瘦鹃《南社二十周年雅集记》、冥飞《沪上画人集绘记》、俞剑华《寒之友展览会简评》、俞剑华《二美宴记》、陈巨来《国光之宴》、雪崖《青青书画会读画记》、俞剑华《杂文一束》、《中日画家联欢》、《中日现代绘画展览会出品》第一辑、《十八年十一月八日中日画家欢叙海上存天阁纪念》、戮甫《中国文专之成立及其发展计划》、郑逸梅《豫园观画记》、俞剑华《重光饯土屋》、《日本画家田边华致黄宾虹先生札》、《名画家来省　黄宾虹想慕峨嵋月　东方美专设宴洗尘》、《画家黄宾虹来省后下榻三道街　月底将游春城山》、《黄宾虹在女附中讲演古代文化》、《各界纷纷争购黄宾虹作品　由蓉社社员代为评价》、《黄宾虹简历》、《黄宾虹写四川风景》、《黄宾虹等组织黄山琴棋书画社》等，呈现出碎片化的态势，鲜有严谨而学术性的知识生产。但通过对于这些见诸报端的"只言片语"进行梳理、分析，可以帮助研究主体去勾勒、追踪黄宾虹在此时段的交游"轨迹"，伴随着黄宾虹于交游当中所生成的关于对中国画学的认知与思想谱系的嬗变，并在此基础上，使我们能更加清晰地发现黄宾虹绘画风格得以不断演进的内在理路。尤其值得注意和重视的是，作为刊印在报纸——大众传播媒体——上的这些记录性文字，是具有"事件"性质的"同期文本"，作为一种"档案性"的存在，可以帮助研究者进一步去检讨、廓清黄宾虹晚年时期的交游中某些至今在学术界因难以言说明了而少有碰触的"课题"，或言在最低程度上能阐释出这些课题而增添某些具有线索价值的启示或通道。如前文所录，俞剑华在《杂文一束》中记载了一件颇为有趣的事情：在（民国）教育部第一届全国美术展览会中，神州国光社黄宾虹展出了古代书画94件，其所藏之董其昌《山水卷》引起围

观,原文如下:

> 董其昌山水卷:绝无董之面貌,用笔用墨,均奇怪不可测,或劲如石田,或苍如石溪,或规矩如子久,或皴法似山樵,或整然有序,或纷如乱丝,观者咸嗤为假,黄宾虹先生独以为真,且视之为无上之宝,爱之如头目。是非鉴赏于牝牡骊黄之外可比,非皮相者所可得知也,后有眉公题跋极精。①

黄宾虹对所藏董其昌山水卷"独持己见",源自其长年浸淫书画创作与画史研究的积淀而生成的认知、观看经验及筑基于此而生成的古书画鉴定能力。那么黄宾虹的鉴定水平究竟如何呢?检视黄宾虹的海上交游活动并查阅史料发现,对于黄宾虹的鉴定水平总体来看呈现出的是"赞誉有加"的话语体系。1936 年出版的由李朴园、李树化等所著《近代中国艺术发展史》中评论黄宾虹:"黄氏画学,博通古今,鉴别的眼光为当代所推崇。"② 在 1935 年发生易培基盗宝案时,黄宾虹担任故宫书画鉴定委员似乎是极符逻辑、顺理成章的事情。然而事实果真如此吗?黄宾虹故宫鉴定工作成效如何?故宫博物院原院长马衡对黄宾虹在故宫的鉴定工作颇有微词,他在 1949 年撰写的《关于鉴别书画的问题》③ 一文的"附识"中谈道:"以重金雇用落魄画家黄宾虹……后闻黄宾虹鉴别颠顸……公开陈列,至是法院大窘,始悟为黄所误……"考黄宾虹当年担此工作时已 72 岁,虽然其书画鉴定水平被圈里人定义为"权威",但在马衡眼里不过是"重金聘用"的"落魄画家"而已,

---

① 王中秀编著:《黄宾虹年谱》,上海书画出版社 2005 年版,第 221 页。
② 李朴园、李树化、梁得所、杨邨人、邓君里:《民国丛书:第一编 65:美学、艺术类·近代中国艺术发展史》,上海书店 1989 年版。
③ 该文于 1997 年在《故宫博物院院刊》上重刊,详见《故宫博物院院刊》1997 年第 4 期。

而对其鉴定能力则以"颠顸"一语评之，显然马衡对黄宾虹的鉴定水平是持否定态度的。不仅马衡如此，故宫博物院的文博专家们对黄宾虹的鉴定工作也非常不满，那志良在《故宫四十年》中直是言不讳地写道："一颗珍珠，一块宝石，真的就是真的，假就是假，只要是内行人，所见一定相同。书画则不然，大家的看法则不同了。故宫博物院有书画审查会，时常有绝对相反的意见。法院只请了一位黄宾虹先生担任鉴定，难免发生错误。"李维琨在《"盗宝案"与古画鉴定——读黄宾虹〈故宫审画录〉》一文中引述了著名鉴定家朱家溍、杨仁恺等几段言语，特别是引述了杨仁恺在《国宝沉浮录》中的一段回忆："前任院长易培基被指控有'掉包'嫌疑，于是当局组织专家进行鉴定，当初聘请交通系叶恭绰先生主其事，叶氏坚辞，推画家黄宾虹先生为代，待遇优厚，又可借此扩大视野，所幸黄先生对宋元作品未得鉴明真赝，宋人马麟《层叠冰绡图》、马远《踏歌图》、赵佶《祥龙石图》、赵佶签题《听琴图》多轴珍品，幸得以保全，仍藏宫中。"[1] "未得鉴明真赝"，不仅对黄宾虹的鉴定结果提出了明确的看法，更直言黄宾虹得以赚取此份工作赖于他的好友当时身为"交通系一把手"叶恭绰的力推。王中秀在《黄宾虹十事考：故宫读书》一文中，对黄宾虹担任鉴定委员之曲委，亦有详细的考证，认为除了黄宾虹自身的影响力因素外，还有其好友叶恭绰、于右任的影响因素。最后李维琨在文中也总结道："现在看来，黄宾虹之于故宫所书审画，总体上失之过严。"而方继孝在《故宫盗宝冤案谜　一纸附识解真相》一文中论述完有关马衡对黄宾虹鉴定之态度后，更是颇有深意地铺垫了一句耐人寻味之言："其实，关于黄宾虹的鉴别能力，在当时的书画圈早有定论。"[2] 现在回过头来再重新审视俞剑华《杂文一束》中黄宾虹对所藏董其昌山水卷的"独持己见"是否别有一番风味？黄宾虹与涉华的欧美及日本好友

---

① 　详见李维琨《"盗宝案"与古画鉴定——读黄宾虹〈故宫审画录〉》，《中国美术馆》2005 年第 8 期。

② 　方继孝：《故宫盗宝冤案谜　一纸附识解真相》，《中国收藏》2013 年第 5 期。

的交游,在上述见诸报端的记载中亦有大量呈现,后世研究者亦可从这些看似琐碎的信息中检索到具有研究价值的史料,从而去重新检讨诸如黄宾虹一生中贯穿的关于西方对中国画的认知经验是真实的发生还是一个自我想象的他者镜像、黄宾虹在北平沦陷时期的身份重构与认同等课题,穿透被后世话语建构的先验为大师的"黄宾虹",尽可能地去还原和重构一个符合真实历史语境的"黄宾虹"。

1933年黄宾虹七十寿辰之期,本年沪上好友宣哲、王秋湄及弟子朱砚英、顾飞等聚资谋刻《滨虹纪游画册》,至1934年11月画册刻成。"画册为蓝色木刻板印,其中黄山风景八幅,白岳四,雁荡四,四川十二,桂林六,浙绍一,苏锡一,皖南四,共四十幅。"① 丹徒于克勋领衔画册之序言,阐述了黄宾虹的从艺经历、绘画面貌:"寝馈于唐宋名迹,务得其用意用力之所在",因而"所制不似今人,亦非墨守新安宗派者"。交游经历:国变后由潭渡避居上海,与南海康有为订交,近十年中独自作画并至桂林、雁荡、青城山,遇佳山水必写真等。此文体例极似一篇简要传记,虽未呈现更有学术层面的理论探讨,但亦可从简洁的叙述中管窥此时黄宾虹的绘画面貌和交游踪迹,特别是此时呈现的画风嬗变可以使我们进一步探究对画史画理谙熟于心的黄宾虹在面对真山水时言说其主观意趣的路径。值得注意的是,作者在文中谈及了黄宾虹居沪之前在家乡"讲经世之学""农田水利""谋兴学"等一系列作为"地方文化精英"的行为,看似是不经意的描绘,但从某种角度而言,联想到黄宾虹之后的交游经历,无疑启示了后世研究者从士人身份的转变、认同与国家社会之间的秩序、变动为视角进行主体研究的叙事范式的转换。对于此文目前学术界仍有争议的是关于作者的身份,"丹徒于克勋",只存在于这篇序言中,换句话说,在有关黄宾虹的研究当中,它仅仅出现在此处。裘柱常在《黄宾虹传记年谱合编》中考证"丹徒于克勋"为黄宾虹本

---

① 赵志钧编著:《画家黄宾虹年谱》,人民美术出版社1992年版,第140页。

人，而黄宾虹的女婿赵志钧在《画家黄宾虹年谱》中根据傅雷收藏的原稿手迹认为是贞社社长宣古愚，王中秀在《黄宾虹年谱》中引用了赵志钧的观点，至今对于序言作者之身份，学界仍无定论，有待详考。

据笔者考证，于 1934 年 11 月刻印的《滨虹纪游画册》① 应为黄宾虹生前出品的第一本画册。而由黄宾虹著、上海金城工艺社于 1935 年 5 月出版发行的《黄宾虹画册》为第二本，是册共 12 页，刊印水墨山水画 12 幅。两本画册出版时间相隔不到一年，检视两本画册所载黄宾虹作品，足可以让我们对此际黄宾虹的山水画风有进一步的认知。对于《滨虹纪游画册》所载的作品内容，20 世纪 30 年代陈松英在《世界学者介绍：黄宾虹先生》一文中有细致的介绍："其中，黄山景凡八，曰浮邱、祥符寺、炼丹峰、天都峰、容成台、莲花峰、扰龙松、始信峰；白岳凡四，曰真真石室、五老峰、登封桥、晒阳岩；雁岩凡四，曰灵峰、梅雨瀑、罗汉寺、芙蓉江；四川凡十二，曰黄牛峡、西陵峡、巫山、三斗坪、南津闩、安居坝、希泉洞、将相台、陶市湾、天池、岩坳、石壁；桂林凡六，曰昭潭、荔浦、阳朔、清河渡、隐山、洞山；浙绍凡一，曰白马湖；苏锡亦一，曰鼋头渚；皖南凡四，曰滚滩、美人石、南湾、仙人石。"② 经考，作者陈松英是黄宾虹生前至交陈柱尊的长女，陈柱尊又为《学术世界》杂志的创刊人。是文中对黄宾虹的画艺以高度评价："是以超群拔萃，海内知名依附门墙者不可胜计，先生法绘遍海内，得之者如获拱璧。"除此之外还谈及黄宾虹的书法、古诗词之学及相关著述，是黄宾虹生前研究的文献中介绍黄宾虹较为全面的一篇，对于我们探究此时期的"黄宾虹"面貌有重要的参考价值。

上述陈松英之文提及陈柱尊与黄宾虹结识于民国初年，虽黄宾虹年长

---

① 承蒙杭春晓先生惠赐黄宾虹在民国年间出版的几本珂罗版画集，包括 1935 年上海金城工艺社出版的《黄宾虹画册》及 1943 年黄宾虹八十寿辰时傅雷编著的《黄宾虹先生山水画册》，在此表示真诚的感谢。

② 陈松英：《世界学者介绍：黄宾虹先生》，《学术世界》1935 年第 1 卷第 4 期。

陈柱尊以倍,然二人成为至交好友、忘年交,据王中秀统计,二人交往书信达 60 多通,可证他们之间的关系。陈柱尊的次女陈蕙英亦为黄宾虹入室弟子。1935 年,陈柱尊创办刊物《学术世界》,该刊以"阐明学术,发扬文化"为宗旨,黄宾虹是主要撰稿人之一,据笔者粗略统计,在 1935 年至 1937 年间,黄宾虹在这本刊物上发表的文字作品接近 30 篇,《学术世界》也成为二人谈书论画、交流思想的重要平台。陈柱(即陈柱尊)的文章如《论学书六首:与黄宾虹教授论画书》《题黄宾虹先生山水横轴(并序)》及黄宾虹的绘画作品如《黄宾虹先生北流暗螺岭陈柱尊家约十里之风景也》《黄宾虹先生北流萝村陈柱尊山屋图》等,成为我们解读黄宾虹此时期画学思想、绘画风貌及交游踪迹的重要文献。1928 年黄宾虹到桂林讲学,陈柱随同,尔后在 1935 年发表《八桂豪游图记》《览胜亭图记》《记桂林之游》等数篇文章记录此事,尤以《八桂豪游图记》[①] 一文最具研究价值。是文不仅生动地再现了黄宾虹桂林之游的传奇经历,两岸胜景,更为重要的是记录了黄宾虹此时的画学思想,如"以山水作字,而以字作画""运笔欲圆,而出笔欲平""凡画山不必真似山,凡画水不必真似水……以六书指事之法行之"等,可谓写生真山水,化食古之技。黄宾虹画学思想之经典"五笔"论——平、圆、留、重、变,是文中"圆""平"业已出现。

黄宾虹于 1928 年的桂林之行曾至香港稍做逗留,《非非画报》同人设宴欢迎,并摄影纪念,这为他在 1935 年再次赴港埋下了伏笔。归途道经广州,受到广东国画研究会的盛大欢迎,并于本年 9 月 9 日在六榕寺做了题为"世界上美术之流派"的演讲[②],并阐发了其"三笔七墨"的画学要旨,为其后来画学思想之大成的"五笔七墨"论奠定了基础。在广州期间除造访高剑父之外,又拜访蔡守、谈月色伉俪,其间,蔡守向其出示漓江所藏孟丽

① 　陈柱:《八桂豪游图记》,《学术世界》1935 年第 11 期。
② 　《国画会欢迎黄宾虹纪——黄君演述世界上美术之流派》,《广州民国日报》1928 年 9 月 11 日,转引自王中秀编著《黄宾虹年谱》,上海书画出版社 2005 年版,第 199 页。

堂画品，"宾虹函称丽堂能用宿墨，故赋色亦古艳"，王鲲徙在 1930 年出版的《式园时贤书画集（第一辑）》里详载此事。笔者在此引出这段看似极易被历史忽略的小事，真正的目的是探讨孟丽堂对黄宾虹的潜在影响。那么，孟丽堂究竟是何许人？经考，孟丽堂，即孟觐乙（约 1764—1833），"丽堂"是其字，号云溪生、云溪外史，江苏阳湖（今常州）人。潘飞声在民初所著《绿水园读画记》中言其画风"以意笔挥洒，上追白阳"。孔令彬在《孟觐乙生平事迹略考》一文中载近代画坛大家对其多有评述，如刘海粟评其"出笔古奥""能与古画中求生动，亦一时之杰也"；齐白石称"前清最工山水画者，余未倾服，余所喜独朱雪个……孟丽堂而已"；张大千也坦言受到孟丽堂的影响。与上述相比较，黄宾虹之于孟丽堂可谓"一见钟情"，初见便函称其妙。据笔者对黄宾虹其他文本的考察，孟丽堂多次出现，且评价极高，如《讲学集录》第十七讲中谈："孟丽堂，纯讲笔墨，作品在石涛之上，惜外观人不易知。"[①] 黄宾虹晚年对道咸年间的几位画家尤为看重，极为推崇，孟丽堂赫然在列。那么，黄宾虹何以如此偏爱孟丽堂？其实重新审视上述黄宾虹评价孟丽堂的话语便可觅得线索，"能用宿墨，故赋色古艳""纯讲笔墨"正是澄清此问题的关键词，"宿墨"正是黄宾虹经典画学"七墨"论中的重要一环，特别是在其晚年花鸟画作品中，对于宿墨法的理解和运用都达到炉火纯青的境界。那么黄宾虹究竟从何时开始阐发并表现宿墨法的？前述1928 年黄宾虹在广州六榕寺讲演时曾系统阐发其"三笔七墨"思想，而刊于 1935 年《中国女子书画会特刊》中谈月色之诗《黄宾虹师过香港，因病未能晋谒成五首》之一中有"三如笔法七色墨"句，王中秀认为这里的"三如"笔法，即"三笔"，是黄宾虹后来"五笔"论的雏形，对于诗句中"七色墨"我们作如何理解？是否就是其后来的"七墨"论？此时"七色墨"论

---

① 上海书画出版社、浙江省博物馆编：《黄宾虹文集·书画编》(下)，上海书画出版社 1999 年版，第 96 页。

中是否涵盖了宿墨？如果没有，结合材料，我们还可以进一步追问黄宾虹"七墨"论中宿墨的建构是否得益于对孟丽堂画作中宿墨运用的观看经验？能否解答这些疑问，或许只有进一步对黄宾虹的文本作细致考察才能捕获饶有价值的线索，但不可否认的是，黄宾虹此际相遇孟丽堂得窥其宿墨运用之堂奥，必然对其后来"五笔七墨"的画学思想及笔墨实践产生深远影响，以至于在其晚年重新发现并极力推崇道咸画学时仍念念不忘孟丽堂。谈及孟丽堂画作因"纯讲笔墨"致使"外观人不易知"的现状，如此话语表述的背后是黄宾虹一以贯之的画学观——重笔墨——的显现，那么是否也暗含了作为主体的黄宾虹因他者遭遇而生成对其自身作品的现实处境认知？据孔令彬在《孟觐乙生平事迹略考》一文中载孟丽堂"居京十余年，亦不与人结纳"，其晚年"两目失明，犹能摩挲作画。其视朱成碧，以方为圆，全以至神行，别饶逸致"。[1] 孙鼎在《粤西画识》（民国手稿本）中也有如此记载。而极为巧合的是，黄宾虹于 1937 年至 1948 年——日据北平及国民党统治北平时期——间亦困居北平，长达"十余年"，考察黄宾虹在此时的交游亦呈现出"不与人结纳"的状态，其晚年因白内障，亦是"两目几乎失明，摩挲作画"。以今时之目光，历史在二人的经历上呈现出了极其惊人的相似，鉴于黄宾虹对画史画论的熟悉程度及对史料探赜索隐的能力，笔者推测黄宾虹应是知晓孟丽堂之生平事迹。考察黄宾虹的一生，这则史料又能带给后世研究者以怎样的目光和认知呢？

1935 年 4 月 10 日的《申报》第 2 版除了刊印大众出版社自 1933 年以来发行的《大众画报》广告外，还以约占三分之一的版面刊登了一个画集广告——"中国当代名家画集"："内容征集当代国画及西洋画名家杰作，每人精选作品六帧，用三色版及单色铜板精印……每作家自为一卷，附有作家肖像及传略，每看一卷得见一家之作风……"并注明第一批四十卷于 4 月

---

[1] 孔令彬：《孟觐乙生平事迹略考》，《美术学报》2015 年第 3 期。

底出齐，《黄宾虹先生画集》位列其内。据考，黄宾虹生前出品的画集凤毛麟角，此本画集若能问世，必然是后世研究者探究此际"黄宾虹"的极其重要的文献。但笔者对此本画集是否刊印存有怀疑：这本画集应该没有刊印。首先，据此广告所云，画集第一批为四十卷，征集名画家作品除黄宾虹外，还包括像徐悲鸿、王一亭、张大千、刘海粟、林风眠等享誉画坛的共 40 位名家，一旦出版，其所产生的影响力必然如广告中所言"一代丹青，传之久远；百家卷帙，蔚为大观"。然笔者检索此际其他报纸、杂志，均未发现与画集相关的信息，即便是在《申报》上，画集广告也仅仅出现这一次，此后便再也没有出现过，悄无声息地湮没在茫茫历史中。作为一本涵盖了当时画坛几乎所有巨擘作品的画集，如若问世，势必会在海上画坛产生一定影响力，其涟漪效应也必然会波及大众传播相对繁荣的上海媒体界，因此通过对此际大众媒体的反应程度可证画集的刊印计划并没有成功。其次，一次性出版如此众多画家的作品，并"用三色版及单色铜板精印"，对于出版社而言，这不仅是一项浩大工程，从某种角度来看，更是对出版社的资历、能力、硬件等无形和有形"资本"的一场考验。那么作为画集出品方的"大众出版社"在当时实力究竟如何？根据上海市地方志办公室制作的"1843～1949年上海出版机构一览表"来看，以"大众"命名的出版单位有两个：一个是成立于 1933 年的大众书店，位于上海市福州路 320 号；另一个是大众出版社，成立于 1938 年至 1939 年，位于吕班路（今重庆南路）西门路口，由赵朴初、陈明、梅达君等合办。但是作为画集出品方的"大众出版社"是位于上海市虹口区舟山路 20 号，与《1843～1949 年上海出版机构一览表》中提及的大众出版社地址不符，更关键的是，出品画集的大众出版社自 1933 年以来就刊印《大众画报》等刊物，而"一览表"中的大众出版社成立时间是在 1938 年至 1939 年，时间也不符，即画集出品方的此"大众出版社"非"一览表"中的彼大众出版社，换句话说，具有文献史料意义上的"一览表"中并没有收录作为画集出品方的"大众出版社"，何以如此？

个中缘由虽因史料难寻，无法解答，但从中亦可管窥这一大众出版社的真正实力，从而为画集的“流产”提供某种具有副证意义的话语。最后，对于此则广告，首先见于《申报》，后王中秀在编纂《黄宾虹年谱》时收录。作为谱主生前的一份重要文献，遵循王中秀先生在《黄宾虹年谱》中一贯的写作范式，必然会对“画集”有一番评述，但出乎意料的是，王先生一笔带过："4月，大众出版社编印中国当代名家画集四十卷，《黄宾虹画集》出版发行。"[①]后笔者又查阅汪改庐的《黄宾虹年谱初稿》，赵志钧《画家黄宾虹年谱》，王伯敏、汪己文合著《黄宾虹年谱》，裘柱常《黄宾虹传记年谱合编》四本年谱著作，均未发现“画集”踪影，可见，此本画集确实从未出版。由此事件也提醒笔者，在进行历史研究时一定要认真、客观、谨慎，切不可仅凭一“孤证”而人云亦云，妄下定论。

继1928年黄宾虹桂林之行后，1935年七八月间，黄宾虹再次赴广西南宁讲学，1935年8月10日刊印《国画泰斗黄宾虹抵邕》一文记之。后黄宾虹重游阳朔，归道香港，黄居素、黄般若、张谷雏等陪同。其间应友邀约在九龙沙田慧业山庄讲授画艺，由张虹笔录成《宾虹画语录》，分别刊于《美术》(广州)[②]、《文艺掇华》[③]、《学术世界》[④]，三篇文章总体而言，内容相似，仅篇幅大小有别，论述用笔用墨之法及与书法之关系，还谈及了他绘画中比较独特的“蘸水法”，尤其是对于“宿墨”有深入解读，依笔者来看应是与前述孟丽堂之宿墨法有密切关联，亦是黄宾虹生前研究的重要文献，对探究此时期黄宾虹画学思想及建构历程有重要的参考价值。

1935年11月间，黄宾虹携门生戴云起、柯易叶在南京北平路48号中法友谊会举办画展，在同年11月6日、8日、11日的《中央日报》与

① 王中秀编著：《黄宾虹年谱》，上海书画出版社2005年版，第353页。
② 详见1935年创刊号。
③ 详见1935年第2卷第4期。
④ 详见1936年第1卷第12期。

11 月 2 日《新闻报》中均载此事，展出作品皆为黄宾虹近年来畅游黄山、峨眉、阳朔等真山水之写生佳作百余幅，时评云为"艺术泰斗""纯粹国画""有士夫气""研求古法而不为古法所拘"等，远近参观者踊跃而莫不赞赏，"京日领须磨等"不仅参观并订购多幅。考黄宾虹生前，作品参加画展虽多，然在画展中领衔或为画展发起人的机会凤毛麟角，此次南京展可谓是其 1936 年 10 月 9 日中山公园四宜轩个展① 及 1943 年"黄宾虹八十书画展"之前的唯一一次领衔之展，对于黄宾虹生前研究而言意义不可谓不重要。尤其是在报道中出现的"京日领须磨"，也即须磨弥吉郎，此际其政治身份是日本驻南京领事馆总领事，另一个身份便是中国近代书画的收藏家，利用在华 10 年时间建构了以齐白石为中心的收藏体系。据考此人 1932—1936 年间活动于上海和南京②，基于须磨弥吉郎的政治身份及黄宾虹当时在上海所扮演的角色，自然就会产生追问：同在上海的黄宾虹与须磨弥吉郎是否有过交往？详细情形如何？笔者目前虽未曾找到黄宾虹与其交往的原始文献，但根据此次黄宾虹及门生南京画展中媒体的报道来看，笔者大胆推测二人应早在上海时便已认识。鉴于笔者所研究的课题，黄宾虹与入华的所有日本人的交游均为笔者关注和研究的重点，但据王中秀先生在《黄宾虹年谱》中载，抗战爆发后，黄宾虹当即把与日本人交往的信件烧毁，为笔者的课题研究带来难以估量的影响。近承日本关西大学东西学术研究所研究员范丽雅面告，关于黄宾虹与须磨弥吉郎之交往，可在须磨的笔记中找到详细记录，这些资料均藏在日本档案馆，笔者根据她的提示，也查找到须磨相关著作，如：须磨弥吉郎记述、西上实编著的《须磨ノート：中国近代绘画编（一）》③，还包括西上实所撰写的《须磨コレクションの形成と记录性》一文，相信伴随着对这些文献的解读，必定会给我们提供另一个认知黄宾虹的参照体系，从

---

① 详见王中秀编著《黄宾虹年谱》，上海书画出版社 2005 年版，第 385 页。
② 参见石源华主编《中华民国外交史辞典》，上海古籍出版社 1996 年版，第 474 页。
③《学丛》第二十五号，日本京都国立博物馆平成十五年（2003）版，第 87—100 页。

而对黄宾虹的认识也更为丰满和真实。

1936年3月9日《金刚钻》报刊载《黄宾虹入日籍》一文,使得黄宾虹与日本人的交往状况更显得扑朔迷离,虽3月21日、5月4日《金刚钻》报分别刊印《黄宾虹未入日籍》、知了撰《黄宾虹绝不入日籍》予以澄清,甚至黄宾虹亲自致书《金刚钻》报主编施济群来辩白,后《民族先锋》杂志发表《各地珍闻:黄宾虹受屈匪浅:求官不得遗怨于人,某某大师可谓卑矣》[①]一文载对此事件进行多方探寻,终得要领,揭示内幕为自称为艺术大师之某某报复。联系上文笔者所述1935年11月黄宾虹南京画展与须磨的关系,不到半年便发生黄宾虹"入日籍"的事件报道,而此际中日之间早已波谲云诡,一年之后抗战全面爆发,还原到这一真实的历史情境中再重新检视这一事件,或许会为我们梳理、探究黄宾虹在北平沦陷时期的交游活动提供某种新的视角。

二、螺壳道场——黄宾虹的"北平时期"

"易培基事件"使得黄宾虹入住北平,而抗日战争的全面爆发又使其困居北平,从1937年至1948年的11年便成为黄宾虹的"北平时期"。由笔者查询可知,作为黄宾虹生前研究的重要时段——"北平时期"——文献资料除书信外相当匮乏,能作为史料而进行学术性研究的更是寥若晨星。对此,笔者所采用的方法是一方面要对此际见诸报刊且带有学术性研究的文章进行梳理,另一方面通过对见诸报端的有关黄宾虹报道的鳞爪与后世研究的"洞见"勾连、检验,以达到对当下黄宾虹研究所建构的一套话语叙事机制进行重新反思、检讨,进而祛除遮蔽,并引申出课题的目的。

---

① 《各地珍闻:黄宾虹受屈匪浅:求官不得遗怨于人,某某大师可谓卑矣》,《民族先锋》1936年第1卷第3期。

　　鉴于研究之课题，笔者对"北平时期"黄宾虹与日本友人的交往尤为重视。1939 年 5 月 30 日《新北京报》报道日本画家荒木十亩来北京游览，并遍访居平的画家。后石谷风在其回忆录中曾十分详细地记录了荒木十亩拜访其师黄宾虹的细节①，读来生动无比，如临现场，但较为可疑的是难以查阅到这一"回忆"的可靠文献，无疑这则新闻报道成为检验石谷风文章中所表述的"黄宾虹"形象较有价值的文献。同年 12 月，黄宾虹任职的国立北平艺专校长王石之延聘日本伊东哲为教授，并提倡"新的国画"②。对于这段往事，彭飞在《国难下的忍辱负重——王石之与国立北京艺术专科学校》一文中进行考证，可知当时在北平艺专任职的日本人除伊东哲外，还包括高见嘉十、末田利一、高松亨明等③，黄宾虹不仅是专任教员，更兼教务主任之职，在沦陷时期的北平，这样一个特殊时段下的场域中黄宾虹是怎样与他的这些日本同事交往的？他对"新国画"态度何如？通过对材料解读进而引出对上述问题的追问，对于笔者而言，这既是进行课题研究的动机，亦是一种动力，催促笔者在尽可能占有材料的基础上能提供某种符合逻辑的解答。1941 年春，日本诗人今关天彭来平，黄宾虹与黄公渚、瞿宣颖在稷园宴请，此事载于当年《雅言》杂志卷五。这一看似极为简洁的记载，背后却呈现出极为复杂的认知背景。文献资料表明，涉华且兼具一定文化身份的日本人如今关天彭、桥川时雄、须磨弥吉郎等辈皆非突然空降至北平，他们几乎都是"中国通"，几十年来与北平的新、旧文人形成庞大的社交网。如今关天彭，不仅是诗人身份，亦是《雅言》的评议人，并撰写过如《燕京画家感旧

---

① 参见石谷风口述，鲍义来、王恽忠整理《亲历画坛八十年：石谷风口述历史》，江苏文艺出版社 2014 年版，第 39—40 页。

② 详见 1939 年 12 月 8 日《新北京报》，转引自王中秀编著《黄宾虹年谱》，上海书画出版社 2005 年版，第 416 页。

③ 参见彭飞《国难下的忍辱负重——王石之与国立北京艺术专科学校》，《美术研究》2014 年第 3 期。

录》《现时支那画家及其画风》等极具文献价值和史料维度的文章①。那么置身于北平沦陷这一历史背景中,我们如何看待此际黄宾虹与他的交往?有意思的是 1939 年当画家兼朋友身份的荒木十亩来拜访时,黄宾虹称病不见,却在 1941 年宴请今关天彭,他如何做出这样的选择?到底是什么原因促使他做出如此的选择?置身于这一特定场域中而做出的种种选择,对于作为历史中存在的黄宾虹而言是如何构建自己身份想象的合法性并确认的?而桥川时雄,其不仅是《雅言》的评议人,更是杂志的"大赞助"②,这一身份自然引起笔者研究目光的转向——聚焦《雅言》杂志,进而发出追问:我们如何看待《雅言》及其与背后赞助人的关系?对这本杂志的性质我们如何重新评估?宴请今关天彭的除黄宾虹外,还有黄公渚和瞿宣颖,而瞿宣颖正是《中和月刊》的主编,《中和月刊》是否和《雅言》类似?其背后的赞助人身份何如?黄宾虹在《中和月刊》上以"予向"为署名发表文章多篇,如何看待这一事实?根据黄宾虹夫人宋若婴的回忆口述,当初黄宾虹在答应给《中和月刊》供稿时极为踌躇:"不写就难以住下去,写呢,不知道写什么好。"③黄宾虹此际为什么会做出难以在北平住下去的逻辑判断?在当时不知所写为何的无奈中再来重新检视他此际在《中和月刊》发表的文章又能呈现出怎样的认知?或言通过这些文章黄宾虹是何以建构自身身份想象的合法性?由材料引发的层层追问使得课题研究的视野得以拓展,呈现出"广大"的向度,也使得研究的内容逐步深化,由外而内,显现出"精微"的趋势。

　　1944 年夏,长广敏雄得以拜访困居北平的黄宾虹,归国后把这段经历写成文章《黄宾虹先生访问记》并刊印在其撰写的一本小书——《北京の畫

① 参见张明杰《今关天彭与鲁迅关系考略》,《鲁迅研究月刊》2013 年第 8 期。
② 潘静如:《"两京"沦陷区清遗民的"位置"——以〈雅言〉〈同声月刊〉杂志为中心》,《中国现代文学研究丛刊》2017 年第 1 期。
③ 宋若婴:《黄宾虹回忆录》,载浙江省博物馆编《金石书画(第一卷)》,西泠印社出版社 2016 年版。

家たち》①上。当时与长广敏雄同去拜访黄宾虹的还有毕业于日本上野美校的杨凝。文章首先对黄宾虹的居所进行"速写式"的陈述，接着谈及老人身体状况——精神气很足，作者把黄宾虹画作比喻为演奏家，并借用李朴园在《近代中国艺术发展史》中评价黄宾虹的话语——黄氏画学，博古通今，鉴别的眼光为当代所推崇，作画笔调有六朝韵味，对于国画非经研究者，不易领略其妙处——给予黄宾虹极高评价。但在作者眼中，黄宾虹更像是一位文人、鉴赏家，同时在文中还提到了黄宾虹此际的绘画面貌"与以往的墨画不同，逐渐开始了施以淡彩的'水墨丹青合体'的试验"，最后阐释了黄宾虹对元倪云林、黄公望的看法，及他对清代绘画的失望——从石涛到吴昌硕根本是"无法入眼"的。这篇短文为我们了解此际黄宾虹的绘画风貌、画学思想等的真实状况提供了一定的现实认知基础。

　　另外，对此际黄宾虹参加画展及作品面貌的记载可见诸报端，虽寥寥无几，但仍有管窥历史的价值。如《中国画学会展览盛况》一文认为："黄宾虹墨笔山水，画境极为超逸，画法尤极高古，惜识者少耳。"②类似话语表述向我们真实再现了黄宾虹画作此际在北平的境遇。1941年《三六九画报》的一则《艺讯》报道了黄宾虹与黄公渚、瞿宣颖等组织的画社，并于近期准备画展的计划。③《一士漫笔·艺术的消息》一文谈及黄宾虹画作近新安派，用笔用墨，皆臻妙诣。④半解之《谈文人画与消夏画社》一文论述文人画特点，"以气韵为主，以写意为法"，进而评价："新安黄宾虹先生，其画笔笔中锋，森然如剑戟，而又善用湿墨，元气淋漓，能传古人之法。"⑤把黄宾虹的绘画归属于传统文人画之列，如此观点亦隐含了当时对于黄宾虹画作的认

---

① ［日］长广敏雄：《北京の畫家たち》，全国书房株式会社日本昭和二十一年（1946年）版。

② 《中国画学会展览盛况》，《新北京报》1941年6月23日。

③ 参见《艺讯》，《三六九画报》1941年第10卷第6期。

④ 参见《一士漫笔·艺术的消息》，《新北京报》1941年7月10日。

⑤ 半解：《谈文人画与消夏画社》，《新北京报》1941年7月21日。

知。观者《参观随笔》一文对黄宾虹着墨较多："山水画以黄宾虹氏出品最多，几达廿幅，各种笔法具备，而件件精到。"又言其"酷嗜游山……无不即景写生，收之笔底……当代山水画家中，难能可贵矣"。[①]此文对黄宾虹近年来之游踪与创作面貌较为全面，与前述报道比较，是真实可贵的。1942年4月29日《新北京报》报道在中山公园和日本高岛屋举办大东亚美术展，参展方为中日名作家，日方包括中村不折、荒木十亩、小室翠云等，中方除黄宾虹、齐白石等名流外，还包括王揖唐等，是考证黄宾虹在北平沦陷时期交游参展的极有价值的文献，特别是对于此次画展的举办方与参展人物的身份检讨，或许能给我们对画展及黄宾虹参展的动机一个新的认知。

　　值黄宾虹八十寿辰之际在上海西藏路宁波旅沪同乡会二楼举办的"黄宾虹八十书画展"，对于困居北平的黄宾虹而言无疑是一支强心剂，此际黄宾虹与画展的策展人傅雷、门生顾飞的通信显露了黄宾虹对上海个展的关心和重视。而围绕这一事件，诸多报刊均有报道，如1943年11月20日《申报》第4版刊登马公愚题写的"黄宾虹书画展"海报。1943年11月21日《申报》中占极少版面的"简讯"栏目载："画展盛况空前，临场参观者，半属艺苑俊彦。"《新闻报》的"简讯"栏目刊登《黄宾虹八旬画展》一文，言其"读书看山，几无虚日，足迹遍粤桂楚蜀燕赵诸省，纪游山水，不泥古人，惟除亲友捐赠外，素鲜问世"[②]。非刘载于《社会日报》的《关于黄宾虹画展》一文称："黄氏精力过人，所作画，面目之多，近人殆无出其右。"[③]《海报》刊印的干乙的《黄宾虹画展观后感》是稍带有学术研究性质的文章，言其"致力绘事五十年，国内知其名者，远在清季民初，顾其作品，流饰甚少……至其功力与画品，世有定评，毋庸妄赞"[④]，又言"黄翁此次画展重在

① 《参观随笔》，《新北京报》1941年7月21日。
② 《黄宾虹八旬画展》，《新闻报》1943年11月17日。
③ 非刘：《关于黄宾虹画展》，《社会日报》1943年11月21日。
④ 干乙：《黄宾虹画展观后感》，《海报》1943年11月20日。

沟通声气",故展中除售品外,又列非卖品一栏,均来自藏家所携,创作时间由宣统元年(1909)直到晚近,前后达十年,故而从作品中可以发现画家"逐年进步蜕化之迹"。赞其能"融汇古今,卓然成家",是"筑基于数十年之艰苦研究,初非投机取巧所能倖至,更非趋时媚俗可比",并引用马公愚之评:"是中国画笔墨之正□,当此艺坛风气败□之秋,足发人深省。"画展作品定价之廉"一反时尚",多数为四五百元,最高不过"两千金",且仅四五幅。何以如此?以黄宾虹资望与时下画家相较,更以艺事高下与现在画市定值作比,作者认为含有"讽喻"深意。且黄宾虹早有言论如"书画雅事,可赠可索""以此攫金,未能免俗"等,所以连函沪上好友,定价勿高,沟通声气。好友高吹万称此为:"纯粹有道气之□,亦当世一人而已。"最后谈到黄宾虹画作设色绚烂,用笔恣肆,显示其精力过人,必定有无穷佳构传世。此文以不同的视角论述"黄宾虹八十书画展",是我们探究此际黄宾虹的重要材料。晚蘋在《东方日报》上也撰写了《论黄宾虹之画》,是文全然不同于前述对于黄宾虹之盛赞有加,而是发出另一种声音。①一开始就奠定了整篇文章的批评基调:因重"情面",今人对于画家之作"不肯道一贬语",从而使得"艺事少进境,而误人子弟……其危害犹大焉!"又言对于黄宾虹的道德文章、绘画著述,莫不"万分钦佩",话锋陡转——而对于其绘画则"不敢加以恭维"。何以?以作者看来,"山水之正道,必须理法完备,黄氏之画对于理法缺点甚多,不过'文人画'而已,决不能称为'大画家'。其画面重墨轻笔,笔但求其恣肆,于是不免失之于野,而难得恬静之境。惟以黄氏之声望,其画已可传世,而无疑义,若他人学之,则死路一条,永难超生矣"。文章认为,黄氏展览,因"情面作祟",所以无人指出其画之缺点,更不愿形诸笔墨。作者亦肯定其画长处是"气息能不落下乘",但更多的是批评,言黄氏学画时已近不惑,耻于向年轻画家学习,遂"吾行

---

① 参见晚蘋《论黄宾虹之画》,《东方日报》1943年11月26日。

吾素,任意挥洒。所谓理法,既无人授受,到老亦无从窥知矣"。若了解黄氏习画之经过,就明白其理法欠缺之原因,最后把黄宾虹与张大千进行比较,言张大千虽作伪欺人,品行不堪闻,但就画论画,黄宾虹的绘画成就与张大千比较"相差甚远",不能及之。是文向我们呈现了对此际黄宾虹画风的不同认知,亦能代表时人对黄氏画风之不同见解,且作者对黄宾虹习画之始末尤为熟悉,故敢言其作品之缺点,可谓有理有据。盖对于绘画之观看,皆来自观看主体固有的经验建构,主体不同,观看所呈现的意义迥然有别。对于黄氏画作呈现出的不同声音有助于我们能更清醒地去触摸历史中真实的黄宾虹,而不是仅仅在一元话语叙事体系下所建构的历史主体。

　　除了上述见诸报刊的报道外,"黄宾虹八十书画展"还刊印了珂罗版的《黄宾虹先生山水画册》[①],收录画展中出品二十帧,由其故交兼同乡徐十四署检,江都秦更年作序,序文主要阐述了筹办画展及刊印画册事件的经历,并赞其画作为"高古苍润,脱去笔墨蹊径,直须于古人中求之",据此言可想此际宾老画风。黄宾虹至交陈柱尊亦撰写《黄宾虹先生山水画册序》一文,先言黄山地灵人杰,追述二人结交并桂林之游,述及黄氏读书看山习画,对其画艺则评曰:"承新安家法,远追宋元,近取石田玄宰二瞻石溪……元气淋漓……又有出于元人蹊径之外者。"[②]最后谈及黄氏真山水之游。对于黄宾虹之交游经历颇为熟悉,文体亦类似黄氏惯用之骈体文,总体而言可看作是黄宾虹之小传。除刊印画册外,还印行《黄宾虹书画特刊》小册,收录黄宾虹的《自叙》《八十感言》,以及陈叔通、高吹万、王秋湄、秦更年、邓实、关善、傅雷、徐十四等所作诗文,门生顾飞以黄宾虹论画语录辑为《宾虹先生论画鳞爪》一文末尾亦收录。其中,王秋湄撰写《真画》一文,阐述了宣古愚对黄宾虹画艺的评论,称为"当世第一""是真画也",并

①　《黄宾虹先生山水画册》,上海鉴真社 1943 年版。

②　陈柱尊:《黄宾虹先生山水画册序》,《古今》1944 年第 49 期。

言其阐明"七种笔墨",非"漫谈笔墨""攫金于世""徒以风头标榜"的时辈假画所比。高吹万撰《吹万楼读画记》一文,言及其与黄宾虹在上海的早期经历,最后总结:"其学固不在画,然即以画论,在当世无第二人。"相比较王秋湄与宣古愚,高吹万与黄宾虹最早在清光绪丁戊年间参与国学保存会时即认识,对于黄宾虹在上海时期的交游及建构的身份极为熟悉,文章所言其画艺"当世无第二人"之评判虽有朋友之嫌,但"固不在画"却显现了作为他者对黄宾虹的身份的某种认同。而顾飞辑录的《宾虹先生论画鳞爪》一文更是黄宾虹此际画学思想的直接呈现。"特刊"当中还收录了傅雷在同年9月撰写的《观画答客问》,限于篇幅,在此不作赘述,可见原文。但在笔者看来,此文所呈现出来的作为策展人的傅雷对黄宾虹绘画风格及画学画论的洞见,是黄宾虹生前研究文献中最为精辟、透彻和深邃的,即使以今天的目光来看,其对于我们探究黄宾虹仍有重要的意义和启示价值。因而,此文深得黄宾虹赞许,其所论画,尤引以为知己,甚至于当黄宾虹垂危之际,心里惦记的仍是傅雷,称他是自己一生"最大的知己"。

当"黄宾虹八十书画展"在上海开幕之际,蛰居在北平"竹北簃"的黄宾虹却只能"于故纸堆中与蠹鱼争生活",作为画展的主角——黄宾虹在其一生当中的首个展览,又是在其曾经居住接近30年之久的上海举办——却未曾亲临,实为莫大的遗憾。资料显示,在1944年1月11日黄宾虹国立北平艺术专科学校同人刘凌沧、邱石冥等在中山公园作画为其祝寿,后编纂成册,周肇祥题签"黄宾虹八十纪念画册",齐白石之《寿桃图》收录于册。对于此事,仅见于王中秀编著的《黄宾虹年谱》,赵志钧、裘柱常、汪改庐等所编黄宾虹年谱中均无此画册的记载,不过在汪改庐编黄宾虹年谱中载有齐白石作《寿桃图》贺寿一事,待细考。此际《中和月刊》主编瞿兑之撰写《宾虹论画》一文,记载了黄宾虹蛰伏北平的隐居状态:"终日埋首于几案间,不问外事,唯遇有与谈艺术者,辄津津不能自休。"[1] 与后世石谷风的回忆吻合,是真实性的记载。作者对于黄宾虹画学的阐释,主要是从关于临摹的形似问题和笔墨问题入手,认为黄宾虹独特的笔墨建构源自学问,并以学问为本。审视作者论及笔墨历史及关于西方对中国画的笔墨观时所阐述的话语逻辑与黄宾虹在其文本中所表述的具有高度一致性,从中除能进一步探究此际黄宾虹的画学画史观外,亦可管窥作者对黄宾虹这一思想的认同。另外,值得注意的是,此际对于黄宾虹的研究尤其是见诸报刊的,除辨析、梳理文本之外,亦应对刊登文章的传播媒介进行"透视",或能给我们提供历史研究的新的理路或维度。

时至 1944 年,已经进入抗战的尾声。8 月,《华北新报》举行题为《改良国画问题之检讨》笔谈,"应邀"者除黄宾虹外,尚有国立北平艺术专科学校校长王石之、京华美术学院院长邱石冥、中国画学研究会会长周肇祥、北平师范大学工艺系国画教授胡佩衡。此事细节详见 8 月 4 日、11 日、18 日连载于《华北新报》的《纸上座谈·改良国画问题之检讨》一文。对于此文的分析,可展开多维度的探讨。首先是事件内容,按照文中表述是所谓"大东亚战争进入决战时期""日本画家先后组织报国团体",而"我国画家,迄今未有如彼举动",古有《灌娘突围》《风尘三侠》诸图传为名作,今人是否能以《洛阳血战》《衡阳杀敌》为题有所创作等问题,黄宾虹皆以画史、画论为阐释对象,对诸"问题"予以"摈斥"。[2] 纵观这一"笔谈",虽题为《改良国画问题之检讨》,表面上所彰显的是关乎"艺术"题材的问题,实则是以艺术为进入决战时期的"大东亚战争""助威"。那么我们如何理解所谓的"大东亚战争进入决战时期"? 基于对这一问题的详细阐述会在后文中得以展开,因而在此不多赘述,仅做概要性提示:1942 年伴随着日军在

---

① 兑之:《宾虹论画》,《古今》1944 年第 41 期。

② 参见王中秀编著《黄宾虹年谱》,上海书画出版社 2005 年版,第 466 页。

太平洋战争的节节失利，汪伪政府出台了《战时文化宣传政策基本纲要》，并以此为基础鼓吹所谓"大东亚共荣圈"，动员文化宣传的力量，促进"大东亚战争"之完成。另外检视此际诸多报刊，发现"大东亚战争进入决战时期"这一表述是具有相当的普遍性，如《大东亚战争的决战阶段》[①]《大东亚战争三周年纪念讲座：大东亚决战，争取最后胜利（附图）》[②]《要闻简载：大东亚战争三周年纪念，圣战迈入必胜阶段，决战盛意弥漫华北各地展开热烈庆祝》[③] 等，如此表述的背后潜藏的是对战争性质的认知与判断。基于此种背景下我们如何看待黄宾虹在笔谈中的"摈斥"及其选择的方式？我们又当如何审视日本侵华后于华北地区先后出现的日伪报纸中地位较高的《华北新报》？此次"受邀"参加笔谈的王石之、邱石冥等人因其身份针对"问题"又做出了如何的应对？如此种种追问，以及对于这些追问的迫切回答，进一步推动了笔者关于黄宾虹在此时期的身份确认问题的求证。

郑逸梅《黄宾虹之好古癖》[④] 一文是笔者查询到的战后关于黄宾虹研究的首篇文章。是文与施翀鹏之《白蕉·黄宾虹》[⑤] 一文所论说的背景俱是针对 1946 年 10 月中旬由故都文物研究会在上海、南京举办的齐白石、溥心畬画展，黄宾虹亦随附作品参加。傅雷在本年 11 月 29 日致黄宾虹书信中亦曾言及此事："迩来沪上展览会甚盛，白石老人及溥心畬二氏未有成就，出品大多草率，大千临敦煌古迹……江湖习气可憎。"值得一提的是，针对同一"事件"，两篇文章的观点却迥然相异。郑逸梅文中对于黄宾虹的表述是"南社诗人，国学深厚，精于六法"，对其画作品评则借用恽南田的话

---

① 废兵：《大东亚战争的决战阶段》，《申报月刊》1944 年复刊 2 第 11 期。
② 《大东亚战争三周年纪念讲座：大东亚决战，争取最后胜利（附图）》，《三六九画报》1944 年第 30 卷第 12 期。
③ 《要闻简载：大东亚战争三周年纪念，圣战迈入必胜阶段，决战盛意弥漫华北各地展开热烈庆祝》，《游艺画刊》1943 年第 7 卷第 12 期。
④ 郑逸梅：《黄宾虹之好古癖》，《立报》1946 年 12 月 4 日。
⑤ 翀鹏：《白蕉·黄宾虹》，《艺术论坛》1947 年第 1 卷第 1 期。

语——别有一种荒率苍茫之气,非学而至也。并由此引出一段宣统元年黄宾虹与藻青姻丈关于古玺印的一段佳话,阐述黄宾虹之好古之癖。施翀鹏一文则是针对黄宾虹的"全面"批评:言其在上海经营古画买卖,有赝鼎出现;抗战期间任伪国立美专的教授,对于画家的品格似乎有些瑕疵;作品自居文人画,但皴法太乱,层次不很清楚,魄力太小,用笔软弱,树法亦支离破碎,山水画树木面目不清;新作一片漆黑,毫无层次,用笔浓而不重,很乏味;认为其大名已享,主观很深,不肯精益求精,自以为是,牢不可破,是阻碍中国画进步的。[①] 此文是继前述晚蘋《论黄宾虹之画》之后,在黄宾虹生前即进行批评研究的第二篇文献。两篇文章发表时间相隔不过三四年,在对黄宾虹画作的批评上更呈现出高度的一致性。晚蘋在文中认为黄氏画作对于理法缺点甚多,决不能称为"大画家","其画面重墨轻笔,笔但求其恣肆,于是不免失之于野,而难得恬静之境。惟以黄氏之声望,其画已可传世,而无疑义,若他人学之,则死路一条,永难超生矣"。如何看待晚蘋、施翀鹏等作者对黄宾虹的批评?抑或言二人对于黄宾虹的批评能提供给后世研究者以怎样的认知维度?从身份的视角来看,署名为"晚蘋"和施翀鹏的二人具有怎样的身份?他们的批评能否代表时人对黄氏画风的普遍态度?前述傅雷曾致书黄宾虹谈及此次展览,对齐白石、溥心畬、张大千作品大加批评,而独独推崇黄宾虹,这又会给我们提供一个怎样的认知参考体系呢?这都迫切需要笔者在详考历史材料的基础上进行客观、理性的解答。

刊于1947年8月4日《东方日报》的一篇小文章,即闲公的《记黄宾虹》,虽寥寥数行亦强调了黄宾虹的"南社名士"身份,诗书画三绝,尤精古玺印及文字。时至1948年,黄宾虹困居北平已达11年之久。初春作《黄山追忆图》并题诗,85岁的老人对江南家乡的思归之情毕现。上海的好友俞剑华闻报载黄宾虹眼睛失明之消息,甚怀念之,撰写《怀黄宾虹先生》

---

① 参见翀鹏《白蕉·黄宾虹》,《艺术论坛》1947年第1卷第1期。

一文以记之。[1] 文章记述了二人的初识结缘于《鼎脔》，并追述黄宾虹沪上的活动：组烂漫画社，接办神州国光社，以珂罗版编印《神州国光集》《神州大观》《美术丛书》等，不久"变质"，主事者反"致力于唯物史观之社会科学"，宾老遂"悄然退出"，后北上任职故宫鉴定工作，七七事变遂蛰居故都。并言其画风"山水为多，足行万里，胸罗万卷，虽多写景，实乃自抒胸臆，惟近年所做，用口过重，似少清疏之气耳"。作为黄宾虹在上海交游的见证者，俞剑华在文中的记载应具有较高的可信度，尤其是对于黄宾虹悄然退出神州国光社的原因的阐释，对于我们探究彼时黄宾虹的主体建构及自我塑造的身份想象具有重要的启示意义，而其对于黄宾虹近年画作的评述似与前述施蛰鹏之论调暗合，使得后世对于此际黄宾虹画风画貌的风格问题的研究呈现出复杂多维的一面。

1948 年 7 月 23 日，黄宾虹由北平乘机抵沪，得到沪上好友如陈叔通、秦更年、陶冷月、俞剑华等热烈欢迎。中国画会更是发起上海文艺界同人举行欢迎大会，孙福熙在《欢迎黄宾虹先生》一文中介绍盛况[2]，与会者除黄氏故交外，曾经撰文批评黄宾虹的施蛰鹏也赫然在列，俞剑华认为黄宾虹诗书画一代独步，"书画均不似何人，亦不能指出写生何处"，后黄宾虹讲演养生之道，认为养生的最高方法即为艺术的修养。8 月 18 日《申报》刊登铢安的文章《故都二老》，论述的主体人物是黄宾虹和齐白石。表述极为生动，言齐白石晚年小心过严，掌管财务的钥匙随身携带，虽减少雅人风趣，但其雅在心不在形式。对黄宾虹描绘较多，特别是记述他蛰居在北平的"竹北移"，"竹北移"既是一方印章，又是困居北平的斋号，而"移"字却大有深意，一方面指向某种植物，另一方面，还是汉武帝时的官名：移中厩监。据《汉书·昭帝纪》载："移中监苏武前使匈奴，留单于庭十九岁乃还。"也即，

---

① 参见俞剑华《怀黄宾虹先生》，《申报》1948 年 3 月 31 日。
② 孙福熙：《欢迎黄宾虹先生》，《民报·艺风》1948 年 8 月 1 日第 30 期。

苏武在出使匈奴前任栘中厩监一职,那么黄宾虹的"竹北栘"印章,显然是处于自身在北平沦陷的语境中,以"隐微修辞"的方式,暗含了对于苏武的一种认同。两篇文章虽都是记叙性文字,但真实的历史往往就蜿蜒于缝隙中展开,等待着研究主体的窥探。龙公在《由平来沪之黄宾虹》一文评述黄氏画风为"华滋浑厚",乍看之下,山树错乱,无物可寻,远观则"峰峦气势,万象毕呈",故而黄氏之画宜远赏,近观摩,可谓"既师古人又师造化"[①]。其对黄宾虹画风的评述与傅雷在 1943 年撰写的《观画答客问》中对黄宾虹画作的阐释如出一辙。

三、"冷""热"互文——黄宾虹的"杭州时期"

1948 年 9 月中旬,黄宾虹得以入住国立杭州艺术专科学校宿舍栖霞岭19 号,自此开启人生当中的"杭州时期"。民报记者来访,二人言谈以《宾虹老人在西湖》一文刊于 10 月 9 日之《民报》。文章中记述了黄宾虹对东西方艺术的看法:"仅在面貌与物质方面稍有相异之点,但两者之间的精神上是一样的,别无差别。"又言"将来的艺术,无所谓中西之分"。文章还提及了"艺术救国"的观点,艺术可以"重整社会道德,挽救民族危亡"[②]等。作为一篇新闻采访报道,纪实性是最大的特点,可以从中窥知此际黄宾虹的中西画学观。至于"艺术救国"论,黄宾虹在其文本中多次提及,笔者考证最早应该源于其 1928 年拜访高剑父之游,由此亦可引出二人交游的一段往事,而且黄宾虹在晚年常提及此事,可见对其影响深远,进而我们可以深入追问二人交往的细节及背景是如何影响到作为主体的黄宾虹的身份建构与想象认同的。

---

① 龙公:《由平来沪之黄宾虹》,《大风报》1948 年 8 月 4 日。
② 王中秀编著:《黄宾虹年谱》,上海书画出版社 2005 年版,第 500 页。

　　同年 10 月 24 日的《民报·艺风》上刊印《宴集论画录》一文，记录了 10 月 6 日国立杭州艺术专科学校（简称杭州艺专）国画科同事假杏花村公宴黄宾虹之精彩现场。① 更为重要的是通过吴弗之与黄宾虹的问答，不仅再次阐明黄宾虹的画学观，还可窥探他对此际画坛怪状之批评观。所谓画坛怪状，是指文中吴弗之教授提及的"新中国画"，显然指向的是徐悲鸿在 1946 年担任国立北平艺术专科学校（简称北平艺专）校长后立刻推行的以素描改良中国画的运动，可见北平"论战"的硝烟也波及江南画坛。对于"新中国画"，黄宾虹斥之为"无笔"，犹"土木偶像"，无"灵魂气血"。当徐悲鸿在北平艺专轰轰烈烈推行国画改良运动时，黄宾虹亦为北平艺专教授，围绕国画改良而进行的"论战"是当年北平画界一大"盛事"，不仅登陆诸种报刊，且时时跟进，追踪报道，然检视这些报刊文本，竟无黄宾虹对此"盛事"的只言片语，何以如此？与在北平的默默无言相比较，黄宾虹在杭州态度又何以如此决绝？甚至再进一步追问，对于黄宾虹离京赴杭的个中因由仅仅是因为接受杭州艺专教职这样简单吗？在离京之前，傅雷曾致书黄宾虹言"逐渐恶化的政治形势"，这对于黄宾虹的离京又有怎样的影响？文中亦提到专事模拟、专讲笔墨、缺乏时代性的"保守派"，黄宾虹斥之为"无气韵，亦不足取"。他所认同的是"既须有笔有墨，复须气韵生动，复济之以时代背景"的中国画。同期报刊上还刊登式之的《中国古今名画展》一文，记述黄宾虹出示所藏古今名画 40 幅在杭州艺专画廊开幕，马一浮等莅临，且盛况空前，尤其是"艺专国画科同学，四周围住黄教授，凝神谛听"，其热闹场景与其在杭州解放后的被"冷落"形成鲜明对比，何以如此？

　　检索新中国成立后至黄宾虹归道山即 1949 年至 1955 年对黄宾虹的研究材料，呈现出一种奇怪的现象：几乎罕有一篇稍显学术性质的文献。存在的仅仅是关于黄宾虹的纪实性的报道，诸如 1953 年 3 月 5 日《解放日报》

---

① 　参见王中秀编著《黄宾虹年谱》，上海书画出版社 2005 年版，第 501 页。

载《老画家黄宾虹先生九十寿辰华东文艺界举行庆祝会》、1953 年 3 月 25 日《解放日报》载黄宾虹被推为中国美术家协会理事、1953 年 10 月 6 日《人民日报》载黄宾虹被选为中国文学艺术界联合会第二届全国委员、1954 年 7 月 18 日《浙江日报》载黄宾虹被推为浙江省人民代表大会代表等,唯一能够作为黄宾虹研究的文献材料仅仅是据 1954 年华东美术家协会在上海茂名南路文化俱乐部举办"黄宾虹九十山水画展"并由上海人民美术出版社印成的《黄宾虹山水画集》一部①,然而该画集却是在黄宾虹逝世大半年之后的 12 月出版,即便是由当时的华东美协主席赖少其作前言,仅仅是画家一生功绩的表述与总结类的惯常性话语,难言学术价值。作为一名在民国时期就被誉为画坛祭酒的黄宾虹,此际关于其研究的学术文献竟然踪影难觅。这一"奇观"不由得引起笔者的注意并发出追问:在新中国成立后至其归道山的数年间,作为历史存在中的黄宾虹在其主体建构与时代话语互为形塑的过程究竟是怎样的? 何以如此?

---

① 参见王中秀编著《黄宾虹年谱》,上海书画出版社 2005 年版,第 553 页。

第二节　黄宾虹身后之相关研究述评（1955—2020）

黄宾虹身后的研究（1955—2020）历时跨度 60 余年，资料汗牛充栋，采用何种方法或视角对这些庞杂的材料进行梳理本身就是一个可以呈现探讨维度的学术问题，对此已有学者进行专门讨论。笔者以“黄宾虹”为主题在中国知网上对自 1955 年至 2020 年的期刊论文进行检索，发现关乎黄宾虹研究的现状综述类文章主要围绕两个维度展开探讨，第一是以黄宾虹艺术及实践为主体，具有代表性的如骆坚群《黄宾虹艺术进程的分期及理由》[①]、王中秀《黄宾虹绘画历程的时段描述（上、下）》[②]、王中秀《黄宾虹画学演绎历程的新考察》[③]。第二是围绕黄宾虹研究的学术史回顾，如郝斌《近三十年学术界关于黄宾虹艺术中现代性问题的研究综述》、毛建波《黄宾虹五十年研究述评》[④]。其中郝斌的文章所涉及的是黄宾虹艺术中的“现代性问题”的综述，其探讨的话题与覆盖面都是笔者研究课题的现状探讨的一部分。毛建波一文阐述了近 50 年来关于黄宾虹研究的现状，是黄宾虹研究的学术史意义的回顾，作者认为黄宾虹研究分为三个时期：第一期，从生前至 20 世纪 60 年代；第二期，主要是 20 世纪 80 年代；第三期，20 世纪 90 年代至 21 世纪初。除进行分期研究之外，作者还探讨了近 50 年黄宾虹研究关注的焦

[①]　骆坚群：《黄宾虹艺术进程的分期及理由》，《美术观察》2004 年第 10 期。

[②]　王中秀：《黄宾虹绘画历程的时段描述（上、下）》，《荣宝斋》2009 年第 5 期、第 6 期。

[③]　王中秀：《黄宾虹画学演绎历程的新考察》，《荣宝斋》2012 年第 5 期。

[④]　毛建波：《黄宾虹五十年研究述评》，载上海书画出版社编《黄宾虹研究》(朵云 64 集)，上海书画出版社 2005 年版。

点，从身世行踪和师承交游、人生观和绘画史观、书画成就与实践、笔墨问题、西方绘画的影响五个方面概括，并指出黄宾虹研究中的误区，一是"夸大黄宾虹对西画的接受和影响"，以至于把"黄宾虹和塞尚并提"。毛氏一文发表的时间在十几年前，因而其文中对于黄宾虹研究的分期、研究关注的焦点等问题的阐述具有一定的参考价值，也因其文章的唯一性凸显了其重要性。学者鲁明军在根据其博士学位论文而出版的《理法与士气：黄宾虹画论中的观念与世变（1907—1954）》一书的"序论"亦采用了毛文中关于黄宾虹研究的分期[①]。但继毛建波文章发表后至今的十几年间，黄宾虹研究的进展却是作者未曾始料的。

　　十几年，对于某个学科的发展而言可能略显短暂，但对于具体的个案研究，其影响无疑是重大的。以黄宾虹研究为例，自新世纪以来，由于受新艺术史学研究范式的辐射，黄宾虹研究呈现出一种多维并进的态势，涉及交游、身份、思想史、艺术市场、后殖民等领域，这种多元视角的辐射，使得以往关于黄宾虹研究中形成的宏大叙事逻辑下的层层遮蔽得以浮现，进而起到祛魅的作用，同时也使得黄宾虹的研究由美术史叙事话语建构的"知识概念的黄宾虹"逐渐还原到更加符合历史真实的"主体确认的黄宾虹"。至于新艺术史的研究范式是否能契合黄宾虹研究，这又是另外一个值得研究的话题，但总体而言，对以往黄宾虹研究中形成的"笔墨中心论"格局是一种极有价值的反思和拓展。

　　那么新艺术史的研究范式辐射到黄宾虹研究的领域具体始于何时？这当然不会有一个确切的答案，笔者通过检索知网自 1955 年始迄今有关黄宾虹研究的重要文献，初步认为这一辐射是始于新世纪。虽然在 20 世纪 90年代亦有数篇文献开始略微呈现这一趋势，如裘柱常《黄宾虹与南社》[②]、李

---

①　参见鲁明军《理法与士气：黄宾虹画论中的观念与世变（1907—1954）》，广西师范大学出版社 2018 年版，第 5 页。

②　裘柱常：《黄宾虹与南社》，《新美术》1982 年第 4 期。

维《黄宾虹与陈昔凡、陈独秀》①、张家鹿《黄宾虹的编辑出版活动述略》②、查永玲《黄宾虹与中外学术交流——介绍美国德里斯珂教授给黄宾虹先生的信》③ 等，从黄宾虹之交游、身份、出版活动、学术交流等视角展开研究，但总体上仍是对黄宾虹在这一时期的史实的考察，未能真正建构这一史实对黄宾虹主体确认的影响。鉴于前面对黄宾虹生前研究现状的评述及上述检索结果的初步认知，笔者认为对黄宾虹身后研究现状的评述可分为两个时期：1955 年至 20 世纪 90 年代、2000 年至今。

一、笔墨中心论：1955 年至 20 世纪 90 年代的黄宾虹研究

此一时段黄宾虹研究又可细分为两个时期，一是自 1955 年黄宾虹逝世后至"文革"前，二是"文革"后至 90 年代。据笔者查询资料可知，"文革"期间（1966—1976），内地关于黄宾虹的研究几乎呈现出停滞状态，但香港、台湾地区有零星文章呈现，如以香港中文期刊学术论文索引可知"文革"时期香港的黄宾虹研究，有张汀《谈黄宾虹山水画》④，陈众一《黄宾虹的花卉画》⑤，陈介一《黄宾虹要醉的是茅台抑或威士忌呢》⑥，周立青《黄宾虹画介》⑦，锺复梨《荐〈黄宾虹画语录〉》⑧ 等，此外关于黄宾虹研究的书籍，当以香港《大公报》陈凡编辑、1961 年香港上海书局出版的《黄宾虹

① 李维：《黄宾虹与陈昔凡、陈独秀》，《黄山高等专科学校学报》1999 年第 2 期。

② 张家鹿：《黄宾虹的编辑出版活动述略》，《河南师范大学学报（哲学社会科学版）》1997 年第 5 期。

③ 查永玲：《黄宾虹与中外学术交流——介绍美国德里斯珂教授给黄宾虹先生的信》，《新美术》1990 年第 3 期。

④ 张汀：《谈黄宾虹山水画》，《大任》1976 年第 48 期。

⑤ 陈众一：《黄宾虹的花卉画》，《抖擞》1975 年第 7 期。

⑥ 陈介一：《黄宾虹要醉的是茅台抑或威士忌呢》，《南北极》1973 年第 39 期。

⑦ 周立青：《黄宾虹画介》，《明报月刊》1972 年第 7 卷第 12 期。

⑧ 锺复梨：《荐〈黄宾虹画语录〉》，《明报月刊》1971 年第 6 卷第 5 期。

画语录》及香港大公报出版社出版的《黄宾虹先生画集》最为知名,其中《黄宾虹画语录》收录内容详细、独成一体,与王伯敏版的《黄宾虹画语录》有极大的差异性。但总体而言,此际的撰写者的目光主要还是聚焦在黄宾虹的绘画创作与画史画论这一维度,未能跳离传统黄宾虹研究的笔墨本体论范畴。台湾主要有郑明《黄宾虹专辑》[①]一文,亦如前述。

自黄宾虹逝世至"文革"前(1955—1966),笔者检索此际相关黄宾虹研究的文献,内地主要以发表在《美术》和《美术研究》杂志上的文章最具代表性,如朱金楼《近代山水画大家——黄宾虹先生(上)》[②]、王伯敏《黄宾虹画论研讨》[③]等,作者王伯敏、朱金楼与黄宾虹亦师亦友,且与其生前有直接交往,所作文章,鉴于当时的语境,皆为总结性的概述,他们讨论的范畴仍然囿于笔墨本体论。香港 20 世纪五六十年代的黄宾虹研究,以笔者搜罗的材料而言主要有李凡夫《杰出的山水画家黄宾虹》[④]、蒙田《黄宾虹的艺术》[⑤]、王伯敏《"黑墨团中天地宽"——谈黄宾虹的山水画》[⑥]三篇文章,其内容和主旨都难以跳出当时研究话语的藩篱。

进入 20 世纪 80 年代后,同以前相比而言,黄宾虹研究逐渐进入正轨,在 80 年代初期出现了"黄宾虹热"的现象。何以如此?自 1978 年十一届三中全会之后,中国逐步实行改革开放的政策,由于长达十多年的动荡和内乱,思想话语被禁锢,改革开放之后,国门打开,西方思想大量涌入,中国学者突然接触到如此花样繁多的文化、思想资源,在满足好奇心的同时,亦产生深刻的反思,为了能与西方文化相颉颃,学术界开始重新回归传统,对于传统的资源的借鉴,往往以最近的资源为渠道,显然,中国画的学人们找

① 郑明:《黄宾虹专辑》,《艺术家》1976 年第 12 期。
② 朱金楼:《近代山水画大家——黄宾虹先生(上)》,《美术研究》1957 年第 2 期。
③ 王伯敏:《黄宾虹画论研讨》,《美术研究》1960 年第 1 期。
④ 李凡夫:《杰出的山水画家黄宾虹》,《文艺世纪》1958 年第 13 期。
⑤ 蒙田:《黄宾虹的艺术》,《文艺世纪》1958 年第 13 期。
⑥ 王伯敏:《"黑墨团中天地宽"——谈黄宾虹的山水画》,《文艺世纪》1965 年第 95 期。

到了最近的传统——晚清民国的画坛，在如此的路向引导下，尘封多年的黄宾虹得以被发掘，重新激活，黄氏追求的浑厚华滋的画境，其注重内美的画学思想被看作是民族性的符号，因而黄宾虹热的出现，正是在西方他者的刺激之下，中国学界的主动选择与认同，而非简单的"刺激—反应"①论。基于这样的语境，黄宾虹研究开始逐步进入正轨，最典型的表现即 20 世纪 80 年代黄宾虹研究会的成立及召开的一系列研讨会②，进而出版文集。主要有三本：《墨海青山——黄宾虹研究论文集》③《墨海烟云——黄宾虹研究论文集》④《墨海波涛——黄宾虹研究论文集》⑤。其中《墨海青山——黄宾虹研究论文集》收录文章 22 篇，作者大多为黄宾虹生前之友人及学生，在黄宾虹的书信集中能发现他们的名字。书中收录的文章主要以黄氏笔墨为中心，其次是回忆、记载黄氏生前之逸事，亦有文章论述黄宾虹之鉴藏、文献学与交游，角度有所增加，"黄宾虹研究"这一叙事话语被逐步打开。《墨海烟云——黄宾虹研究论文集》，收录黄宾虹研究文章接近 40 篇，文章的写作角度除主要围绕笔墨本体外，亦有对黄氏生前的细节的追忆，如石谷风之《一艺之成　必竭苦功——回忆黄宾虹先生二三事》对于黄氏在北平时期的现实生活进行追忆，是文后来成为当下黄宾虹研究中关于北平时段的重要史料。该文集中洪再新《从国际学术交流看黄宾虹的远见卓识》一文值得关注，文章对于黄氏生前与"欧友"如杜博思、伯希和、孔德、福开森、马古烈、喜龙仁、德里斯珂、苏立文等，以及与日本友人的交流，指出了黄宾虹

---

① 美国著名汉学家费正清提出的一种研究范式，影响深远，但并没有过时，要根据实际的研究对象及语境来看待这一研究范式。

② "一九八六年四月三十日，'黄宾虹研究会'终于在北京成立，于万年青宾馆召开成立大会，会址设在北京市万寿寺北京艺术博物馆内。"详见黄宾虹研究会编《墨海烟云——黄宾虹研究论文集》，安徽美术出版社 1989 年版，第 229 页。

③ 黄宾虹研究会编：《墨海青山——黄宾虹研究论文集》，山东教育出版社 1988 年版。

④ 黄宾虹研究会编：《墨海烟云——黄宾虹研究论文集》，安徽美术出版社 1989 年版。

⑤ 黄宾虹研究会编：《墨海波涛——黄宾虹研究论文集》，萧山文联印刷厂 1998 年版。

画学思想的世界性及黄氏画学观对西方汉学界关于中国绘画的认知观产生重要影响，尤其是杜博思和席克门 20 世纪 40 年代末在美国纽约举办之"明清绘画展"及杜博思为画展撰写的论文，被高居翰看作是西方中国艺术史研究的新范式。洪再新此文后来又以《以世界眼光求艺术真谛——谈黄宾虹先生对学术交往的卓见高识》为题发表在 1991 年香港翰墨轩出版的《名家翰墨 15·黄宾虹特集》中。从某种角度而言，洪氏以此文为基点，兼及其学贯中西的知识背景，为黄宾虹研究这一叙事话语增添了"世界性"的研究情境，也形塑了黄宾虹画学思想的"世界性"[1]。洪再新（又名洪再辛）于 20 世纪 90 年代选编《海外中国画研究文选（1950—1987）》[2]，嘉惠学林，向我们展示了西方近半个世纪的中国艺术史研究状态，书中西方学者研究的范式、角度等，都对中国本土的艺术史研究产生了"他山攻玉"的启示意义。亦是自洪再新开始，中国艺术史研究逐步纳入全球中国艺术史的话语体系中，此后，尹吉男主编之"开放的艺术史"丛书系列，更进一步展示了西方汉学界在中国艺术史研究的新成果，高居翰、方闻、罗樾、巫鸿、柯律格、包华石、班宗华等西方学者的名字及作品得以在中国陆续出版，打开了中国本土艺术史研究的新维度，为创立艺术史研究的"中国学派"[3] 奠定了基

---

① 洪再新研究黄宾虹的主要论文包括：《静中参与格式塔　黄宾虹的艺术世界》，《新美术》1985 年第 3 期；《古玩交易中的艺术理想——黄宾虹、吴昌硕与〈中华名画——史德匿藏品影本〉始末考略》，《美术研究》2001 年第 4 期；《从民族主义到现代主义：邓实、黄宾虹学术思想关系考略（上、下）》，《美术学报》2013 年第 3 期、第 4 期；《学术与市场：从黄宾虹与张虹的交往看广东人的艺术实验（上、中、下）》，《荣宝斋》2004 年第 3 期、第 4 期、第 5 期；《广东现代画坛三题——黄宾虹与张虹交往新考》，《美术学报》2019 年第 2 期；等等。

② 洪再辛选编：《海外中国画研究文选（1950—1987）》，上海人民美术出版社 1992 年版。

③ 这一观念，源自尹吉男的讲座和访谈，2017 年 11 月 25 日，在中央美术学院美术馆报告厅举办之"美术史在中国——中央美术学院美术史学科创立 60 周年国际学术研讨会暨第 11 届全国高校美术史学年会"也逐渐印证了这一趋势。

础。近年来中国艺术研究院美术研究所开启的"海外中国艺术史研究"这一项目①，已逐步显露"锋芒"，亦为中国本土艺术史研究关注海外动态增添了一个新平台。《墨海波涛——黄宾虹研究论文集》收录论文33篇，作者包括张仃、王伯敏、徐建融、王中秀、洪再新、郎绍君等，然大部分的文章仍然主要围绕黄宾虹的绘画本体及画史、画学思想展开讨论，少量文章与黄宾虹求学、治艺的从师经历，其中，李达的文章《黄宾虹与南社考略》从社会学的角度考证了黄宾虹与南社的关系，为我们解读黄宾虹早期的心路历程提供了重要的启示，特别是在检讨黄氏早期的革命思想及历史行动这一研究话语时能提供一定的线索导向。洪再新对本次会议进行了总体的评价，并撰文《黄宾虹研究会第六届年会评述》。郎绍君先生虽未参加该会议，但亦在《给黄宾虹研究会第六届年会的一封信》中提供了极具建设意义和价值的"研究方向"，诸如黄宾虹的交游视角、黄宾虹的中国美术史研究等，成为21世纪之后黄宾虹研究的话语热点。

此一时期，内地关于"黄宾虹"研究的重要著作还包括裘柱常《黄宾虹传记年谱合编》②，汪己文《宾虹书简》③，汪改庐《黄宾虹年谱初稿》④，王伯敏、汪己文《黄宾虹年谱》⑤，王伯敏《黄宾虹画集》，赵志钧《画家黄宾虹年谱》⑥等，作为黄宾虹研究的基础资料，提供了极为重要的史料价值，虽然在细节上诸如上述不同版本的年谱在记录黄宾虹之相关事件的时间上略有出入，且年谱的作者都是黄氏生前的友人及亲属，很多内容因时过境迁，史

---

① 项目成果如中国艺术研究院美术研究所主编《海外中国艺术史研究（第一辑）》，湖南美术出版社 2018 年版。
② 裘柱常：《黄宾虹传记年谱合编》，人民美术出版社 1985 年版。
③ 汪己文编：《宾虹书简》，上海人民美术出版社 1988 年版。
④ 汪改庐编：《黄宾虹年谱初稿》，香港艺林轩 1961 年版。
⑤ 王伯敏、汪己文编著：《黄宾虹年谱》，载《黄宾虹画集》，浙江人民美术出版社、上海人民美术出版社 1985 年版。
⑥ 赵志钧编著：《画家黄宾虹年谱》，人民美术出版社 1992 年版。

料阙如，只能来自当事人的回忆，因而在描绘同一事件时产生差异性，但总体而言，瑕不掩瑜，后世研究者在利用这些基础史料时，亦应追根溯源，寻觅"原始文本"，对史料进行甄辨，这既是艺术史研究者的功力性表现，亦是作为研究者对待学术的严谨态度之呈现。正是在上述关于黄氏研究的扎实的基础文献基础上，在20世纪的最后一个年头1999年，上海书画出版社出版了最重要的黄宾虹研究成果——六卷本的《黄宾虹文集》①，主要包括黄宾虹之书信、译述、鉴藏、题跋、诗词、金石、杂著、书画，内容宏富，涉猎全面，成为黄宾虹研究最重要的基础工具书，因为关涉黄宾虹在整个中国现代画坛的相互关系，因而作为基础工具书，在中国现代美术史研究这一叙事话语中都起到极为重要的奠基作用。

此际港台地区关于黄宾虹研究的成果主要体现在孙旗编《黄宾虹的绘画思想》一书②，该书分为"今人对于黄宾虹画论的批评""黄宾虹画语录·上编""黄宾虹画语录·下编""黄宾虹著黄山画苑略""黄宾虹著古画微"等，在"今人对于黄宾虹画论的批评"中，文章包括诸如孙旗《论黄宾虹的绘画思想》、姚梦谷《引美术入学术的黄宾虹》、凌祖绵《黄宾虹山水画的特色》、吕寿琨《从艺术批评看黄宾虹的绘画思想》、容天圻《山水画大师黄宾虹》、雨田《黄宾虹与陈若木》、章维《黄宾虹画论杂记》等。据史料可知，孙旗是第一个翻译西方及极其重要的理论著作《现代艺术哲学》的中国人，曾获台湾最高绘画团体中国画学会"金爵奖"。

二、他者建构：2000 年以来的黄宾虹研究综述

自2000年以来，黄宾虹研究达到高峰，如果更为确切地来表述，那么

① 上海书画出版社、浙江省博物馆编：《黄宾虹文集（全6册）》，上海书画出版社1999年版。
② 孙旗编：《黄宾虹的绘画思想》，台湾天华出版事业股份有限公司1979年版。

就是从 2004 年开始。何出此言？有两个证据：第一，以"中国知网"为例，笔者以"黄宾虹"为主题词进行查询，可知自 2004 年以来，除 2009 年、2010 年外，一直到 2019 年，有关黄宾虹研究的论文篇幅都在百篇以上，而之前都在 30 篇至 50 篇，也即自 2004 年开始，呈几倍增长。第二，为了更形象地进行阐释，笔者借以上海图书馆主管主办之"全国报刊索引数据库"，同样以"黄宾虹"为主题词进行搜索查询，从柱状图（图1）中可以清晰地看到近百年来黄宾虹研究的状态。在黄宾虹生前（1865—1955）时段，研究高峰主要集中在 1930—1939 年，该时段黄宾虹居于上海和沦陷中的北平。黄宾虹身后时段研究的高峰显然是始于 2000 年，更为准确地说是 2004 年。那么问题油然而生，何以从 2004 年开始，黄宾虹研究开始突飞猛进？答案隐藏在中国艺术界 2004 年的"大事记"中。据史料可知，2004 年为黄宾虹诞辰 140 周年、逝世 50 周年，值此重要节点，在 2004 年有关黄宾虹出现两个大的"事件"。第一，由中国艺术研究院美术研究所、浙江省博物馆筹办了"黄宾虹国际学术研讨会暨系列展览"，展览包括"重读经典——黄宾虹原作展"及"黄宾虹奖获奖画家作品展"，并于 8 月 27 日在中国美术馆开幕。借此展览，从 27 日开始至 29 日，举办"黄宾虹国际学术研讨会"，来

单位：篇

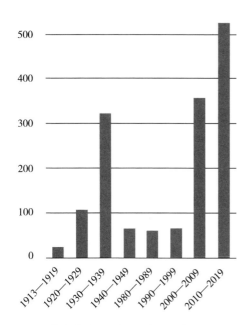

图1　百年来黄宾虹研究文献柱状图（1913—2019）

自包括中国台湾、香港、澳门等地区以及美国、法国等国家共一百余位学者参加了此项活动,其中三十余位专家学者在会上发言,阐述自己的见解,并与与会者切磋交流。研讨会的主要议题有黄宾虹的生平研究、艺术风格、笔墨语言,黄宾虹和他的时代,黄宾虹与中国美术史学,黄宾虹与中国文化精神,等等①,根据出席专家提交的论文,由中国艺术研究院美术研究所编辑出版了《黄宾虹研究文集》②。论文集分为九个章节,包括黄宾虹和他的时代;黄宾虹绘画与书法;黄宾虹与中国画学史;黄宾虹与笔墨问题;黄宾虹画论;黄宾虹评价、研究及其他;研讨会发言摘要;研讨会侧记;《黄宾虹文集》文粹。要之,是对于黄宾虹进行的全方位、立体式"透视"研究,与2000年之前相较,可谓"质"的超越。毕竟在之前的研究中,学界关注的仍然以黄宾虹的笔墨为中心,即便是涉及黄氏之画史、画学、金石、篆刻、书法等领域,但都围绕黄氏的笔墨为核心进行阐发,当然这具有合法性,因为黄宾虹本身即是集画家、美术理论家、金石家、古文字学家、书法家、媒介主编、鉴定家等多重身份为一体,身份之间并非对立隔阂,是统一、融合,因而以笔墨为中心的融合性研究是具有合法性的,这亦是中国艺术史研究"传统"的投射。但基于笔者前面对黄宾虹生前研究的学术史检讨,亦可发现,在黄宾虹生活的真实历史语境中,诚然黄氏集多重身份于一身,但问题是,其在彼时社会中被大众所认同的最主要的身份是什么,是否为今天我们所普遍认可的画家身份? 因而需要研究者揆诸其生活的真实语境来看待黄宾虹的多重身份。这一问题,在后文中有所阐述,从某种角度而言,学界关于黄宾虹研究中以笔墨为中心的研究范式,纵然对于后世学人了解黄氏绘画风格有所增益,但这是基于黄氏的大画家的身份而进行的探究,但如此的探

---

① 参见梁翎《黄宾虹国际学术研讨会暨系列展览在北京隆重举行》,《美术观察》2004年第9期。

② 中国艺术研究院美术研究所编:《黄宾虹研究文集》,浙江人民美术出版社、山东美术出版社2008年版。

究，久而久之生成为某种"脉络"时，显然对于黄宾虹曾经的真实身份而
言，则是遮蔽的不断加深。因而，对于黄宾虹的研究，在笔者看来，首先要
清除习见，也即去熟悉化的经验，尽量从黄宾虹曾经所处之真实的历史语境
中出发，进行观看。《黄宾虹研究文集》几乎囊括了黄宾虹研究的"力量"，
因而，是此际黄宾虹研究水平的重要见证。其中洪再新《绍介西人学术　弘
扬当代国画——关于黄宾虹晚年和苏立文的一段间接对话》一文，洪氏继续
以其掌握的中西方资源，对黄宾虹与"欧友"的交游及影响深入挖掘。与
"欧友"交往，是黄宾虹获得西方资源的重要途径，而"欧友"的信息回馈，
亦成为其关于中西画学思想的出发点，从某种角度而言，这亦是黄宾虹建构
自身画学思想合法性的有效手段，通过"欧友"介绍西方对中国画的认知程
度，黄氏对自身的中西画学观愈加自信，误读愈深。交流是双方性的，如黄
宾虹在为陈树人《新画法》所作序言中指出，西学东渐的强势外表下亦有东
学西渐的悄然发生。"欧友"与黄氏交流，借助黄氏之丰富的鉴藏经验和深
厚的美术史知识，在东方的中国进行文物的收藏与买卖，这些"欧友"的身
份不一，有古董商如史德匿，亦有艺术史学者如伯希和、孔德、德里斯珂、
苏立文等，在中国的交游促使他们对中国的艺术有了更进一步的理解，他们
回国后进行的展览或著书言说，都为西方对东方的了解提供了重要的通
道。① 尚辉《论黄宾虹艺术的海派文化特征——20 世纪初海上文化对于确立
黄宾虹艺术思想的影响》一文，对笔者论文的展开亦十分有益，黄宾虹在上
海惨淡经营达 30 年，揆诸当时的历史语境，上海是中国最大的租界城市，
租界文化的盛行使得上海有别于中国其他的城市，具有早期现代城市的雏

---

① 　这样的例子很多，比如洪再新文中所言之苏立文，其撰写的《20 世纪中国艺术与
艺术家》对西方了解中国艺术产生重要影响。再如黄宾虹居北平时期与之交往的法国人
杜博思，他是海外古董商卢芹斋的女婿，当时以法国驻华大使馆中文秘书的身份来到北
平，收购明清绘画，1949 年在美国与好友席克门举办"明清绘画展"，并撰写论文，后
此文收录在洪再新选编《海外中国画研究文选（1950—1987）》中。文前有高居翰的评
价，认为杜博思的展览及文章开启了西方人研究中国艺术史的新范式。

形，处于世界性的文化场域中。黄宾虹在上海《国粹学报》、商务印书馆及国立暨南大学、上海美术专科学校（简称上海美专）、新华艺术专科学校（简称新华艺专）等任职，通过此际租界的地图可知，几乎都是在租界内，且大部分是法租界。[①] 黄宾虹由潭渡进入上海这一现代性的租界城市，其生活方式、身份认同、思想等不可避免地受到影响，如王汎森指出，思想是生活的一种方式，生活是思想的体现，思想与生活密不可分。[②] 黄宾虹在上海这一"世界化"之都建构了他现代知识人身份，兼之他原本受经学影响形塑的传统文人身份，因而，在 20 世纪这一变动时代下，形成了他传统文人及现代知识人混融的身份——这一过渡时代的过渡身份。[③] 那么搂诸黄宾虹之后的历史发生，与其这一混融的身份认同有密切的关联。另外，诸如薛永年《黄宾虹与近代美术史学》、薛帅杰《新史学民族性与黄宾虹"文艺救国"思想关系考察》、陈池瑜《黄宾虹对中国美术史学研究的贡献》、耿晶《史眼与慧识——作为美术史家和学者的黄宾虹》等论文，通过阐释黄宾虹之画史观与美术史研究之交互关系，从侧面也证实了其在真实语境中的身份，有益于本课题的展开。李伟铭在研讨会上的发言《黄宾虹的中国绘画本源论及其文化策略刍议》亦是此际黄宾虹研究的新视角，作者基于中西画学的冲突的理论背景，来探讨黄宾虹的中国画"本位观"背后的文化策略及艺术语言的内涵意蕴，在变动时代文化情境的场域中探究黄宾虹个人价值实现机制，一方面对于当下的黄宾虹研究范式的转向有重要的启示，另一方面对于笔者在探讨黄宾虹基于不同的历史语境中进行的历史言说与行动展开，其背后的合法性的建构问题，启发良多。

---

① 详见周振鹤主编《上海历史地图集》，上海人民出版社 1999 年版，第 69—75 页。
② 参见王汎森《思想是生活的一种方式——中国近代思想史的再思考》，北京大学出版社 2018 年版，第 1 页。
③ 相关论述参见罗志田《风雨鸡鸣：变动时代的读书人》"自序"，生活·读书·新知三联书店 2019 年版，第 1—9 页。

　　总体而言，中国艺术研究院美术研究所与浙江省博物馆共同筹办的"黄宾虹国际研讨会暨系列展览"拉开了新世纪黄宾虹研究的序幕，自此之后，黄宾虹研究越来越多地成为学人所关注的对象。举办的研讨会亦是有史以来规格最高、参加人数最多、论文数量最多的一次关于黄宾虹在新世纪的集中性研究，可谓影响深远，无论是出版论文集还是研讨会发言，都对之后的黄宾虹研究奠定了路向。再有，开创了"举办展览—学术研讨会—论文集出版"这样一种现代性学术研究运作机制，为之后的艺术家的个案研究提供了重要的参考价值。

　　亦是在 2004 年 9 月 12 日，"画之大者——黄宾虹艺术大展"在浙江展览馆开幕，展出了黄宾虹家属捐赠浙江省博物馆的 500 幅代表作，很多作品是"首发"，这是新世纪以来有关黄宾虹的最大规模的展览，与北京的黄宾虹国家学术研讨会南北遥相呼应，把黄宾虹研究推向高峰。夸张言之，2004 年，在艺术界，可谓是"黄宾虹年"。展览同时，出版了《画之大者——黄宾虹艺术大展特集》①，8 开精装彩印，分为黄宾虹早期和晚期两部分，还包括黄宾虹的部分写生画稿，是彼时黄宾虹研究重要的视觉资源。2004 年，展览与学术研究的共振不仅促进了黄宾虹作品的传播，黄宾虹作品的价格亦因学术、展览的推动在艺术品市场上得以复兴，不断上涨，如图 2 所示，自 2004 年开会，黄氏作品百万元的价格呈现出一种常态化，时至今日早已突破千万元的大关。2017 年 6 月 19 日晚，中国嘉德春拍"大观"专场中，黄宾虹创作于 1955 年的巨制《黄山汤口》，以 3.45 亿元成交，创其个人作品最高成交价。

　　在 2004 年黄宾虹研究的高潮之际，出现了两部"重头戏"，一是十卷

---

① 黄宾虹绘，浙江省博物馆编：《画之大者——黄宾虹艺术大展特集》，浙江人民美术出版社 2004 年版。

序号	名 称	成交价(元)	拍卖公司	拍卖日期
1	湖上秋阴 立轴	RMB 2,970,000	中贸圣佳	2004-06-06
2	1948年作 桂林纪游册页(12开)	RMB 2,860,000	中贸圣佳	2004-12-13
3	巨幅山水 立轴	RMB 2,640,000	中国嘉德	1995-10-08
4	花卉 四屏	RMB 2,530,000	中国嘉德	2004-11-08
5	溪山深处 手卷	RMB 2,530,000	朵云轩	2004-06-29
6	山村图 立轴	RMB 2,530,000	中国嘉德	2004-11-08
7	林麓闲读 手卷	RMB 2,530,000	朵云轩	2004-06-29
8	草亭论古图 立轴	RMB 2,420,000	中国嘉德	2004-05-16
9	匡庐五老峰 立轴	RMB 2,310,000	浙江一通	2004-11-29
10	得财图 立轴	RMB 2,200,000	北京翰海	2004-06-27
11	秋山论画 立轴	HKD 1,910,400	苏富比	2004-04-26
12	癸未(1943年)作 雨雾 立轴	RMB 1,760,000	北京华辰	2004-11-06
13	溪山深处 手卷	RMB 1,760,000	朵云轩	2004-12-30
14	山水 立轴	RMB 1,672,000	中国嘉德	2004-06-24
15	山水 立轴	RMB 1,650,000	上海大众	2004-11-12
16	1949年作 黄山云岙图 镜心	RMB 1,650,000	上海国拍	2004-11-14
17	范石湖诗意图 立轴	RMB 1,650,000	中国嘉德	2004-11-09
18	听帆楼第二图 镜心	RMB 1,540,000	中国嘉德	2004-11-09
19	天台胜景 立轴	RMB 1,540,000	朵云轩	2004-06-29
20	青绿山水 立轴	RMB 1,540,000	浙江皓翰	2004-12-15
21	1953年作 青山红树 成扇	HKD 1,406,400	苏富比	2004-11-01
22	山居图 镜心	RMB 1,430,000	中国嘉德	2004-05-16
23	渴笔山水 立轴	RMB 1,320,000	浙江佳宝	2004-10-24
24	云岭人家 立轴	RMB 1,320,000	中国嘉德	2004-11-09
25	水村图 立轴	RMB 1,265,000	中国嘉德	2004-11-09
26	溪山幽趣 立轴	HKD 1,182,400	苏富比	2004-11-01
27	幽居图 立轴	RMB 1,210,000	中鸿信	2004-11-09
28	松筠高阁图 立轴	RMB 1,199,000	北京华辰	2003-11-26
29	重峦叠嶂 立轴	RMB 1,100,000	朵云轩	2004-12-31
30	甲申(1944年)作 草阁清话图 立轴	RMB 1,089,000	中国嘉德	2005-01-15

图2 2004年、2005年黄宾虹作品拍卖价格排名(采自《收藏界》2005年第4期)

本《黄宾虹全集》[①] 的编纂与出版,这是收录黄宾虹作品最全面的、新世纪以来黄宾虹研究最为重要的大型画集。二是王中秀先生的《黄宾虹年谱》[②] 的出版。王中秀先生是当下黄宾虹研究中的"权威",尤其他编著的《黄宾虹年谱》,成为黄宾虹研究甚至是中国现代美术史研究的极为重要的工具书。王中秀在编著年谱时,亦撰写了考证黄氏的学术论文,陆续发表在《荣宝

① 《黄宾虹全集》编辑委员会编:《黄宾虹全集》,山东美术出版社、浙江人民美术出版社2006年版。

② 王中秀编著:《黄宾虹年谱》,上海书画出版社2005年版。

斋》等学术杂志上，较为著名的是他的"黄宾虹十事考"系列，对于我们解读黄氏人生中的重要事件、节点都有着极为重要的参考价值，笔者撰写本论文，最主要的史料皆来自《黄宾虹年谱》。基于王中秀在黄宾虹研究中的卓越贡献，在他逝世后，中国美术学院、浙江省美术馆等于2019年3月18日在中国美术学院美术馆举办了"神州国光——王中秀藏黄宾虹艺术文献展"，并出版了《梦蝶集：王中秀美术文钞》，亦是作者研究黄宾虹的文章辑录。在他生前就已经开始的一项工作即重新修订1999年出版的《黄宾虹文集》及2005年出版的《黄宾虹年谱》，皆由北京荣宝斋出版社承担。笔者有此机缘曾经对"文集"和"年谱"的初稿进行校对，现在文集已经于2019年出版①，笔者亲阅之后，与1999年版相比较确实进行了修订，以书信编为例，关于黄宾虹的书信集，除前面探讨的之外，还包括赵志钧《黄宾虹书简续》②、徐小飞《黄宾虹马一浮信札诗稿选注》③、王中秀《编年注疏：黄宾虹谈艺书信集》④，新出版之《黄宾虹文集全编 书信编》对目前的有关黄宾虹书信的文集都进行了修订，特别是在书信的写作时间上。艺术史研究虽然是一个经验学科，但既然与历史相关，那必以"求真"为目的，对于史料的真伪尤其要甄辨清晰，黄宾虹研究中，一封与友人的通信，或许内容只言片语，但是时间准确尤为重要，因为时间在史学研究中不仅仅是物理时间概念，还有历史时间的含义，根据一封书信的时间有可能会做出结论判断，亦有可能会全盘推翻结论。新的年谱（如《黄宾虹年谱长编》），又增加了近二十万字。笔者因本课题的研究，亦曾大量寻找史料，并发掘出此前从未在研究中阐释的原始史料，但累计较少，毕竟时过境迁，史料难觅，二十万字

① 即王中秀主编之《黄宾虹文集全编》，共有七本，包括书画编（上、下）、书信编、金石编、鉴藏编、杂著编、译述编、题跋编、诗词编，荣宝斋出版社2019年出版。
② 赵志钧主编：《黄宾虹书简续》，河北教育出版社2005年版。
③ 徐小飞辑，钱伟疆、胡雷鸣注：《黄宾虹马一浮信札诗稿选注》，浙江古籍出版社2015年版。
④ 王中秀编注：《编年注疏：黄宾虹谈艺书信集》，人民美术出版社2016年版。

的新史料，足以令后世学人翘首以盼了，从某种角度而言，新史料是新的知识生产得以可能的基础，相信"新年谱"必定能带给我们很多意料不到的惊喜。

此外，自 2004 年以来，关于黄宾虹研究的重要文集还包括《黄宾虹研究（朵云 64 集）》①《黄宾虹与现代艺术思想史国际学术研讨会文集：2012 杭州》②《纪念黄宾虹诞辰一百五十周年国际学术研讨会论文集》③ 等。其中上海书画出版社所编之《黄宾虹研究（朵云 64 集）》所收录文章与前述中国艺术研究院美术研究所编《黄宾虹研究文集》之文章大多重复，在此不作赘述。《黄宾虹与现代艺术思想史国际学术研讨会文集：2012 杭州》共收录 15 篇文章，作者包括来自德国、加拿大、美国、澳大利亚等黄宾虹研究的学者，如澳大利亚罗清奇的《有朋自远方来——傅雷与黄宾虹的艺术情谊》④，结合彼时的历史语境，通过黄宾虹与傅雷的通信，来揭示这对忘年交在变动时代下的投射。该文集收录的论文如同标题所示，具有鲜明的思想史维度，诸如洪再新《从民族主义到现代主义——邓实、黄宾虹学术思想关系考略》一文，对于笔者的论文助益颇多，笔者在探讨黄宾虹之革命身份入职《国粹学报》的经历时亦曾对二人的关系进行辨析，而黄宾虹的中国画主体认同的思想，也即国粹派，与北京的金城为首的"精研古法，博采新知"观念逻辑具有一致性。杭春晓在其博士学位论文《温和的渐进之路——以民初北京地区中国画传统派画家为中心的考察》中亦进行了详细的阐释。此外还有包括于洋《返本开新的选择——以黄宾虹上海时期的画学思想为中心》、李伟铭

---

① 上海书画出版社编：《黄宾虹研究（朵云 64 集）》，上海书画出版社 2005 年版。

② 孔令伟、[德]尤莉主编：《黄宾虹与现代艺术思想史国际学术研讨会文集：2012 杭州》，中国美术学院出版社 2014 年版。

③ 浙江省博物馆、中国美术学院艺术人文学院、钱江晚报社编：《纪念黄宾虹诞辰一百五十周年国际学术研讨会论文集》，浙江人民美术出版社 2015 年版。

④ [澳]罗清奇：《有朋自远方来——傅雷与黄宾虹的艺术情谊》，陈广琛译，中西书局 2015 年版。

《大师之学与圣贤之学——关于黄宾虹及其当代效应的思考札记》等文章对于笔者的课题都有重要的参考价值，更为重要的是，《黄宾虹与现代艺术思想史国际学术研讨会文集：2012 杭州》整部文集围绕黄氏画学思想与其知识资源和文化情境之间的关系来探讨，开启了黄宾虹研究与思想史的衔接。《纪念黄宾虹诞辰一百五十周年国际学术研讨会论文集》是由浙江省博物馆、中国美术学院艺术人文学院和钱江晚报社于 2015 年 3 月 25 日在浙江省博物馆孤山区举办的纪念黄宾虹诞辰 150 周年系列大展的产物，共有 4 篇文章，每篇文章后附评议的文字，颇为精彩，笔者较为感兴趣的是陈振濂《观念与笔墨技巧的形成——作为"现代知识分子"的黄宾虹》，从身份认同与笔墨的生成关系角度进行互文性研究，视角新颖，极具参考价值，笔者在文中亦对黄宾虹作为现代知识人的身份进行厘清。

小结

　　笔者对于近百年来黄宾虹研究的现状进行了较为详细的学术史梳理,第一部分是对"黄宾虹生前"的研究进行的厘清与辨析,第二部分是对"黄宾虹身后"主要是基于 20 世纪 80 年代以来至当下的黄宾虹研究的现状回顾。那么,笔者何以要对黄宾虹生前的研究进行梳理? 首先,是因为时至当下,未有学者对于黄宾虹生前之研究进行系统化的厘清;其次,是基于两种观看历史的方法,也即"从前往后看历史"与"从后往前看历史"①。我们一般习惯于"从后往前看历史",带着前理解以今格古,生成一种"宏大结构",但是,历史发生的真实场域,通常没有"后世认知"中的宏大结构,而是一些具体化,甚至带有偶然性的文化场②,因而,"从后往前看历史",易于生成对历史的歪曲。而"从前往后看历史",则能重建历史真貌,追近历史的真相。如此,在进行课题研究之初,笔者在内心已建构了对于黄宾虹近百年的研究现状的总体"形象"的认知存在。然而,正是基于总体的认知经验,笔者发现,自 20 世纪 80 年代以来,黄宾虹研究建构了一个以探究笔墨为中心的庞大的话语脉络,换句话说,生成了一个以探究黄宾虹笔墨为中心的"学术共同体"。诚然,对于黄氏绘画的本体——笔墨进行系统的研究,有助于后世学人能更有效地对黄氏的晦涩难懂的画风进行认知、解读、

---

① 清华大学国学研究院主编,[美]包华石主讲,刘东评议:《西中有东:前工业化时代的中英政治与视觉》,上海人民出版社 2020 年版,第 445 页。

② 参见杭春晓《隐匿的"知识"与"权力"——由徐悲鸿编〈齐白石画册〉论 20 世纪 20 年代美术界之文化场》,未刊稿。

但长此以往，就会自然而然地形成某种权威意义，必定演变成为一套固定的历史叙事，从而陷入一个无休止的笔墨的"话语磨坊"中，并随之产生巨大的话语霸权。

1999 年，因对于五代画家董源之《溪岸图》真伪的不确定性而爆发了一场震惊世界画坛的激烈论战，中西方因对于古代书画鉴定知识经验的认知差异，对于是图的真伪产生强烈的差异性，各持己见，难以达成共识。这一争论实际上暗示了关于传统画史研究的悠久的话语脉络到达了某种临界点，或言进入到传统画史研究的"话语磨坊"中而不自知，迫切需要超越以往的经验，开始新的知识创造。那么新知识的生产何以成为可能性？前提来自对已成脉络的熟悉化的经验知识检讨。以围绕《溪岸图》的争论为例，我们首先要进行检讨的是，当我们对是图进行鉴定时，我们所依据的鉴定的知识经验是否可靠，这些知识经验是如何生成并一步步形塑我们当下的知识系统，也即新的知识生产的可能性建立在对已经定型的经验的检讨中。事实亦然，2001 年，大英博物馆举办了"顾恺之与《女史箴图》研讨会"①，参加会议的中国学者尹吉男提交论文《明代后期鉴藏家关于六朝绘画知识的生成与作用：以"顾恺之"的概念为线索》，开启了绘画史研究的新范式——美术史的知识生成论，以知识生成的过程触碰思想史和文化史。只是，若以"知识生成"的案例来看待黄宾虹研究形成的这一"话语磨坊"，我们能得到如何的认知？我们应该转向对于这一"话语磨坊"何以生成的反思，也即20 世纪 80 年代以来的学人们何以围绕笔墨来进行黄宾虹的探究。显然，对于笔墨的探讨，是以黄宾虹大师级画家这一身份作为前提，也即，人们潜意识中普遍认为黄宾虹是能与齐白石、张大千相比肩的大画家。那么，我们何以会有这样的共识？当然来自黄宾虹生前形象的被塑造。但问题是，回到黄氏生前的真实的历史语境中，黄宾虹被普遍认可的真实身份，确如当下的我

---

① 杭春晓：《中国美术学 70 年回望·古代美术篇》，《美术观察》2019 年第 10 期。

们所想象的是一个能与齐白石、张大千等相媲美的大画家吗? 因而, 对于真实语境中的黄宾虹身份的检讨, 才是能够进行新的知识生产可能性的前提。但笔者在对于黄宾虹生前的研究的梳理中发现, 虽然黄宾虹集画家、国画理论家、金石家、书法家、教授等多重身份于一身, 然而在彼时的历史语境中, 其被社会普遍认可的真实身份, 更大程度上是国画理论家, 这一点在施翀鹏对黄宾虹展开的 "批评" 中就可以认知到[①], 王扆昌等主编的《中国美术年鉴 中华民国三十六年》中对于黄宾虹有小传记载如下: "精于书法, 又善画艺, 尤擅诗文, 考古鉴藏, 博学多才, 艺友门生遍及中外, 名重士林, 著有《中国画史》《古画微》等书问世。"[②] 由此更可确定, 在彼时画坛, 黄宾虹被认同的真实身份是博学多才的美术理论家, 远非是今天拍卖市场中作品动辄上亿元的绘画 "大师" 的形象建构。书中介绍黄氏的文字竟不到百字, 所占篇幅与齐白石、溥心畬等难以相较, 甚至在今天看来, 很多 "名不见经传" 的画家, 其小传无论是文字数量还是所占版面都远远超过黄宾虹。如此而言, 20 世纪 80 年代以来, 学界基于对黄宾虹大师级画家身份的潜意识默认而进行的关于其笔墨的大量研究, 无疑是对于其真实身份造成了极大的遮蔽性, 而这种遮蔽却又形塑了后来学人对于黄宾虹的真实认知。尽管近十年来, 亦有学者开始反思以笔墨为中心的黄宾虹研究的 "话语磨坊", 诸如前述《黄宾虹与现代艺术思想史国际学术研讨会文集: 2012 杭州》中收录的文章, 但仍然处于初级阶段, 因而, 对于笔者而言, 既然认识到这种遮蔽性, 那么祛除遮蔽亦成为笔者论文的一个首要任务。

问题是如何祛除遮蔽? 显然, 需要回到黄宾虹真实的历史语境中, 也即跳脱黄宾虹研究中以笔墨为中心形成的藩篱。这里有一个问题需要检讨,

---

① 参见翀鹏《白蕉·黄宾虹》,《艺术论坛》1947 年第 1 卷第 1 期。
② 王扆昌主编:《中国美术年鉴 中华民国三十六年》, 上海市文化运动委员会 1948 年版, 第 90 页。该书被誉为有史以来第一部有关中国美术学科的年鉴, 内容宏富, 资料翔实, 有着重要的史料价值。

即艺术史研究的主体是谁？借用罗志田的观点，以笔者愚见，艺术史的主体是人，当然这个"人"不是单纯的作为生物意义的人，而是被历史结构的、被他者建构的主体的人。回到黄宾虹研究中，也即，要把用力的方向从以笔墨为中心转向笔墨背后的"人"，也即作为主体的黄宾虹。探讨主体的黄宾虹在真实语境中何以被建构，而又是何以寻觅自身得以确认，如此而言，主体的人，"是一种结构，一种必须借助于一个外围的他者来完成其自身叙事的话语"[①]。中国艺术研究院美术研究所研究员杭春晓在一次关于潘天寿的讲座中，提出了一种"主体确认"的研究范式。所谓主体确认的研究范式，在笔者看来，首先要明确主体的特质，主体是被"他者"建构和结构的主体，因而，主体的问题即"他者"的问题。确认，是主体寻觅自身、认同的过程。主体确认的研究范式，即要把研究对象置于"他者"——真实的历史语境中进行"自身"的考察。笔者以此方法对于黄宾虹个案进行的研究，无疑是具有冒险性质的，但正如海登·怀特所言"建构一种可以用观念解读历史冒险经历的思维模式"，其本身也是一场冒险，但这场冒险是必要的，因其包含了我们对于观念的敏感之心、好奇之心与思变之心——它是文明活跃之所在，亦是人类社会不断转变，得以生存的动力。[②]而在笔者看来，人文科学的沉思从来不是为了提供一个正确的答案，而是提供一种差异化的视角，并以此反思自己的偏见。

---

① 金惠敏：《全球对话主义》，《读书》2018 年 12 期。
② 参见黄进兴《后现代主义与史学研究：一个批判性的探讨》，生活·读书·新知三联书店 2008 年版，第 53—95 页。

第二章

『避地而居』

——基于黄宾虹北平之行的知识生产

第一节 艺专之聘：黄宾虹"避地而居"观念的生成与北平之行动因探究

一、"避地而居"观念的生成

1936 年 5 月 18 日晨，黄宾虹"偕罗长铭、黄羲、过旭初乘车至北平，鉴定留存故宫博物院之书画，8 月 22 日返沪"[①]。王中秀在"年谱"中交代了黄宾虹来北平的时间与目的。至于何以选择黄宾虹来担任这项工作，王中秀亦在《黄宾虹十事考之十·故宫读画》[②]一文中进行了细致的考释，笔者在此不作赘述，概言之，主要原因有三：第一，黄宾虹自身的影响力[③]（也即黄宾虹集画家、古书画鉴定家、美术史家、金石家、编辑等多种身份建构的总体形象）；第二，民间话语表述中叶恭绰的推荐；第三，于右任的因素。当然，作为推手，无论叶恭绰抑或于右任，基于私交而使黄宾虹获得"命运"改变，往往是隐匿在历史书写背后的某种"权力机制"[④]，彼时，难以被当事人直接表述，今时，学者的"洞见"亦为史料辨析之后的主观叙事，

[①] 王中秀编著：《黄宾虹年谱》，上海书画出版社 2005 年版，第 378 页。

[②] 王中秀：《黄宾虹十事考之十：故宫读画（下）》，《荣宝斋》2002 年第 11 期。

[③] "早在邓实主持神州国光社时期，继又在黄居素主持时期，黄氏实际上操作着古书画鉴别和流通（寄售）业务，他创建并主持的艺术社团贞社凝聚着一大批收藏家兼鉴赏家……铸造了他在有中国半壁江山之称的上海鉴藏界中独一无二的地位。"详见王中秀编著《黄宾虹年谱》，上海书画出版社 2005 年版，第 369 页。

[④] 杭春晓：《隐匿的"知识"与"权力"——由徐悲鸿编〈齐白石画册〉论 20 世纪 20 年代美术界之文化场》，未刊稿。

难以抵达历史真实的彼岸①。然而，它们作为曾经影响甚至架构历史发生的"幽暗因子"②，却贯穿于黄宾虹一生之中经历的重要节点、时刻，几度峰回路转。

诚如前述，短暂三个月的北平之行，对于黄宾虹而言具有怎样的感受？或许我们从此际他与友人的通信中能够偷窥其内心一角。其与顾飞的通信中言："鄙人因友约往北平，此间习画有数千人，展览频年不断。近拟偕同志整理画传、画论着手，书籍北多于南耳。"③与许承尧的通信亦有类似的话语："燕京寥落，固非昔比，然宾朋之乐，宴会繁盛，酬酢往来。古物弆藏，时流市肆，赏心惬目，尚为他省所不及。此次玺印奇字获十数纽，宋元明人书画，力不能致，亦得御目，良堪自喜。"④与顾飞、许承尧等友人的通信，如果从文献生成的语境而言，黄宾虹对北平的印象，彰显的是他融画家、鉴定家、美术史家等多重身份于一身而生成的学术兴趣和学术话语，那么，与其夫人宋若婴的通信，诸如"此间生活较低，房租亦不贵""北平房屋，每月三十元左右，即可得十余间……绸缎布匹，南方便宜，其余饮食器用，皆不甚贵……此次北平熟友颇多，旭初兼得差使，亦满意，待我颇

---

① 后现代史学家怀特认为：历史具有虚构性。怀特受法国文艺评论家瓦雷里影响较大。瓦氏称：历史系植根于文献的想象。这与科林伍德遥相呼应。科林伍德说：所有的历史皆是思想的历史。科林伍德亦为怀特所心仪的人物，怀特坚称过去系幻想的乐土。对怀特而言，过去本不具备任何意义，历史之有意义，纯为史家的"语艺"行为，而这正是历史虚构性的真谛。详见黄进兴《后现代主义与史学研究：一个批判性的探讨》，生活·读书·新知三联书店 2008 年版，第 70—71 页。
② "幽暗因子"一词，在本书中指历史参与者作为个体，内在而"无从言说"的感受、经验。详见杭春晓《隐匿的"知识"与"权力"——从徐悲鸿编〈齐白石画册〉论 20 世纪 20 年代美术界之文化场》，未刊稿。黄宾虹一生中交友无数，叶恭绰、于右任与黄宾虹关系密切，并成为黄宾虹在人生命运转变背后重要的可塑力量，在本书后面章节中亦有所表述。
③ 黄宾虹著，上海书画出版社、浙江省博物馆编：《黄宾虹文集·书信编》，上海书画出版社 1999 年版，第 374 页。
④ 王中秀编著：《黄宾虹年谱》，上海书画出版社 2005 年版，第 380 页。

周到""北平以古树、宫殿为他处所无，其余文人年老者颇多。食宿均便宜，治安亦稳妥，虽有外患，当不足忧"① 等，作为夫妻之间的"私人话语"，则更能显现其北平生活的历史真实性。王中秀对此际黄宾虹在北平之交游也进行了描述，如"游览近郊诸山（房山、盘山），宾朋之乐，宴无虚日，留连厂肆，赏心悦目""为溥心畬藏《清僧元济山水图》题跋""约容庚、顾颉刚等至廊房头条撷英西餐馆小叙"② 等，记载虽为一鳞半爪，但从"赏心悦目"一词可知，此际黄宾虹对北平这座拥有深厚历史文化底蕴的古都是颇有好感，或许迁至北平以作"避地而居"的想法于此油然萌生。何以？其在 1937 年 3 月 17 日与陈柱信中曾言："仆稍迟即当来沪，再觅避地而居，未卜可如愿否？"③ 通信之际，他正在南京参加第二届全国美术展览会的审查工作。④ 根据信中所言，应是先从南京返沪，再觅"避地而居"。此时距其 1936 年的北平之行暌违仅半年之久，那么这一"避地而居"指向何处？于此际，国立暨南大学中国画研究会也发布消息："继续聘请沪上国画家谢公展、黄宾虹为指导，并定于本周六（三月二十日）下午二时授课。"⑤ 此则信息，品嚼之下，耐人寻味。中国画研究会聘请黄宾虹为指导，并定于 3 月 20 日授课，于逻辑而言，黄宾虹应在 20 日之前就获知这一消息。而前述黄氏与陈柱的信中言及要稍迟回上海，写信之际其还在南京，标注的时间是 3 月 17 日，与约定授课的时间 20 日仅隔三天，信中又言"稍迟"，显然，准备回上海的时间更晚。就此而言，黄宾虹此时应已获知中国画研究会

---

① 黄宾虹著，上海书画出版社、浙江省博物馆编：《黄宾虹文集·书信编》，上海书画出版社 1999 年版，第 78—80 页。

② 王中秀编著：《黄宾虹年谱》，上海书画出版社 2005 年版，第 379—380 页。

③ 王中秀编著：《黄宾虹年谱》，上海书画出版社 2005 年版，第 393 页。

④ 黄宾虹 3 月 16 日起参加第二届全国美术展览会的审查工作，并出席 21 日教育部招待美展审查员宴会，详见王中秀编著《黄宾虹年谱》，上海书画出版社 2005 年版，第 391 页。

⑤ 《校闻：国画研究会聘专家谢公展黄宾虹为指导》，《暨南校刊》1937 年第 202 期。

的聘请信息，但仍要"稍迟"，可见黄宾虹并没有接受这一聘请的打算，而是另寻他途，也即离开上海，再觅"避地而居"。又，据王中秀"年谱"载：黄宾虹在 1937 年 4 月 16 日由上海起程赴北平，4 月 19 日下午一时至北平。[①] 此后，除在 1938 年夏季曾有过短暂的隐秘南下之外[②]，一直到 1948 年 7 月[③]，长达 11 年间黄宾虹一直困居北平。行文至此，豁然开朗，黄宾虹与陈柱通信中所言之"避地而居"指向的应是北平，而重新检视黄宾虹 1936 年在北平与友人及夫人宋若婴的书信话语中所呈现出的"赏心悦目"，笔者推测黄宾虹在短暂三个月的北上鉴定之行中已然产生迁居北平以作"避地而居"的念头，就显得不再突兀，而是合乎情理、逻辑了。

二、黄宾虹迁居北平的动因检讨——基于王中秀的"判断"

诚如前述，黄宾虹于 1936 年"赏心悦目"的北平之行虽萌生了离沪赴平以作"避地而居"的念头，但这一抽象的"念头"——史家之逻辑——却并非构成其后来迁居北平的真实事件之逻辑。历史之发生或言一个较好的历史重建应该是史家之逻辑和事件之逻辑的交互循环。[④] 也即，"避地而居"的观念——作为某种隐性逻辑——诚然是历史参与者建构历史的内在动机，但必须裹挟真实而具体的事件才能产生历史效应，而研究主体也往往能够揆诸具体而微的事件——显性逻辑——进而检讨历史发生的深层动

---

① 参见王中秀编著《黄宾虹年谱》，上海书画出版社 2005 年版，第 393 页。
② 参见王中秀编著《黄宾虹年谱》，上海书画出版社 2005 年版，第 408 页。
③ 1948 年 7 月 24 日《申报》报道："老画家黄宾虹日昨由平来沪小住。"转引自王中秀编著《黄宾虹年谱》，上海书画出版社 2005 年版，第 494 页。
④ 参见王汎森《执拗的低音：一些历史思考方式的反思》，生活·读书·新知三联书店 2014 年版，第 49 页。

因，二者互为因果，循环往复。① 质言之，我们要探寻黄宾虹迁居北平具体而真实的原因是什么。答案隐藏于 1937 年黄宾虹与许承尧的通信中："此次仆因国立艺专之聘……仆仍寓饭店三七号，未迁入校也。"② 据此可知，黄氏迁居北平的直接原因是接受了国立北平艺术专科学校的聘职。于此，问题呈现：黄宾虹何以得此教职？通观整篇书信，当事人并未提供一个准确的信息。在其《九十杂述之一》一文中亦有记载，但依然不清。③ 据王中秀先生的表述，是因为接受了国立北平艺专校长赵太侔④ 之邀聘，并认为黄宾虹于 1936 年北平鉴定故宫博物院书画时已经就此问题商议妥帖。⑤ 而后，在其文章《陆元同：新的质疑》中重新表述为："当时北京艺术专科学校校长赵畸（赵太侔）、古物陈列所所长钱桐、北平中国画研究会会长周肇祥十分倾佩黄宾虹的道德文章，恳切挽留他在北平讲学，黄宾虹权衡了各种利弊之后，于 1937 年 4 月 16 日结束了南京的书画鉴定工作，不足两个星期便匆促北上。"⑥ 但依笔者掌握的史料来看，此事颇为蹊跷，查阅此际之史料难以证实黄宾虹是接受了赵太侔的邀聘，检视王中秀编著《黄宾虹年谱》中所

---

① "隐性逻辑"与"显性逻辑"，源自对杭春晓文章中关于"追述逻辑"概念的借用。详见杭春晓《关良的"双重身份"及其形式语言——20 世纪"传统""现代"的一种认知机制》，《文艺研究》2017 年第 5 期。

② 王中秀主编：《黄宾虹文集全编·书信编·陆》，荣宝斋出版社 2019 年版，第 202 页。

③ 《九十杂述之一》中有"友招入北京艺术学校任教课"等记载，详见《黄宾虹文集全编·杂著编·肆》，荣宝斋出版社 2019 年版，第 536 页。

④ 赵太侔（1889—1968），原名赵海秋，曾用名赵畸，字太侔，山东人，1925 年参加创建国立北京艺术专门学校，任教授及戏剧系主任，1932 年春出任国立山东大学校长，1936 年辞去校长职务任国立北平艺术专科学校校长。详见王志民主编《山东重要历史人物 第 6 卷》，山东人民出版社 2009 年版，第 156—159 页。

⑤ 详见王中秀编著《黄宾虹年谱》，上海书画出版社 2005 年版，第 392 页。

⑥ 文章出现在《黄宾虹年谱》一书中事件的阐释部分，笔者进行查阅时未见独立的文章，或许并未发表于刊物上。详见王中秀编著《黄宾虹年谱》，上海书画出版社 2005 年版，第 440 页。

载，笔者发现：黄宾虹与赵太侔、周肇祥、钱桐等的交往多为黄氏迁居北平之后。那么王中秀先生何以做出如此的判断？或言之这一判断背后的依据为何？显然，在缺乏大量历史细节的支撑下，王中秀先生的判断是建立在黄宾虹迁居北平之后与赵太侔、周肇祥、钱桐等人密切交往之上的"后见之明"。历史研究中"后见之明"的解释倾向太强，因此研究主体要区分"史家之逻辑"和"事件之逻辑"。王中秀先生基于对黄宾虹史料的雄强把握与在黄宾虹叙事话语中的权威身份，做出这一看似史家之逻辑的判断，是极具诱惑性的。①而当这一判断作为某种"知识生产"，借助现代传媒手段得以出版后，围绕在"学术公器"的话语维度中，成为后世研究者援引的"合法性"文本，并建构了其具备共享价值的"普遍性"②。当然，笔者在此并非质疑王中秀先生的学术研究，恰恰相反，正是其"大胆判断"为这一问题的后续开启可以纵深的面向。从某种角度而言，历史好比是层层扎紧的"绳结"，后世研究者需厘清包裹历史的每一个线头，小心翼翼地松开，在盘根错节的幽暗缝隙处或许能发现新的认知路径，从而编织出具有研究主体个人风格烙印的新"绳结"。而这一"打开—编织"的过程，其价值或意义正如学者杭春晓所揭示的："使得我们的历史学研究可以逃逸被假定的'文献之科学性'话

---

① 事实上，在未经检讨黄宾虹此际相关史料之前，尤其是研究者对黄宾虹的一生有一定的知识背景，在此基础上，笔者亦认为王中秀的这一判断是符合历史发生之逻辑的，但笔者在反思何以能够认同王中秀这一判断的逻辑时，幡然醒悟，亦是因为笔者自身带有的"后见之明"所致。

② 基于当下的学术习惯，"普遍性"往往被理解为直观意义上"放之四海而皆准"的要素，使得学界可以满足于共享一些抽象观念而不去追问其历史内涵。但是，所有的普遍性概念都有它的边界，当我们说某个要素是"普遍"的，其实想要说的不过是它可以被多数人作为价值共享；但对于共享的范围和内容，却似乎并不需要追问，这是值得检讨的。详见孙歌《寻找亚洲：创造另一种认识世界的方式》序言《写在前面》，贵州人民出版社 2019 年版。

语，还原历史研究作为人的研究的有趣方式。"①

三、主角与配角——基于"汪亚尘公宴"事件的检讨

诚如前论，王中秀先生的"大胆判断"打开了一条可以纵深化研究的新通道，与此相应，笔者对该问题的关注焦点也转向于建构这一判断背后的逻辑支撑，并以现能掌控的材料勾连往复，还原这一问题背后隐匿的复杂多元的历史面向，重建"大胆判断"得以生产的认知逻辑，试图为这一略微"扁平化"的结论提供某种更具真实性和立体化的观看方式。续接前述，诸种线索均指向了国立北平艺专的校长——赵太侔，显然，我们不得不检索其与黄宾虹各自的人生轨迹，以辨析二者交往的可能性。赵太侔与国立北平艺专息息相关，搜辑二者史料时，耐人寻味的一幕映入笔者眼帘：1936年的国立北平艺专正值多事之秋，波谲云诡之际，上演校长变迁风云。先是原国立北平艺专校长严智开因"玩渎职务、虚糜公帑"遭监察院提劾②，该公报发布时间为"二十五年三月十九日"，也即1936年3月19日；而后严智开呈请辞职，教育部任命赵畸（赵太侔）继任国立北平艺专校长之职③，教育部公报发布时间为"二十五年六月二十七日"，也即1936年6月27日。至于赵太侔何以接任校长一职并非本书探讨的重点，吸引笔者目光进行"凝视"的是赵太侔任职国立北平艺专校长这一事件及时间节点。更关

---

① 杭春晓：《隐匿的"知识"与"权力"——从徐悲鸿编〈齐白石画册〉论20世纪20年代美术界之文化场》，未刊稿。

② 参见于右任《监察：提劾国立北平艺术专科学校校长严智开事务主任刘伯杰玩渎职务虚糜公帑案：本院移付惩戒文（机字第一八二〇号，二十五年三月十九日）》，《监察院公报》1936年第73期。

③ 《部令：训令：教育部训令：第九一四九号（二十五年六月二十七日）：令国立北平艺术专科学校：为令知该校严校长呈请辞职应予照准 另由部聘赵畸先生继任由》，《教育部公报》1936年第27—28期。

键的，"这一事件与时间节点"是否能够与本文的研究对象黄宾虹产生一丝关联，进而检讨二者交往的可能性。历史偶然间充满了某种巧合，山东籍的赵太侔，作为曾经国立北京艺术专门学校的创建者，不会想到在 11 年之后会离开家乡成为国立北平艺专的新掌门人，更不会想到这一看似偶然的事件，竟然会对未曾认识、由沪入平的黄宾虹的命运产生某种必然的变化，抑或历史的发生就是在偶然与必然之间的循环往复。也即，当赵太侔正值国立北平艺专校长变迁的风云之际[①]，黄宾虹恰在北平鉴定故宫古书画。该信息虽然提供了一个二者可以交往的时空场域，但问题是能否证实二人此时结识并商讨黄氏赴平讲学？答案隐藏于此际黄宾虹的交游活动中。但较为遗憾的是，检索黄宾虹年谱、信件、日记、作品题跋等史料时发现，关乎此际黄宾虹交游的记载可谓凤毛麟角。而其中无论是与罗复堪、溥心畬，还是容庚、顾颉刚等的交游信息，均无法建构黄氏与国立北平艺专校长赵太侔之直接交往的逻辑。[②] 而查阅此际民国报刊，其中一则信息引起了笔者的注意。1936

---

① 　教育部任命赵太侔继任国立北平艺专的公报发布时间为 1936 年 6 月 27 日，另据报道：7 月 2 日，国立北平艺专学生赴青岛欢迎赵太侔；7 月 11 日，校长赵太侔已经"视事"国立艺专学校；7 月 12 日，艺专学生组织"暑期留平同学会"，向赵太侔提出要求；8 月 3 日，赵太侔莅临艺专"留平同学会"，并进行演讲；8 月 19 日，赵太侔就国立北平艺专之兴革计划发表讲话。综合以上信息可知在 1936 年 7 月至 8 月间赵太侔应在北平，而黄宾虹在北平逗留的时间为 1936 年 5 月下旬至 8 月 22 日，有重合时间。索引资料详见《国立艺专学生代表将赴青岛欢迎赵太侔　严智开因舞弊被该校师生呈控日内即正式辞职办理移交》，《京报》1936 年 7 月 2 日；《国立艺术专科学校新校长赵太侔已视事各系主任教授已内定》，《京报》1936 年 7 月 11 日；《艺专学生组织暑期留平同学会向新校长赵太侔有所要求》，《京报》1936 年 7 月 12 日；《艺专留平同学会改今日开全体大会并请赵太侔莅会讲演》，《京报》1936 年 8 月 3 日；《国立北平艺专今后兴革计划校长赵太侔之谈话》，《华北日报》1936 年 8 月 19 日。
② 　王中秀编著《黄宾虹年谱》中零星载有几条信息：为罗复堪作《横槎江上图》；夏，为溥心畬藏《清僧元济山水图》题跋；6 月 28 日晚，约容庚、顾颉刚等至廊房头条撷英西餐馆小叙。详见王中秀编著《黄宾虹年谱》，上海书画出版社 2005 年版，第 380 页。时过境迁，许多史料早已难觅，事实上年谱所载信息均引自与黄宾虹有关的书信、绘画题跋等材料，虽然较少，但已是力所能及之下较为全面的记载了。

年《世界画报（北京）》刊登了一张照片（图3），题为"平市艺界同仁公宴黄宾虹汪亚尘等画家于水榭时留影"①。而此际《新天津画报》也刊登出一张照片（图4），题为"北平艺界公宴上海国画家汪亚尘君"②。相较而言，两张照片呈现的图像几乎雷同，但标题却大有不同，前者不仅标识出"黄宾虹"，且在"汪亚尘"之

图3 平市艺界同仁公宴黄宾虹汪亚尘等画家于水榭时影 第一排左起第五为黄宾虹，第六为汪亚尘，第八为周肇祥

图4 北平艺界公宴上海国画家汪亚尘君

前；而后者则仅标识出"汪亚尘"，并以"上海国画家"作为修辞彰显其身份。相同的信息，迥异的标题，历史的细节于此刻在逻辑的断裂处浮现，后世研究者或许能以其敏感性在这一幽微的缝隙中查找出一丝历史的端倪。如此，我们如何解读二者于细节上的差异性？或言在差异性的背后又隐藏着怎样的历史认知？显然，对于前者而言，黄宾虹在"公宴"事件中不仅以"画家"身份与汪亚尘并列，且似乎更具"主角光环"；后者则表明，佩戴"上海国画家"这一标签的汪亚尘才是公宴事件的核心与主角，而黄宾虹——基于图像被辨认的符号——仅是参与公宴事件的边缘人士，成为建构历史的沉默力量。同一历史事件基于不同媒介发布——《世界画报（北京）》和《新天津画报》，而生成的对历史参与者身份认知的差异，或许是受某种地缘性

---

① 许祖荫：《平市艺界同仁公宴黄宾虹汪亚尘等画家于水榭时留影：照片》，《世界画报（北京）》1936年第546期。

② 许增荣：《北平艺界公宴上海国画家汪亚尘君》，《新天津画报》1936年6月7日。

因素的影响①，但以后世眼光来看，更多彰显的是处于这一真实场域中历史
参与者的切身际遇。也即，彼时的"黄宾虹"远非是今天大师形象的"黄宾
虹"，理解这一身份认知的差异，就必须首先清理黄宾虹名字背后的熠熠光
辉，回到原境。只有如此，才能以更清晰之目光去凝视因身份认知的差异而
影响和形塑的黄宾虹在北平的人生际遇。那么，"公宴"背后的历史事件究
竟是什么？检索史料可知，原来是"上海名画家、新华艺术专科学校校长"
汪亚尘此际在中山公园举办画展，5 月 28 日开幕，展览 4 天②。至此逻辑显
豁，必然是展览开幕后，北平艺术界同人于 6 月初在水榭宴请上海名画家
汪亚尘③，而此际在故宫鉴定古书画的黄宾虹也应邀参加，职是，"公宴"事
件的真相水落石出。可见，汪亚尘才是这一事件的主角，黄宾虹亦是因为与
汪亚尘的关系才成为公宴事件的参与者，而京津艺术圈基于对彼时二者身份
认知的差异，对该事件进行主动编辑后发表在媒体刊物上，从而建构了后世
研究者面对这一史料的观看与认知方式。也正是由于黄宾虹在公宴事件中仅
是以"参与者"的边缘身份出场，使得这一历史信息成为后世"汪亚尘研

---

① 《世界画报（北京）》创刊于 1925 年 10 月 1 日，停刊于 1937 年 8 月 8 日，发行长
达 11 年之久，是北京地区乃至整个北方地区发行时间最长的摄影画报之一，对于研究
民国北京地区的风俗人情、政治关系、社会面貌、学校生活等方面，具有重要的史料价
值和研究意义。材料索引参见尚园园《〈世界画报〉的传播内容研究——基于视觉修辞
理论视角》，硕士学位论文，中国青年政治学院，2017 年。《新天津画报》是《新天津
报》的附属报刊，由刘髯公创办，亦是 20 世纪天津地区发行量较大、有影响力的传播
媒介。
② 详见《汪亚尘画展今日在中山公园开幕》，《华北日报》1936 年 5 月 28 日。
③ 参见许增荣《北平艺界公宴上海国画家汪亚尘君》，《新天津画报》1936 年 6 月 7
日。"公宴"事件发生的时间有可能早于新闻报道的时间，但一定不会迟于报道发表的
时间。由于无法查找到公宴事件发生的具体时间，故行文中以"6 月初"来表述这一事
件发生的时间段。

究"的重要史料，而在"黄宾虹研究"中以无意识的方式几乎完美错过①，必然对后世解读黄宾虹此际在北平的交游产生重要影响，甚至造成在"重建黄宾虹北平交游"这一历史环节中巨大的逻辑断裂和无法弥补的缺憾。依笔者拙见，历史叙事往往环环相扣，互为因果，而史料正是形塑"历史之环"的基石，史家之反思犹如隐形之链以循环往复的方式使得历史之环紧密嵌合，勾连成网，以达重构历史之目的。借用历史学家刘咸炘"宇宙如网"②的观点，我们或也可说"历史如网"，新史料的出现犹如在历史长河中投入的基石，与河面碰撞而激荡出层层涟漪，交光互影，由内向外、由远及近，并在一定的时效中不断扩散，产生效应。对黄宾虹参加公宴这一史料的解读亦是如此，不能仅仅视之为一个单纯而静止的历史事件，基于"涟漪效应"的特点，后世研究者应充分认识到这一事件所具备的长远性的历史面向，换言之，黄宾虹参加汪亚尘公宴一事，或许并不能成为探讨黄氏迁居北平直接而确切的证据，但基于其后来发生之历史却存有辨析的可能性③。历史如网，抑或言之，历史曾是真实发生过的宏大场域，由自带"身份光环"的个体——作为历史参与者——共同组建，个体间基于自身不同的身份光环在场域中投射引发相互碰撞、共振，推动了整个场域的"生长"，反过来，场域

---

① 依笔者掌握的资料而言，此则史料并未见应用于黄宾虹研究的叙事话语中，王中秀先生编著的《黄宾虹年谱》（上海书画出版社 2005 年版），虽然资料收集较为全面，但亦未见此则信息。

② 在王汎森看来，"宇宙如网"最能显示川籍历史学家刘咸炘对历史的把握，用"宇宙如网"来说明事件之间无往不在、复杂无比的交互作用。同时，在刘咸炘看来史学是人事之学，史之事即宇宙之事，而宇宙之事无不互为关系，不可离析，史学亦如此。详见王汎森《执拗的低音：一些历史思考方式的反思》，生活·读书·新知三联书店 2014 年版，第 193—194 页。

③ 这里"后来发生之历史"是指 1937 年 4 月 19 日林风眠、周肇祥、赵太侔等发起的中华全国美术研究会之际，汪亚尘与黄宾虹都被选为临时理事。详见 1937 年 4 月 20 日《中央日报》，转引自王中秀编著《黄宾虹年谱》，上海书画出版社 2005 年版，第 392 页。

的"生长"模式也无形中影响到个体自身，形塑了作为历史参与者的个体在彼时的身份认知，甚至成为奠定个体后来历史发生的隐形力量。[①] 质言之，黄宾虹参加北平艺界同人主办的汪亚尘公宴事件中，除主角汪亚尘之外，后世研究者的目光还应投射到那些"无名"的参与者身上，因为那些无名者的力量或许才是真正影响甚至决定黄宾虹得以入职国立北平艺专，进而迁居北平的关键因素。

问题于此油然而生：作为公宴主角的汪亚尘，对于黄宾虹任职国立北平艺专而言究竟有如何的影响力？回答这一问题首先要检讨黄宾虹与汪亚尘二人的关系。据现有史料显示：二人于 1919 年左右就结识，此后一直保持了紧密的联系，并时而共同出现在历史中的某些重要节点，担任重要职能并发挥力量，影响并建构了历史的发生。[②] 二人曾同为上海新华艺专、上海美专的教授，出品作品参加展览，并在全国产生重大影响的中国画会连续几届担任监察委员、常务委员等重要职务，诸般史实可证二人之关系非同一般。

---

① 参见杭春晓《隐匿的"知识"与"权力"——由徐悲鸿编〈齐白石画册〉论 20 世纪 20 年代美术界之文化场》，未刊稿。

② 笔者根据王中秀编著《黄宾虹年谱》之"近现代人物笔画索引"部分统计，二人的名字共同出现的次数多达 26 次，但未包括笔者所捕获的黄宾虹参加北平艺界同人公宴汪亚尘一事。材料显示二人交往时间从 1919 年开始一直到 1946 年，时间跨度接近 30 年，而黄宾虹于 1909 年定居上海，直到 1937 年迁居北平，在上海经营亦接近 30 年。二人发生交往的主要地点是在上海，诸如同任江苏省第一届美术展览会中国画部审查员；黄宾虹出席上海艺术界举办的欢迎汪亚尘、荣君立伉俪赴欧游学归国之公宴，并观摩中社俱乐部举办的汪亚尘、荣君立伉俪旅欧绘画展，参加宴会；共同参加中国画会、上海新华艺专等为欢迎徐悲鸿在欧洲举办中国美术展览会归沪之公宴；共同担任第三届中国画会监察委员；在汪亚尘寓所举行书画同人雅集；共同出席中国画会第四届全体委员聚餐会；共同参加新华艺专举办的现代名家书画展；同为中华全国美术研究会临时理事；等等。详见王中秀编著《黄宾虹年谱》，上海书画出版社 2005 年版，第 164、260、331、347、365、378、388、392 页等。鉴于篇幅，笔者并未胪陈二人交往的全部事件。汪亚尘于 20 世纪 40 年代末前往美国，直到 70 年代中期回国，其信息鉴于某些原因可能被遮蔽，所见资料甚少，但不能表明在 1946 年之后二人就不再交往。

值得一提的是，就在黄宾虹去北平鉴定故宫书画的前两日，二人还出席了上海福州路上会宾楼的聚餐。① 时隔不到半旬，汪亚尘在北平举办画展，而后黄宾虹出席北平艺界同人为汪亚尘举行的公宴，不仅合乎情理、逻辑，更能彰显二者的关系。如此，回到问题的初衷，黄宾虹出席汪亚尘北平画展、参加公宴与其得以任职国立北平艺专，二者背后是否隐藏着神秘的历史之链？历史由多股力量竞争或竞合前进，或许我们可以在汪亚尘北平画展的相关活动中捕获答案的因子。《北游杂忆》一文载："五月廿八日起至三十一日在水榭开个人绘画展四天，同时在国立和私立的艺术学校讲演了四次。"② 也即，汪亚尘在举办画展的同时亦进行讲演，那么文中所言之"国立和私立的"艺术学院具体指向哪里？检索此际《华北日报》发现，原来是"京华美术学校、国立艺术专科学校、北华美专与北京艺职"③。另，根据《京华美术学院欢迎汪亚尘昨在该校举行茶话会》的报道亦可印证这一史实④，但汪氏在国立北平艺专讲演之信息却未见诸报端，因而相关之历史细节无从推知。行文至此，与黄宾虹未来息息相关的国立北平艺专终于被推到了历史舞台之前。基于黄宾虹与汪氏之密切关系，汪氏于国立北平艺专讲演之机向学院掌权人推介黄宾虹，似乎成为黄氏入职国立北平艺专颇具合法性的想象。诚然，史

① 1936 年 5 月 16 日晚中国画会在福州路会宾楼举行全体委员会聚餐，黄宾虹、汪亚尘均出席。参见《中国画会会员联欢明晚在四马路会宾楼》，《申报》1936 年 5 月 15 日。

② 汪亚尘：《北游杂忆》，《玫瑰画报》1936 年第 35 期。

③ 《汪亚尘画展今日在中山公园开幕》一文中载："近因游览故都名胜，本市艺术机关京华美术学校，国立艺术专科学校，北华美专，北京艺职等校，特举行茶会欢迎……"可知此际汪亚尘除举办画展外，还在这四所学校进行演讲，与前引其文《北游杂忆》的记载相吻合。详见《华北日报》1936 年 5 月 28 日。

④ 参见《京华美术学院欢迎汪亚尘昨在该校举行茶话会》，《京报—北京》1936 年 5 月 30 日。"上海新华艺术专科学校校长汪亚尘氏，连日在水榭展览作品，盛极一时，京华美术学院，昨午二时特举行师生茶话会，欢迎汪氏，到全体教职员学生百余人，由汪氏讲演……"

学研究在某种程度上需要大胆想象，但这必须筑基于研究者对具体而真实的历史细节进行多维度的考量。基于史料，不但汪亚尘在国立北平艺专讲演之细节无从得知，事实上，汪氏在北平之时，国立北平艺专校长赵太侔还未到任，因此二人未曾相会，人生轨迹完美错开。① 既如此，我们探讨汪亚尘之北平画展、讲演与黄宾虹入职国立北平艺专二者间的价值意义何在？ 诚如前论，历史并非单一直线叙事的结果呈现，不仅具有"涟漪效应"，更是循环往复，因果互联，研究主体应充分认识到历史事件的长远面向及其背后纷繁复杂的程度。铜山崩而洛钟应，汪亚尘的"艺专讲演"与"公宴事件"打开了黄宾虹与国立北平艺术专科学校之间的一条缝隙，并提供了黄氏与其入职国立北平艺专之间能够展开逻辑论证的中间缺环及可能性——友人的因素。何以如此？ 黄宾虹与许承尧书信中虽言及 1937 年北平之行是应国立北平艺专之聘，但检索其后来书信发现，黄氏关于北平之行的原因在表述上产生诸多变化②，后世研究者或可基于黄宾虹在追述逻辑中产生的变化，不仅可以重新打开黄宾虹研究这一叙事话语的历史缝隙，诠释作为主体的黄宾虹在此际的真实心理，亦能展开多种维度的叙事研究。基于本文所呈现的问题，虽

① 汪亚尘在北平之画展、国立北平艺专之讲演与离开时间等可参见《汪亚尘画展今日在中山公园开幕》，《华北日报》1936 年 5 月 28 日。另据前引北平艺界同仁举办汪亚尘公宴材料可知，王氏当于 6 月初离开北平赴天津。而根据《国立艺专学生代表将赴青岛欢迎赵太侔 严智开因舞弊被该校师生呈控日内即正式辞职办理移交》（《京报》1936 年 7 月 2 日）报道可知赵太侔应是在 7 月来北平。

② 1938 年与朱砚英书："鄙人旅北亦是避乱之意，现今道路阻隔，不易南还……" 1943 年与秦更年书："仆拟游燕赵，遍览古迹，事变淹留，蜷伏尘世……" 1948 年与陆丹林书："鄙人原属游览西北恒嵩而来，不意道途梗塞，十年之间，蜷伏杜门……" 1939 年与张谷雏书："仆自前年春夏之间偶有不适，来北就诊，旋经事变，道路梗塞……" 1948 年与张谷雏书："鄙人本拟游太白山来朔方，道路中梗……" 1946 年与曹一尘书："鄙人因看故宫画而来，忽忽七八年，道路阻梗……" 1943 年与傅雷书："仆拟游终南、太白，旋以沮兵不果，蜷伏旧京……" 1939 年与黄居素书："仆自前年春间就诊来平，旋值事变，道路沮隔……"等等。详见王中秀主编《黄宾虹文集全编·书信编·陆》，荣宝斋出版社 2019 年版，第 14—270 页。

然黄宾虹迁居北平之后在与友人的书信中，对迁居之原因，表述上以追忆的逻辑方式呈现种种说辞，但研究主体若怀"同情之理解，理解之同情"的感知，回到黄氏所处之真实语境中来考量，显然，国立北平艺专之聘才是主调[①]，且是因友人之缘故[②]，而黄宾虹的遗稿——《九十杂述之一》一文中的记载亦可作为补充。[③] 但是这里隐藏着一个问题需要辨析与厘清：北平沦陷后，黄宾虹在与友人通信中以追忆方式塑造了迁居北平的诸般缘故，作为"主调"的国立北平艺专之聘，却被主动遮蔽，成为"执拗的低音"。但事实上，国立北平艺专之聘才是主调。何以如此？这是因为北平沦陷之后，黄宾虹基于"南返"展开新的"避地而居"[④]的合法性建构而有意为之。显然，造成这一遮蔽的是特殊历史语境中黄宾虹刻意的"后见之明"。作为研究主体，在检讨黄氏迁居北平的动因时应当认清这一遮蔽，并主动剔除，以期

---

① 事实上，黄宾虹迁居北平后不久，卢沟桥事变发生，北平沦陷，这是黄宾虹所未曾预料到的，于是计划南返，以寻找新的避地之地，但展开新的"避地而居"的过程较为复杂，时间跨度长达10年，终于在1948年因杭州艺专之聘，离开北平。在这一语境中，重估黄宾虹书信中关于北平之行的原因在表述上产生的变化，可知，国立北平艺专之聘本是主调，此时却被其塑造的诸种话语所遮蔽，变成历史的低音。黄宾虹的书信似乎给我们呈现了一个不同的"黄宾虹"。

② 1937年与顾飞书："鄙人因友约往北平，此间习画有数千人……"详见王中秀主编《黄宾虹文集全编·书信编·陆》，荣宝斋出版社2019年版，第413页。

③ 黄宾虹《九十杂述之一》载："友招入北京艺术学校任教课，居年余，被陷困燕京。"详见王中秀主编《黄宾虹文集全编·杂著编·肆》，荣宝斋出版社2019年版，第536页。

④ 黄宾虹一生中有数次"避地而居"的行动，比如1924年秋因江浙军阀混战，上海人心惶惶，全家迁居贵池。详见王中秀编著《黄宾虹年谱》，上海书画出版社2005年版，第169页。1932年因上海爆发"一·二八"事变，黄氏与吴一峰去往四川讲学，其间与夫人宋若婴通信，曾言其南来，似有迁居之意，后因四川爆发军阀内战，作罢。1932—1933年黄宾虹与宋若婴通信，详见王中秀主编《黄宾虹文集全编·书信编·陆》，荣宝斋出版社2019年版，第93—96页。1936年北平之行中与宋若婴及友人通信中言及"赏心悦目"，遂生"避地而居"之心，于1937年4月入职国立北平艺专，约宋若婴来北平考察商量，后全家迁居北平。详见王中秀主编《黄宾虹文集全编·书信编·陆》之《一九三七年日记片断》，荣宝斋出版社2019年版，第497—498页。

追近原境，捕获黄宾虹迁居北平的"主调"。那么，我们如何看待《九十杂述之一》中涉及黄氏回忆北京艺术学校的记载呢？换句话说，《九十杂述之一》亦是作为黄宾虹追忆的"后见"文本，是否能够成为我们阐释其迁居北平主调的合法性证据？问题的答案隐藏在文本生成的历史语境中。同一历史事件，历史行动者基于不同语境生成的差异化表述，旨在建构自身的某种合法性，过去抑或是现在。检视黄氏对于迁居北平而塑造的三种类型的文本表述①，首次言及国立北平艺专之聘的黄宾虹致许承尧书，写作时间在 1937 年5 月左右②，也即北平沦陷之前，而作为历史参与者的黄宾虹亦处于迁居北平这一事件的真实场域中。黄氏于 1936 年北平之行中已然萌生"避地而居"的念头，1937 年 5 月其与许承尧书中言及的国立北平艺专之聘，置于"完整民族国家建构"的历史语境中考量，是真实可信的历史动因。而 1937 年7 月至 1949 年 10 月间（北平沦陷后、新中国成立前）黄氏与友人的通信中塑造的诸种北来动因，置于"抗日战争与内战革命"这一世事动荡变化的历史语境中来考量，便不难理解作为主体的黄宾虹何以对北上的缘故进行主动编辑，黄宾虹赴平俨然成为一个"漂浮的能指"。《九十杂述之一》中对北来追忆的碎片式书写，亦是新中国历史语境下对往事的回溯与重构。因此，

① 由前述引用的黄宾虹与友人书信及《九十杂述之一》等材料可知其塑造的迁居北平之动因分属于三种不同的时空场域中，即北平沦陷前、北平沦陷后与新中国成立前、新中国时期。

② 虽然 1937 年 3 月 7 日黄宾虹与陈柱信中言道"再觅避地而居"，但书信中并未言及国立北平艺专之聘，而 1937 年与许承尧书中谈到"仆因国立北平艺专之聘"，书中还言"仆仍寓饭店三七号，未迁入校也"。该信未注明时间。但是本年与许承尧的另一封通信中言："仆于本月中旬至北平，暂寓新平路新平饭店三七号房间"，此信标注的时间是1937 年 4 月 28 日，因此，可见黄宾虹言及北平艺专之聘的其与许承尧之通信，写作时间约为 1937 年 5 月。根据黄宾虹《一九三七年日记片断》载：1937 年 4 月 24 日赵校长之约，往中南海。但在 28 日与许承尧信中未曾言及艺专之聘之事，此时黄宾虹仍住新平饭店三七号房间。《一九三七年日记片断》载其五月四日下午二时到校收职员录，半月俸 134 元，标志着此际黄宾虹才正式入职国立北平艺专。

这一碎片式书写与北平沦陷前黄氏与许承尧书信中言及的北来动因同具真实性，从而能够成为我们阐释国立北平艺专之聘才是迁居北平"主调"的合法性证据。

四、"友人"因素的检讨——基于黄宾虹北平交游进行的考察

1937 年黄宾虹与顾飞书及《九十杂述之一》两个文本都指出了"友人"因素，提供了后世可以解读黄氏与其任职国立北平艺专中间的逻辑缺环。那么作为中间通道的"友人"这一话语叙事逻辑如何展开？或许我们可以从黄宾虹 1936 年及 1937 年在北平交游轨迹的考察中获取解决问题的某些线索。据史料可知，黄宾虹于 1936 年 5 月 18 日早晨到达北平[①]，5 月 22 日在其与夫人宋若婴的通信中既言："此次北平熟友颇多，旭初兼得差使，亦满意，待我颇周到。"[②] 信中"熟友颇多"四字，细细品嚼，意味深长。从 5 月 18 日至 22 日，"熟友颇多"的话语背后，暗藏了其在短短 4 天之间可能发生的丰富的交游历程，绝非《黄宾虹年谱》中的只言片语。[③] 而与黄氏在 1937 年北平之行的交游踪迹相较，亦可作为这一推断的某种补充。[④] 作为历史中

---

① 据黄宾虹与宋若婴书信，详见王中秀主编《黄宾虹文集全编·书信编·陆》，荣宝斋出版社 2019 年版，第 96 页。

② 王中秀主编：《黄宾虹文集全编·书信编·陆》，荣宝斋出版社 2019 年版，第 97 页。

③ 时过境迁，史料难觅，王中秀编著的《黄宾虹年谱》内容虽是丰富，但关乎此际黄宾虹之交游踪迹却是零星半点：为罗复堪作《横槎江上图》；为溥心畬藏《清僧元济山水图》题跋；邀约容庚、顾颉刚小聚；返沪前，会晤张孟劬。详见王中秀编著《黄宾虹年谱》，上海书画出版社 2005 年版，第 380—381 页。

④ 《一九三七年日记片断》记载了黄宾虹在 1937 年 4 月 19 日下午一时到北平后至本年 11 月间黄氏的交游行踪，其中除 9 月（9 月未见记载）、10 月、11 月记载极少外，4 月中旬后的数月间，记载非常翔实，几乎每天的行踪都能呈现。详见王中秀主编《黄宾虹文集全编·杂著编·肆》之《一九三七年日记片断》，荣宝斋出版社 2019 年版，第 494—503 页。

存在的黄宾虹，于此际，交游是建构其主体身份的重要契机，于后世，则是塑造其自身合法性的重要屏障。时过境迁，历史行动者曾经参与、发生的诸种事件，基于诸般缘故虽未能在历史中"显形"，却以"无形"的方式成为架构"有形"历史的"他者"之力。也即，历史在"有形"及"无形"的博弈与共振中得以呈现。职是，研究主体在把目光聚焦于历史发生的"有形之力"时，亦应对其背后沉默的"无形之力"进行"凝视"。作为话语叙事的黄宾虹研究，亦是如此。诚如前述，虽然关乎此际黄宾虹交游的准确记载寥若晨星，但若对黄氏与友人书信中的"关键词"展开"超细读"，诸如"宾朋之乐，宴会繁盛，酬酢往来"[①]"稍迟结伴，拟为房山、盘山诸胜，一瞻其概"[②]"鄙人在北平购明初谢庭循环山水轴，有项墨林题画左角……"[③]等，或可显现黄宾虹在此际曾经展开的广泛交游，而历史中的"无形之力"也借此得以"有形可循"。至此，"友人"话语的叙事逻辑清晰浮现，也即，借助黄宾虹文本中显现的有形和无形之力勾勒出其于此际的交游"轮廓"，进而阐明这一"轮廓"对黄氏迁居北平可能产生的影响力。

《黄宾虹年谱》中载其为罗复堪作《横槎江上图》，在黄氏与陈柱的通信中亦可得到证实[④]。检索史料可知，二人虽于 20 世纪 20 年代初经黄节推

---

① 1936 年 8 月 22 日与许承尧信中言："燕京寥落，固非昔比，然宾朋之乐，宴会繁盛，酬酢往来。古物弆藏，时流市肆，赏心惬目。"详见王中秀主编《黄宾虹文集全编·书信编·陆》，荣宝斋出版社 2019 年版，第 197 页。

② 1936 年 7 月 12 日黄宾虹与陈柱书，详见王中秀主编《黄宾虹文集全编·书信编·陆》，荣宝斋出版社 2019 年版，第 144 页。

③ 1936 年黄宾虹与鲍君白书，详见王中秀主编《黄宾虹文集全编·书信编·陆》，荣宝斋出版社 2019 年版，第 378 页。

④ 1936 年 6 月 23 日黄宾虹与陈柱书中言："近晤复堪、澄一诸旧友，文物星散，不胜今昔之感。"详见王中秀主编《黄宾虹文集全编·书信编·陆》，荣宝斋出版社 2019 年版，第 143 页。

介并结识，但更多的交往却是在黄宾虹迁居北平之后[①]。罗复堪以"北京四大书家之一、现代章草第一人"[②]的身份任职于国立北平艺专，但此艺专是北平沦陷后王石之执掌的"新艺专"[③]，绝非赵太侔当权、黄宾虹得以迁居北平时期的"艺专"[④]。抑或基于此而导致史料的匮乏，无法建构罗复堪之于黄宾虹任职国立北平艺专的叙事逻辑。[⑤]

对罗复堪史料的检索使得笔者再次把目光聚焦于国立北平艺专，而前述汪亚尘亦曾在国立北平艺专讲演。1937 年黄宾虹与顾飞的通信中言因"友人约往北平"，而在其 90 岁高龄追忆迁居北平的往事时也清晰记得"友招入北京艺术学校任教课"。那么，"友人"与"国立北平艺专"之间究竟潜匿何种关联？答案隐藏在对"招入"这一关键词的检讨中。"招入"这一动词性话语连接"友"与"北京艺术学校"，使之成为一个合法性的陈述句

① 黄节（1873—1935），即黄晦闻，广东顺德人，曾与章太炎等创立国学保存会，创办《国粹学报》，南社社员。1907 年黄宾虹因革命党之祸逃至上海与黄节订交，并加入国学保存会，后任职《国粹学报》，二人关系笃厚，互为至交。《黄宾虹年谱》中"黄节"出现多达 46 次，可证二人交往之频繁。详见王中秀编著《黄宾虹年谱》之"近现代人物笔画索引"，上海书画出版社 2005 年版。罗复堪（1872—1955），名惇㬊，字孝毅，号照岩、敷庵、复庵等，广东顺德人，康有为弟子，1935 年在北平担任北京大学文学院教师，后任职国立北平艺专。详见中央文史研究馆编《中央文史研究馆馆员传略（增订版）》，中华书局 2001 年版，第 129 页。黄节与罗复堪为同乡，1920 年冬黄节与黄宾虹通信为罗复堪母亲庆寿，请黄宾虹绘《庆寿图》，黄宾虹与罗复堪结识于此，二人交往材料更多见于黄宾虹迁居北平后。详见王中秀编著《黄宾虹年谱》"近现代人物笔画索引"，上海书画出版社 2005 年版。
② 详见《北京四大书家之一：现代章草第一人罗复堪先生（附照片）》，《新民报半月刊》1942 年第 4 卷第 4 期。
③ 详见《函行政委员会（二十七年五月九日）：函报国立北京艺术专科学校校长王石之就职视事及开学日期请察核备案由》，《教育公报（北京 1938）》1938 年第 3 期。
④ 彭飞整理 1918 年至 1937 年间国立北平艺专教职员名录一文中未见有罗复堪任职的信息。详见彭飞《1918 年—1937 年国立北平艺专教职员名录》，《美术研究》2013 年第 3 期。
⑤ 因特殊的历史语境（诸如战争、灾难等），致使研究对象的相关材料被主动编辑或遮蔽，从而造成了研究对象相关史料的匮乏，后世研究者在面对研究对象时因史料匮乏产生逻辑缺环，甚至遮蔽是近现代历史研究中较为普遍的状况。

式。在这一陈述中作为主体位置"发令者"的黄宾虹虽被隐藏，但实质上与"友"的空间位置并列，潜藏的"黄宾虹""友"与"北京艺术学校"貌似成为一种"平等并列"关系。但"招入"话语打破了"平等并列"关系的幻象，揭示出"黄宾虹"和"友"作为个体，与权力机构"北京艺术学校"之间暗含了权力的从属关系。也即，90 岁的黄宾虹在回忆迁居北平这一往事并进行表述时，潜意识中表明是把自身与"友"看作具有同一身份（权力关系）并在国立北平艺专的"记忆场域"①中生效。直白而言，90 岁的黄宾虹追忆迁居北平时言及的"友"人，与国立北平艺专有重要关联，极有可能与黄氏同任职于国立北平艺专，且早于黄宾虹。诚如前述，黄宾虹于 1936 年北平故宫鉴定古画期间萌生了"避地而居"的心理，1937 年四五月间任职国立北平艺专进而得以迁居北平，也即，围绕黄宾虹迁居北平这一历史事件的时间范畴应圈定于 1936 年至 1937 年。结合前论"友"人特殊身份，职是，解决问题的路向显豁呈露，也即我们应把目光聚焦于 1936 年至 1937 年的国立北平艺专，探寻能够与黄宾虹发生交游关联——黄氏话语中屡屡提及的"友人"，进而筑基于史料，以期重建他们之间可能展开交游的时空场域，促使历史的"无形之力"借此"现形"。

前述彭飞的文章为我们提供了 1936 年至 1937 年间国立北平艺专国画组的教职员名录②，但纵观黄宾虹一生的交游轨迹，虽然此中某些人物都曾

---

① "记忆场域"，这一概念由法国史学家皮埃尔·诺拉所阐发。按照诺拉的阐释，"记忆场域"是指所有重大意义的实体，不论其实质是物质的还是非物质的，这些实体已经成为某一共同体记忆遗产的符号元素。详见［德］米夏埃尔·诺特、孙立新《作为记忆场域的海洋》，邢宽、顾年茂译，《中国海洋大学学报（社会科学版）》2016 年第 1 期。

② 彭飞整理，笔者摘录如下：1935 年至 1936 年，严智开执掌国立北平艺专期间，国画系教职员包括齐白石、溥心畬、王雪涛、陈缘督、白鹤汀、杨汝舟、邵逸轩；1936—1937 年，赵太侔执掌国立北平艺专期间，国画教职员名录包括黄宾虹、齐白石、汪采白、溥心畬、吴镜汀、王雪涛、吴光宇。详见彭飞《1918 年—1937 年国立北平艺专教职员名录》，《美术研究》2013 年第 3 期。

与黄氏产生一丝半缕的历史关联，对其后来历史之发生也曾具有或多或少的影响，但基于对黄宾虹现存史料的整体透视而言，几乎可以忽略不计①。因此，笔者把目光锁定于此际黄宾虹与夫人宋若婴通信中所言"熟友"——这一权力关系所裹挟的溥心畬身上②。

检索史料发现，黄宾虹赴平之前，未曾有与溥心畬谋面的史实③，而1936年黄宾虹为溥心畬藏《清僧元济山水图》题跋则是二人直接相见的明

---

① 得此结论，主要是基于三点来检讨：第一，由于相关史料极度匮乏，难以推知他们之间交往的历史细节；第二，即便是在相关的新闻报道中出现二者的名字，但大多数时刻都是出品画作，参加展览，双方都未曾出席，因而难以建构二者交游的场域；第三，亦存在与黄宾虹有直接交游，但几乎都在黄宾虹迁居北平之后，因而对本书探讨的问题无有助益。

② 实际上作为"熟友"关系的还包括汪采白。王中秀编著《黄宾虹年谱》中关于二人的记载多达18次，详见王中秀编著《黄宾虹年谱》之"近现代人物笔画索引"，上海书画出版社2005年版。19世纪90年代黄宾虹从汪仲伊问学，并为其孙汪采白启蒙，汪采白从5岁到近20岁的十余年间，跟随黄宾虹读书学习，二人关系可见一斑。但黄宾虹在北平鉴定古画时，汪采白并不在北平。据1936年10月4日过旭初与黄宾虹的通信可知，汪采白应是在9月或10月到北平，详见王中秀编著《黄宾虹年谱》，上海书画出版社2005年版，第385页；另据《国立艺专教授已聘定齐白石溥心畬等名流皆聘妥》一文可知，汪采白此际被聘为国立北平艺专教授，且开学时间是9月14日。详见《京报——北京》1936年9月18日。因此汪采白到达北平的时间应该是9月左右，而黄宾虹于8月22日已经回到上海。也即黄宾虹离开后，汪采白到达北平任职国立北平艺专，因而汪采白虽为黄宾虹熟友，但在探讨黄宾虹北平之行这一问题中失效。事实上，汪采白对于黄宾虹入职国立北平艺专的影响是在之后呈现的。

③ 《黄宾虹年谱》虽载有黄氏与溥心畬的交游信息，但几乎都是在黄宾虹赴平之后。年谱最后"近现代人物笔画索引"中有黄宾虹与溥心畬名字共同出现的记载，都是二人出品画作参加中外展览而已，诸如"1929年11月1日的中日现代绘画展览"等，未有共同出席的报道。详见王中秀编著《黄宾虹年谱》之"近现代人物笔画索引"，上海书画出版社2005年版。

证。^①就交游的逻辑而言，虽然黄氏赴平之前，二人未曾有见面之机，但二者的名字作为 20 世纪中国现代画的符号却时常出现在由现代媒介、中外画展等共同建构的文化场中^②，因此二人虽未谋面，但彼此知晓，存在"神交"的基础。进一步而言，即便是存在"神交"的可能，但基于二者真实身份的落差^③，如若未曾提前相见或相约，便直接去往西山溥心畬的居处相见，似乎与交游逻辑不符。检索史料发现，黄宾虹在 1936 年 5 月 18 日到北平，随后展开鉴定古画工作。前述其与溥心畬见面的时间是在"长夏"，因此与二人见面的时间相比较，这中间还存有一月之长。如此便提供了二人可以更早见面的时间。然而，问题的关键在于即使存在更早见面的时间，二人是否有见面的可能？不妨言之，此际发生的历史能否提供一个二人可能见面的机会？历史于此际呈现出耐人寻味的一面，据《平陵画展今日揭幕地址在太庙艺术陈列馆溥心畬在艺专展览金石》一文可知，1936 年 6 月 14 日教授溥心

---

① 题跋最后显示的时间是"丙子长夏"，即 1936 年夏天。而黄宾虹与陈柱通信中曾言："此次北游，事因仓遽。绥远之行，冗杂迁延，仅至西山逗留多时。"信中所言之"西山"，即北京西山，溥心畬又号西山逸士，西山为溥心畬隐居之地，通信时间明确记载为 1936 年 7 月 12 日，与黄宾虹为溥心畬题跋的时间 1936 年夏吻合，可证二人于此际相见。"题跋"详见王中秀编著《黄宾虹年谱》，上海书画出版社 2005 年版，第 380 页。与陈柱书，详见王中秀主编《黄宾虹文集全编·书信编·陆》，荣宝斋出版社 2019 年版，第 144 页。

② 诸如 1929 年 11 月 1 日的中日现代绘画展览；1930 年 10 月 5 日在比利时举办的中国美术展览会，黄宾虹获最优等奖，溥心畬获金牌奖；1933 年在柏林举办的中德美展，二人均出品画作；等等。详见王中秀编著《黄宾虹年谱》，上海书画出版社 2005 年版，第 242—310 页。

③ 溥心畬（1896—1963），原名爱新觉罗·溥儒，为清恭亲王奕䜣之孙。探讨二人身份，尤其是对于黄宾虹，首先要剔除后世建构的"大师"形象，回到真实的语境中。民国报刊传媒中，特别是京津地区，对于黄宾虹等南方来的画家，在报道时都会呈现地域性的差异，如"江南老画家"等，这一身份认知与旧王孙、北京著名画家、收藏家身份的溥心畬相比较，存在一定落差。

畲在国立北平艺专展出家藏的金石画品,并广邀知名人士观赏。[①] 另,章甫《溥心畲先生画展致语》一文显示,溥心畲在继 6 月 14 日国立北平艺专校内展出家藏金石画品之后,又在当月 17 日在北平中山公园水榭举行公开画展,且是"佳作如林,蔚为大观,一时胜会"[②]。

以溥心畲为主角举办的两个"展览",时间均在 1936 年 6 月中旬左右,正处于前述黄宾虹与溥心畲有可能提早见面的时间段中,而"展览"更是二人能够见面、结识进而展开交游的重要契机和合法性手段。"初来乍到"的黄宾虹,虽然已在上海惨淡经营 30 年,奠定其古书画鉴定家、金石家、画家、美术理论家、编辑、教授等多重光环叠合的身份,但对于故都北平的艺术圈而言,不过是可能发生"神交"的基础。基于此,在故宫鉴定古画之余,黄宾虹积极展开交游,在与许承尧的信中亦言"宾朋之乐,宴会繁盛,酬酢往来",进而不断建构、拓展自己的朋友圈。诚如杭春晓先生指出,交游是一个互动生长的场域,参与这一场域的每个个体因自身携带的身份光环而不断产生碰撞、博弈、共振,推动了整个场域的生长,反过来这一不断生长的场域,亦能影响到个体,成为个体后来历史发生的无形之力。[③] 进一步而言,个体的身份光环是由知识经验所建构,暗藏了权力关系,是权力—知识机制的产物,因而这一互动生长的场域,或可言之是一个不断激荡的权力

① 报道载:"国立北平艺术专科学校,昨晨九时至下午五时,将教授溥心畲家藏金石画品陈列展览,该校昨特遍发请柬,邀约各界知名人士,前往观赏云。"新闻发布的时间是 6 月 15 日,报道中有"昨晨"一词,可知溥心畲这一展出的时间为 6 月 14 日。详见《平陵画展今日揭幕地址在太庙艺术陈列馆溥心畲在艺专展览金石》,《京报—北京》1936 年 6 月 15 日。

② 章甫《溥心畲先生画展致语》载:"旧王孙溥心畲先生……定于本月十七日始,至廿一日止,假北平中山公园水榭举行公开展览,佳作如林,蔚为大观,一时胜会,爰为致语。"画报底端标注时间为"廿五年六月十八日星期四",即 1936 年 6 月 18 日。详见《北洋画报》1936 年第 29 卷第 1414 期。

③ 参见杭春晓《隐匿的"知识"与"权力"——从徐悲鸿编〈齐白石画册〉论 20 世纪 20 年代美术界之文化场》,未刊稿。

网，参与交游的每个个体自身暗藏的权力亦是彼此碰撞、博弈，形成宏大的权力网状涟漪，而个体也因为权力网的涟漪效应而获得命运的改变，尽管有时并非直接发生，需要经历一个长远的面向。就此而言，溥心畬的两个展览，对于黄宾虹，无疑是打开北平朋友圈进而重塑自身权力关系获得改变的难得良机。6月15日《京报》关于溥心畬金石画品陈列的报道，地点是在"国立北平艺术专科学校"，称呼溥心畬是"教授"，显然，"教授"是"国立北平艺术专科学校"的教授，也即溥心畬此际任职于国立北平艺专，事实果真如此？根据前述彭飞的文章可知，溥心畬从1934年至1937年一直供职于国立北平艺专。[①] 行文至此，围绕"题跋"而发生的黄宾虹与溥心畬的交游轮廓如水落石出般地清晰浮现：溥心畬于1936年6月中旬分别在国立北平艺专和中山公园水榭举办展览，此际正在北平故宫鉴定古书画的黄宾虹参观展览，二人基于各自的身份光环早已"神交"，于此见面、结识，进而订交，溥心畬相邀"西山"之行，黄宾虹于鉴定工作临将结束的"长夏"之际赴西山之约，其间为溥心畬藏画题跋。"为溥心畬藏画题跋"，定然是溥氏诚邀之下的行动，好友之间在书画上相互题跋，是当时艺术界同人间展开交游的惯例，这一看似平凡的行为，背后则隐匿了知识与权力，或言是权力—知识机制运行的结果。而溥心畬邀黄宾虹为其藏画题跋，亦是如此。回到原境，以二人此际的真实身份来看待这一行为，于黄宾虹而言，溥心畬的邀请，既暗含了对其身份的认同与肯定，同时也使得二人的关系发生变化，由原来的"神交"变成"熟友"。晚年的黄宾虹在回忆入职国立北平艺专时谓"因友招入"，前述对"招入"一词的检讨呈现了"友"与"国立北平艺专"之间的权力从属关系，也即"友"极有可能与黄宾虹一样，当时都供职于国立北平艺专。结合前述黄宾虹与溥心畬的交游，显然，溥氏与90岁的黄宾

---

① 详见彭飞《1918年—1937年国立北平艺专教职员名录》，《美术研究》2013年第3期。

虹回忆的友人身份正相吻合。具有特殊身份——"旧王孙"的溥心畬，既是著名画家、收藏家，又是国立北平艺专中卓有资历的"老教员"，早就与其"神交"的黄宾虹鉴定古画之余又参观画展，并与其相见、结识、订交，后为其藏画题跋，得到溥氏的认同与肯定，进而推介黄氏入职国立北平艺专，是合乎情理、逻辑的推断。可见，溥心畬是影响黄宾虹得以入职北平国立艺专的一个重要因子。

然而历史的发生并非尽如人意。在黄宾虹与许承尧 1936 年 7 月 12 日通信的前两天，也即 7 月 10 日，国立北平艺专的新校长赵太侔不仅视事并"内定"了各系主任教授的名单。[1]9 月中旬，《京报》报道国立北平艺专各系教授名单出炉，黄宾虹的熟友溥心畬、汪采白俨然在列，但并没有黄宾虹[2]。《华北日报》也在同一天进行了报道，溥心畬、汪采白二人名字醒目，同样没有黄宾虹[3]。基于前述黄宾虹与溥心畬之交游关系，可知溥氏是影响黄宾虹得以任职国立北平艺专的重要因子，但 9 月国立北平艺术专科学校公布的国画组教员名单中没有黄宾虹，却有溥心畬。何以没有黄宾虹？因史料匮乏，难以呈现出较为准确的答案。诸如是否因为黄宾虹此际忙于故宫鉴定古书画，无暇兼及教学？或对于黄宾虹而言，是否更青睐故宫古书画鉴定的工作而对艺专讲学兴趣甚少？考察黄宾虹在上海的人生轨迹，我们发现，黄宾虹往往身兼多职，融编辑、教授、画家、书画鉴定家等多重身份于一

---

① 《国立艺术专科学校新校长赵太侔已视事各系主任教授已内定》载："国立艺术学院院长严智开辞职已照准，教部另委前国立山东大学校长赵太侔，已志本报，现赵氏已由京来平，下榻于友人杨振声家中，已与严智开会晤，昨日已到校接收，各系主任及教授闻已内定日内即可发表云。"《京报—北京》1936 年 7 月 11 日。

② 《国立艺专教授已聘定齐白石溥心畬等名流皆聘妥》载："国立艺术专科学校自本月十四日正式开学……兹将名单志次：（国画组）齐白石、溥心畬、王雪涛、汪采白、吴镜汀、吴光宇……"《京报—北京》1936 年 9 月 18 日。

③ 该报道在行文表述上几乎与当天《京报》的报道雷同，详见《国立艺专聘定教授》，《华北日报》1936 年 9 月 18 日。

身。以院校任教而言，黄宾虹自 1928 年始一直到 1936 年北平之行，其间
几乎都在不同的学校任职（详见表 1），而学校俸禄亦是其得以养家糊口的
重要来源，实际而言，若以后世之见，基于现实际遇的"生存"话语一直是
黄宾虹一生中挥之不去的阴霾，亦是他不断萌生并展开"避地而居"的现实
动因。因而故宫鉴定古画与艺专任职并不冲突，对黄宾虹而言是常态。黄氏
于 1937 年赴平之际仍在南京鉴画，后因艺专之聘，不得不推荐好友蔡守接
替，继而只身北上。①可见，前述的两个推测难以生效。回到溥心畬，基于
"名单"结果，亦有两种可能，溥心畬没有推介黄宾虹抑或推介无效。事实
上，鉴于现存史料，难以给出两种可能的准确答案。但把这一问题置于此际
国立北平艺专的现实语境中，或许能发现一丝历史端倪。从黄宾虹在北平的
时间 1936 年 5 月 18 日至 8 月 22 日而言，基于前述，国立北平艺专正值校
长更换。也即，原北平艺专校长严智开辞职获准，新校长赵太侔上任、视事
并全面接管。显然，这一权力高层之间的交接产生的波动必然辐射基层的人
事变迁，这也就不难理解 7 月 11 日《京报》报道中的"内定"这一话语。
针对个体的溥心畬而言，其任职国立北平艺专的时间贯穿于严智开执掌艺专
的整个时期，而 9 月的名单则是新校长赵太侔的聘用。查阅史料，亦未发
现二人之间存在更早的交游史实。就此而言，处于艺专校长变迁的情境中，
溥心畬能否为建立交游不久的黄宾虹推介？答案并不明朗。检视 9 月 18 日
《京报》及《华北日报》关于"名单"的报道发现，两篇报道均载："各科组
教授讲师等除一二人尚未聘妥外，余均聘定。"文中"尚未聘妥"的"一二
人"中是否暗指黄宾虹？事实上，该问题的答案亦不清晰。职是，我们如何
解读前述黄宾虹与溥心畬交游的检讨？历史于此呈现两种认知逻辑：其一，
基于交游展开的历史叙事，研究主体应充分认识到这一叙事话语中隐含的历
史向度，也即，历史的发生具有长远的面向，它所产生的效应也并非即时呈

---

① 详见王中秀编著《黄宾虹年谱》，上海书画出版社 2005 年版，第 392 页。

表1 1928—1936黄宾虹上海教职工作一览表

时间	学校	备注
1928年春	黄宾虹接受陶冷月之邀,被聘为国立暨南大学中国画研究会讲席,为中国画史教授	
1929年春	被聘为上海美专国画理论教授	
1930年	中国文艺学院成立(后改名为中国文艺专科学校),任校长,山水、文学兼画理教授;是年,又兼昌明艺术专科学校国画理论课;是年秋,被新华艺专聘为国画教授	中国文艺学院1932年停办
1932年2月	归沪后,刘海粟在上海美专进行整饬,黄宾虹复入上海美术专科学校,任国画理论教授	
1932年夏	成都四川艺术专科学校校长周稷等来沪聘黄宾虹入川任教	11月6日抵成都,翌日被聘为四川艺术专科学校校董兼中国画系主任
1933年春	任教于四川艺术专科学校和东方美术专科学校	
1933年初秋	任国立暨南大学中国画研究会山水画导师,每周授课一次	
1934年5月	被上海美专聘为暑期艺术教师进修讲习会讲师	
1936年1月	被上海美专绘画研究所聘为导师	

现,往往隐匿于历史行动者后来发生的事件中,在某种程度上甚至成为影响参与者后来历史发生的重要因子。其二,交游事件结果的呈现,也并非单向度的"因果"叙事逻辑所决定,背后隐匿着基于人事、身份等多重权力关系的"毛血管"式的网状交织。交游事件中的参与者亦因权力关系的结果获得对自我身份的醒目认知,而这一"结果"和"认知"亦成为参与者后来基

于"重塑身份"而展开行动的导向力量。就此而言,溥心畬是否曾向国立北平艺专推介黄宾虹及 9 月公布的"名单"都不重要,重要的是其可能奠定的黄宾虹后来历史发生的导向性。也即,"入职国立北平艺专"成为黄宾虹"避地而居"这一抽象观念"现实化"的重要举措。既如此,黄宾虹后来又展开了怎样的历史行动?

第二节 展览与交游：黄宾虹北平之行的历史行动

一、缺席的"在场"——黄宾虹的北平"画展"

1936 年 10 月 8 日《实报》上浑不显眼的夹缝中刊登了一则广告："北平围棋研究社主办，名画家黄宾虹先生作品展览会自九日起展览一星期，地址：中山公园四宜轩，时间：上午九时至下午六时。"[①] 对于此次北平画展，笔者亦查询到《围棋名家过旭初等在公园设北平围棋社同时展览黄宾虹画品》一文作为新材料予以证实和补充[②]。民国时期黄宾虹举办过两次个展，除北平画展外，1943 年 11 月 19 日至 23 日，由傅雷、裘柱常、顾飞等策划，在上海宁波同乡会四楼举办"黄宾虹画展"[③]。两次个展，黄宾虹都是缺席者。1936 年北平画展时，黄宾虹在上海；1943 年上海个展时，黄宾虹在北平。相对而言，上海个展，目的明确，是黄氏值 80 岁人生节点的自我总结，但北平画展，因史料匮乏，动机难寻。画展的时间是在 10 月，离开北平一月有余的黄宾虹，此际正穿梭于上海和南京之间，继续从事故宫鉴画。

---

① 王中秀：《黄宾虹十事考之八：北平画展钩沉》，《荣宝斋》2001 年第 6 期。

② 《围棋名家过旭初等在公园设北平围棋社同时展览黄宾虹画品》："围棋国手过旭初，与崔云趾、张畏苍、舒又谦等，发起组织北平围棋研究社，经名流傅增湘、李书华、过之翰、周肇祥、苏厚如等之赞助……并定九日起展览江南名画家黄宾虹氏最近精美作品数十幅，欢迎参观，藉倡雅兴云。"《益世报—北京》1936 年 10 月 8 日。

③ 《黄宾虹画展》："自本月十九日在宁波同乡会四楼陈列以来，盛况空前，莅场参观者，半属艺苑硕彦，画件为人定购、已达三分之二，闻该书展至二十三日截止，尚余三。"详见《申报》1943 年 11 月 21 日。

基于前述，3 个月的北平之行使黄宾虹萌生"避地而居"的观念，而与溥心畬等熟友的交游寻获了迁居北平的切实路径——入职国立北平艺专。作为"江南名画家"的黄宾虹，故宫鉴定古画余暇，考察此地风物人情、古玩市肆，更积极展开交游，在交游这一权利场中不仅对自我身份有了更加清晰的认知，对北平艺术圈的真实"生态"也定了然于心。[①] 对于此际的黄宾虹而言，既然已经寻获了迁居北平的切实路径，那么，如何提高自身在北平艺术圈的知名度，进而重塑身份得以入职北平艺专，可谓此际黄宾虹极紧要之事，亦是研究者探寻其后来历史发生之动因的切实考量。显然，举办画展是快速提升"人气"的最佳办法，这对于已经在上海——具有"世界化"的租界城市——惨淡经营几近 30 年，兼具报刊编辑这一现代传媒身份的黄宾虹而言，并非困难的选择，且 20 世纪 30 年代的北平画界，画展频仍，尤以中山公园为主要展览场地[②]，在此举办画展是外地画家得以扬名立万的习见手段。诚然如此，但这是张大千的机会[③]，并非黄宾虹

---

① 石谷风在《三十年代的北平画坛》一文中言，20 世纪 30 年代的北平画坛画会多，展览多，但地方势力也很厉害，并以当地名画家徐燕孙为例，外地画家想要在北平立足，都要拜见他。这段回忆有助于我们理解北平艺术界真实的生态环境。详见石谷风口述，鲍义来、王恽忠整理《亲历画坛八十年——石谷风口述历史》，江苏文艺出版社 2014 年版，第 22 页。

② 参见邓琦《民国前期北京中山公园美术现象研究——以绘画展览现象为主》附录《民国前期（1914—1937 年 7 月 7 日）中山公园的美术现象》，硕士学位论文，中国艺术研究院，2019 年。

③ 1935 年冬，张大千来北平办画展，好友于非闇撰文祝贺，并刊于《北平晨报》，文中题词有"奴视一切"之语，引起北平艺林不满，徐燕孙与其对簿公堂，无果，后吴幻荪约张大千办展比艺。此事在北平艺界闹得沸沸扬扬，尽人皆知。张大千由此在北平扬名立万。详见《张大千徐燕孙讼案昨日被告未到宣告延期审理》，《京报—北京》1935 年 11 月 21 日。但以石谷风回忆，整个事件不过是张大千与徐燕孙上演的一场"连环计"而已，回忆虽真假难辨，但结果是二人共享大名。详见石谷风口述，鲍义来、王恽忠整理《亲历画坛八十年——石谷风口述历史》，江苏文艺出版社 2014 年版，第 24 页。

性格之所为。[①] 此际距张大千画展风波已半年之逾，但"余绪"亦有可能偶尔在黄宾虹描绘的"宾朋之乐，议会繁盛，酬酢往来"这一交游场景中作为"谈资"出现，成为黄氏考量画展事宜的重要参照。于史实而言，1936年10月9日画展如期开幕。但问题是若与1943年的上海个展相较，我们如何看待这次画展的性质？缺席的黄宾虹在整个画展事件中又扮演了一个怎样的角色？

关于1936年黄宾虹北平画展，王中秀曾以专文探讨，相关史料均亦在文中呈现，而笔者搜罗的《益世报》的报道是解读画展的新史料，亦可与王中秀的文章互相印证。正如前述，《实报》与《益世报》虽都对画展进行报道，但表述不同，认知亦呈现差异化。北平小报《实报》以广告形式刊登画展信息，言简意赅，向我们传达的意义为：北平围棋研究社主办黄宾虹画展，9日起展期一周，中山公园四宜轩。若无其他信息参考，显然，这是属于黄宾虹的个展，中山公园又是外地画家聚集办展的重要场所，作为画展主角的黄宾虹应该在场，而不是缺席者。尤其这场个展对于此际江南画家身份的黄宾虹而言意义重大，它关涉到之后的行动能否顺利展开。但事实上，展览始终，黄宾虹一直缺席。1943年上海个展中，黄宾虹亦不在场，彼时其正困居于日本占领下的北平，"沦陷"语境提供了黄氏可以不在场的合法性，即使那才是真正属于黄宾虹意义上的个展。那么，北平画展，黄宾虹何以缺席？民国大报《益世报》亦刊登画展信息，篇幅不大，全文如下："围棋国手过旭初，与崔云趾、张畏苍、舒又谦等，发起组织北平围棋研究社，经名流傅增湘、李书华、过之翰、周肇祥、苏厚如等之赞助，已赁定中山公

---

① 1933年黄宾虹与其夫人宋若婴通信中最后言："我已是一最无用自甘退让之人，诸事皆不能问，望映芬谅之。"时过境迁，作为黄宾虹的侄女映芬所托具体事件难寻，想来或因黄宾虹之身份为其谋求工作。信中之言可以看作是黄宾虹对自我性格的剖析，与张大千"张扬"之做派显然差异极大。而1943年上海个展，亦非黄氏刻意为之，是诸师友主动商妥的结果，可见黄宾虹之性格，确如其所言。

园四宜轩为社址，由过君担任事务主任，九日成立，由外手对弈，闻口社并定九日起展览江南名画家黄宾虹氏最近精美作品数十幅，欢迎参观，藉倡雅兴云。"①作为报道，画展是以"新闻"形式的文本呈现，绝非《实报》中夹缝的广告，因而透露出更多细节，或许能为我们观看、解读画展提供新的认知角度。通观全文，隐含两条信息：组织北平围棋研究社与展览黄宾虹作品。二者看似平等，实有主次之分，展览黄氏之作，旨在"藉倡雅兴"，也即，在创办棋社之余，增添雅趣，并非《实报》中表露的个展意义。就此而言，称为黄氏个展，略显牵强，这也就不难理解黄宾虹何以缺席。据过旭初之孙过士行回忆："1935年，祖父和叔祖父去了北平，翌年秋，黄老受北平故宫之邀审定字画，曾与曾祖父黄羲先生一起居一斗室，朝夕相处，相聚甚欢。后来黄老定居北平，还帮祖父兄弟筹办棋社，并捐画相助。卢沟桥事变后，祖父兄弟南返，全靠变卖黄老的画做盘缠。"②文中回忆黄宾虹定居北平的时间有出入，其余均有史可稽。过氏兄弟（过旭初与过惕生）创办棋社、黄宾虹捐画相助一事正与《益世报》之报道相符。行文至此，逻辑豁然，北平之行中黄宾虹萌生"避地而居"进而迁居北平的愿望，与溥心畬等友人的交游，寻获了愿望达成的切实路径——入职国立北平艺专，虽然自己在上海已"声名显赫"，但于北平艺林来说却相对"陌生"，因而亟须重塑身份以打开北平的朋友圈。筹办画展虽是快捷、有效途径，但基于北平艺术圈的真实生态，前又有张大千之鉴，正陷于踌躇之际的黄宾虹获知好友欲在北平创办棋社，于是捐画相助并借此展览近期画作，因好友策办，黄宾虹既安然于心亦可隐身而退，省却不必要的麻烦。这一推理，既合乎情理、逻辑，亦合于"自甘退让"性格的黄宾虹之所为。1936年10月9日，画展终于开幕。

---

① 《益世报—北京》1936年10月8日。
② 过士行：《中国围棋的推动者：我的祖父过旭初》，《海内与海外》2015年第5期。

关于画展的前后经历，史料难觅，仅仅呈现于前述王中秀文中所引过旭初致黄宾虹的几封书信，而此际黄氏与过旭初的书信却均未发现。那么黄宾虹画展的结果如何？10月27日过旭初致黄宾虹书中言："自双十节开展以来，瞬逾半月，经名流参观者，不胜枚举，统计数万人以上，盛称观止……总之，此次弈展二事，虽不得实，而宣传力量亦不小，北方人尽皆知，此后必有达发。"[1] "虽不得实"，张涛撰文认为是黄宾虹选错了策展人，导致画展进项寥寥，因而判断黄宾虹此次画展是失败的。[2] 若单纯从经济的角度而言，对黄氏画展得出失败的结论，有情可原。诚然，举办画展，必然包含经济的考量，但对于此际的黄宾虹而言，基于前述之推理，扩大宣传、提高在北平艺林的知名度才是举办画展的核心动机，于此而言，画展是成功的，因为"北方人尽皆知"。同1943年上海个展相比较，此次虽未刊印画册，但北平围棋研究社创办了《北平围棋社特刊》，不仅刊有黄宾虹阐述"琴棋书画，艺事相通"的画理妙论，扉画也是黄宾虹之《松荫对弈图》，且在"发刊词"栏目中印有北平棋坛高手、军界、政要等21位名人题词[3]，可见，过旭初信中所言"宣传力量亦不小，北方人尽皆知"并非"不得实"的安慰之语。要之，北平画展，效果而言，黄氏名声大振，"不在场"的黄宾虹宛若"在场"。

二、1936年黄宾虹北平之行中交游的检讨与重建

检视过旭初致黄宾虹的几封书信，信中围绕画展事宜涌现的人物名单，

---

[1] 王中秀编著：《黄宾虹年谱》，上海书画出版社2005年版，第386页。

[2] 参见张涛《民国画坛策展有讲究》，《中国收藏》2016年第7期。

[3] 参见张曙光、吴葆乐《〈北平围棋社特刊〉棋圣聂卫平的启蒙老师过旭初遗著》，《东方收藏》2010年第9期。

诸如周养老、汪慎生①、汪采白②、张君逸③、郑颖荪④等，似乎隐约间暗示了黄宾虹于 1936 年北平之行中，可能存在更为丰富的交游经历。书信中提及的人物，除周养老即周肇祥外，其余均为黄氏之徽籍同乡，进一步而言，汪慎生、汪采白、张君逸三人与黄宾虹不仅都是徽籍，且均来自安徽歙县。黄宾虹北平之行中与同乡旧友展开交游是合情合理的逻辑推测。安徽省歙县博物馆藏有黄宾虹、张大千、溥松窗、吴镜汀、汪采白、徐燕孙、汪慎生及张君逸八人合作之两开扇面册页绘画，根据册页所附叶永康先生的题跋可知，是图为张君逸 20 世纪 60 年代所赠，虽历经"文革"磨难，但终得留存。据张氏后人回忆，张君逸之父张翰飞与合作众人皆有诗画交往，关系密切，请好友合作扇面，旨在赠送其子张君逸作为纪念，于 20 世纪 30 年代中期七

---

① 1936 年 9 月 16 日过旭初致黄宾虹书云："据慎生所言，陈半丁在此能知爱好艺术主顾最多……周、李、过诸公均允介绍，一切接洽圆满，请舒华廛。"信中慎生，也即汪慎生（1896—1972），名溶，安徽歙县里东乡满川村（现汪满田村）人，1934 年起于京华美术专科学校、北京辅仁大学美术系、北平师范学院任教。周即为周肇祥（1880—1954），字嵩灵，号养庵，又号无畏，别号退翁，浙江绍兴人，清末举人，与金城等著名画家创办中国画学研究会，自 1926 年起任中国画学研究会会长，古物陈列所第四任所长。详见王中秀编著《黄宾虹年谱》，上海书画出版社 2005 年版，第 384 页。

② 1936 年 10 月 4 日过旭初致黄宾虹书云："汪采白已到平，兄定于七号约汪、苏、吴诸公等廿余人，假撷英番菜馆叙谈，讨论一切事宜。"详见王中秀编著《黄宾虹年谱》，上海书画出版社 2005 年版，第 385 页。

③ 1936 年 10 月 27 日过旭初致黄宾虹书云："张君逸定二尺一张，并介绍一人来帮忙画展七日，送其十元。"详见王中秀编著《黄宾虹年谱》，上海书画出版社 2005 年版，第 386 页。张君逸（1905—1969），安徽歙县人，新安画派代表人物之一，民国书画家张翰飞之子，与黄宾虹、汪采白等名家交好。

④ 1936 年 10 月 27 日过旭初致黄宾虹书云："此外，郑颖荪虽有定一张之信，但因彼此甚忙，须晤面始定。"详见王中秀编著《黄宾虹年谱》，上海书画出版社 2005 年版，第 386 页。郑颖荪（1893—1950），安徽黟县碧山乡石亭村人，毕业于北平燕京大学，后留学日本早稻田大学。1930 年在北平大学艺术学院任音乐教授，1936 年任国立北平艺专教务长，详见彭飞《1918 年—1937 年国立北平艺专教职员名录》，《美术研究》2013 年第 3 期。

人聚集北平张翰飞家完成，最后一格为张君逸于 1964 年 12 月 10 日补齐。[①]
笔者亦发现，七人画品之后的题款中皆有诸如"君逸仁兄""君逸先生""君
逸老弟""君逸世讲""君逸世兄"等字眼，可知确实是为张君逸所作。徐燕
孙画品中题"天寒翠袖"四字，暗示了创作的时间约为冬天，而汪采白画
作题："君逸世讲方家正之，丙子初冬，孔祁。""丙子初冬"，交代了聚集创
作的确切时间，也即 1936 年冬天，与徐燕孙所题"天寒翠袖"正相应。据
张氏后人回忆，作品是 20 世纪 30 年代中期七人聚集北平张翰飞家共同完
成，时间为 1936 年初冬之际，黄宾虹此际亦在北平。但依据现有史料，黄
宾虹于 1936 年的北平之行，8 月 22 日就已经返沪，再次北上已经是 1937
年 4 月了。1936 年 10 月 9 日黄宾虹北平画展开幕，时间与七人合作的时
间略相近，且前述在画展中张君逸不仅订画，还介绍友人帮忙画展七日，是
否此际或更晚些黄宾虹曾有过隐秘的北平之行呢？但以王中秀文中援引过旭
初致黄宾虹的书信来看，黄氏始终未曾在画展前后现身。抑或，张氏后人记
忆有误？总之，由七人合作扇面引发的黄宾虹此际是否有北平之行的问题，
依据现有史料，难以做出准确的定论，只能等待新材料的问世。但透过这一
问题，使笔者的目光再次聚焦于 1936 年黄宾虹北平故宫审定古画期间的交
游，以期发现更多的可能性。

　　基于前述史料，过旭初兄弟在中山公园创办北平围棋社，是经"名流"
周肇祥等赞助，甚至作为"藉倡雅兴"的黄宾虹画展亦经周肇祥过问[②]。那
么，周肇祥何以如此关照围棋社与黄氏画展？此中虽有作为"围棋名家"身
份的过旭初之因素，与黄宾虹是否亦相关？换而言之，是否存在黄宾虹与周

---

① 参见张丽萍《珠联璧合——黄宾虹、张大千等名家荟萃扇面》，《收藏》2012 年第
3 期。

② 前引 1936 年 9 月 16 日过旭初致黄宾虹信中提及周肇祥曾为画展介绍，10 月 27 日
信中关于画展中作品的价格问题上，周肇祥以其阅历与人脉亦予以指导："周养老为阅
历中人，特来对我曰：千万勿要标价。"详见王中秀编著《黄宾虹年谱》，上海书画出版
社 2005 年版，第 384—386 页。

肇祥早已相识的可能性? 查阅《黄宾虹年谱》可知, 二人交往频繁始于黄宾虹迁居北平之后, 之前, 仅仅是二人作品于 1930 年在比利时举办的中国美术展览会中获最优等奖和银牌奖 ①, 其余并无实质性的交游史实。那么, 在黄宾虹迁居北半前二人是否存在交往的可能呢? 这需要我们跨越层层探讨回到问题初始——鲜有关注的北平艺界同人公宴黄宾虹、汪亚尘的照片 (见图 3)。从某种角度而言, 照片中人物座次的排列亦是权力关系的映现, 基于黄宾虹与汪亚尘之关系, 且同是上海 (江南) 名画家的身份, 二人比肩而坐, 而居于前排中心位置 (前排左数或右数都是第八位) 的则是 1926 年始任古物陈列所所长、中国画学研究会会长、隐隐有北京画坛领袖身份的周肇祥。依现有史料而言, 汪亚尘公宴应是黄氏与周肇祥最早相识的见证。因参加好友宴会并结识周肇祥及众多朋友, 对于"初来乍到"的黄宾虹而言, 无疑是展开交游进而拓展艺界朋友圈的重要契机。那么, 二人之间是否存在更进一步的交游? 虽然没有明确史料记载, 但此际发生的历史事件可以提供二人之间存在交往的可能。1936 年 6 月 7 日《北平晚报》刊印《周养庵画展明日在公园举行》一文, 云:"美洲英属坎拿大云高华埠展览会征集艺术作品, 兹该埠刻已派人回国征求有关文化艺术作品, 向中国画学研究会长周养庵征求作品, 经周氏函各会员先征作品展览, 定本月八日, 在中山公园举行云。" ② 据文可知, 画展的时间为 1936 年 6 月 8 日, 距"公宴汪亚尘"仅隔数天, 与周肇祥结识不久的黄宾虹, 鉴定古画之余极有可能参观展览, 以加深二人之间的交往。显然, 正是基于二人前期之交往, 黄宾虹举办画展, 周氏不仅给予赞助, 画展过程中的细节——是否标价——也提出切实的建议, 甚至介绍友人订画。

前述过旭初致黄宾虹书信中提到的人物: 周肇祥、汪采白、郑颖荪、

---

① 参见王中秀编著《黄宾虹年谱》, 上海书画出版社 2005 年版, 第 256 页。

② 《周养庵画展明日在公园举行》,《北平晚报》1936 年 6 月 7 日。

三人还具备一个共同的身份关系——与国立北平艺专息息相关。汪采白是新校长赵太侔新聘的国画组教授,周肇祥及郑颖荪与国立北平艺专的历史渊源深厚①,而郑颖荪正担任国立北平艺专的教务长一职。② 书信中还提及郑颖荪欲定黄宾虹画一张,信中原文为:"此外,郑颖荪虽有定一张之信,但因彼此甚忙,须晤面始定。"此际距国立北平艺专开学一月有余,又逢新校长上任,作为教务长的郑颖荪,无暇顾及具有同乡之谊的过氏举办的黄宾虹画展是在情理之中。事实上,郑颖荪与黄宾虹亦为乡邦,不过郑氏为安徽黟县籍。依据现有史料,二人之前并无交往。黄宾虹画展中,郑氏订画,虽有可能是对身怀"江南名画家"身份的同乡于人情世故上的支持,但郑氏订画之行为应是同乡好友汪采白、汪慎生之推荐,汪采白是新校长聘任的国画组教授。除此二人外,周肇祥亦有可能。1936 年 9 月 18 日《京报》关于国立北平艺专校长赵太侔新聘国画组之教授名单,周肇祥虽不在列,但在 1937 年的报道中,周氏又以"名誉教授"的身份出现在国立北平艺专十九周年的纪念大会上③(图 5,前排左数第四为周肇祥,第五为校长赵太侔)。基于前述,周氏与国立北平艺专之间,渊源深厚,关系极为特殊,远非单纯的"教授"一职所能概括。因而,周氏极有可能是推荐人之一。职是,黄宾虹于北

① 1930 年 2 月 22 日,北平大学艺术学院院务会议代表汪申伯、寿石工、周肇祥、杨仲子等辞职;1930 年 4 月 14 日,北平大学艺术学院召开紧急院务会议,出席者汪申伯、郑颖荪、杨仲子、周肇祥等;1931 年 8 月 28 日,院长杨仲子聘周养庵、陈半丁为国画系教授;1933 年 2 月 8 日,北平大学艺术学院学生自己创设国画学校,聘请陈半丁、周养庵、徐燕孙等为教授;1933 年 6 月 8 日,院长严智开召开北平大学艺术学院院务会议,出席者周肇祥等;1933 年 7 月 22 日,北平大学艺术学院召开师生联席会,中国画系主任周肇祥参加会议;1936 年 11 月 16 日,国立北平艺术专科学校召开本学年第二次教务会议,主席:郑颖荪,出席者:溥心畬、赵太侔、汪采白等。详见李中华《1917—1937 年北京国立专门美术教育研究》之《附录 2:北京国立专门美术教育大事记(1917—1937)》,硕士学位论文,中国艺术研究院,2005 年。
② 详见彭飞《1918 年—1937 年国立北平艺专教职员名录》,《美术研究》2013 年第 3 期。
③ 《艺苑珍闻:国立北平艺术专科学校……》,《艺林月刊》1937 年第 89 期。

图 5　国立北平艺专十九周年纪念会留影
严议摄刊

平之行的交游中，"国立北平艺专"进入他的视野，成为他实现"避地而居"的切实目标；黄氏北平画展，经周肇祥、汪采白、汪慎生、过旭初等好友相助，进而关联到国立北平艺专的教务长郑颖荪，不在场的黄宾虹亦被纳入"国立北平艺专"的视野中。历史之于黄宾虹与国立北平艺专，似乎呈现出"双向选择"的态势，二者之间原本断裂的链条经由层层检讨得以重新链接。但即便如此，亦难以证实黄宾虹入职国立北平艺专是于此际所商定，更不可能如王中秀先生所断言。真正落实这一问题的契机应发生于 1937 年 3 月中旬第二届全国美术展览会审查工作期间。

三、商妥入职：黄宾虹在第二届全国美展的交游检讨

　　那么，黄宾虹在 1937 年举办的第二届全国美术展览会中承担怎样的角色？或许我们可以在《第二次全国美术展览会特刊　艺林焕彩　林森题》[①]一文中找到答案。据文可知，在王部长聘请的第二次全国美术展览会筹备委员名单中未见黄宾虹，但其上海旧友如汪亚尘、叶恭绰、吴湖帆、王一亭、张大千等都榜上有名。民国时期的全国美展是由教育部主办的"国家级"展览，等级最高，进入全国美术展览筹备委员会这一核心权力网中，不仅艺术家的身份、地位得以彰显，亦是其在"国家话语"层面的确认。耐人

---

① 　详见《申报》1937 年 4 月 1 日。

寻味的是，国立北平艺专的新校长赵太侔也在其中。权力变更的历史背后往往隐藏着纷繁复杂的面向，但作为历史行动者，个人身份的塑造亦会产生重要影响。赵氏执掌北平艺专后，立刻按照教育部的要求大刀阔斧进行调整改革①，"使得学校的教学秩序空前规范，出现兴旺发展之迹象"②，并于 1936 年 12 月 31 日至 1937 年 1 月 2 日，组织、举办了大规模学业成绩展览会，取得较大的社会影响。③职是，赵太侔以卓有建树教育家、国立北平艺专校长、戏剧教授④ 等多重身份进入全国美术展览这一核心权力网，并成为第二届全国美术展览北平筹备委员会的委员⑤。此后又经过全国美展这一国家话语的"洗礼"，与林风眠、刘海粟、周肇祥、褚民谊、张道藩等发起中华全国美术会，并成为中华全国美术会的北平负责人，而黄宾虹与其在 1936 年北平之行中交游的好友如周肇祥、汪采白、汪亚尘等都在其中。⑥

回到第二届全国美展，黄宾虹虽未进入早期的筹备委员的名单，但在 1937 年 1 月 10 日教育部举行第一次全体筹备委员会议后，黄氏与周肇祥、汪采白、高剑父等成为第二次美展现代中国画组之审查委员，郑颖荪担任摄影审查委员，赵太侔更是身兼多职，不仅担任工艺美术组审查委员，后又成为陈列委员会委员和编辑委员会委员。自 3 月 16 日起各组开始审查，3 月 22 日，黄宾虹、周肇祥、汪采白、赵太侔等还参加了教育部王部长在该部

① 详见《国立北平艺专今后兴革计划校长赵太侔之谈话》，《华北日报》1936 年 8 月 19 日。

② 李中华：《1917—1937 年北京国立专门美术教育研究》，硕士学位论文，中国艺术研究院，2005 年。

③ 详见《艺专学业成绩展览会巡礼》，《北平晨报》1936 年 12 月 31 日。

④ 赵太侔是美国哥伦比亚大学戏剧专业毕业的研究生，1925 年回国后便进入国立北平艺专，担任戏剧教授，兼戏剧系主任。

⑤ 《全国美展征集展品》载：北平筹委会由杨振声、顾颉刚、梁思成、齐白石、赵太侔、常书鸿等委员负责筹备工作。详见《北平晨报》1937 年 1 月 31 日。

⑥ 《中华全国美术会定期在京成立艺术家刘海粟林风眠等发起将在各省市设分会以期扩大工作北平分会现由赵太侔筹备》，《京报—北京》1937 年 4 月 14 日。

大礼堂举办的宴请全体审查员的公宴①，宾朋之乐，酬酢往来，1936年北平之行就萌生"避地而居"的黄宾虹，于此际经好友兼国立北平艺专教授周肇祥、汪采白之推介，结识艺专的新校长赵太侔，进而商定入职国立北平艺专，成为合乎情理逻辑的可能。前述1937年黄宾虹与许承尧信："此次仆因国立艺专之聘，南京艺展，校中办事人俱南来。"②"南京艺展"，指向的即是第二次全国美术展览会，而"校中办事人俱南来"是何意？据1937年3月23日《北平晚报》报道："国立艺专校长赵太侔，教务长郑颖荪，西画教授常书鸿，日前赴京，出席全国美术展览会。"③显然，"校中办事人俱南来"，正是校长赵太侔、教务长郑颖荪和西画教授常书鸿出席全国美展之事。报道的时间是3月23日，3月22日时黄宾虹与周肇祥、赵太侔共同参加教育部的公宴，显然"校中办事人"于3月22日前后到达南京。1937年黄宾虹与陈柱书言："仆稍迟即当来沪，再觅避地而居，未卜可如愿否？"④书信明确标注时间是3月17日，也即，写信之际对于黄宾虹而言并未确定有国立北平艺专之聘，其"避地而居"基于前述虽指向北平，但没有切实的举措。结合前面黄宾虹与许承尧信中所言"艺专之聘，校中办事人南来"的时间，可知商定黄宾虹入职国立北平艺专一事的时间为1937年3月17日至3月22日，正如笔者所推测——在第二次全国美展审查工作期间。

行文至此，一切水到渠成。商妥入职国立北平艺专一事后，黄宾虹便推荐好友蔡守接替书画鉴定工作，不久返回上海，于1937年4月16日由

---

① 参见王中秀编著《黄宾虹年谱》，上海书画出版社2005年版，第392页。
② 王中秀主编：《黄宾虹文集全编·书信编·陆》，荣宝斋出版社2019年版，第202页。
③ 《赵太侔赴京参加美展学生将演剧筹款》，《北平晚报》1937年3月23日。
④ 王中秀主编：《黄宾虹文集全编·书信编·陆》，荣宝斋出版社2019年版，第146页。

上海起程，只身赴平，4 月 19 日下午一时至北平。[①] 从 4 月 20 日开始，直到"入职国立北平艺专"完全落实[②]，《一九三七年日记片断》这一文本向我们展示了此际黄宾虹较为详细而丰富的交游轨迹。[③] 依据文本记载，黄宾虹交游的人物顺序呈现为：首先拜访周肇祥、汪采白，继而汪慎生，最后是赵太侔相约，时间是 4 月 24 日，距黄宾虹领取国立北平艺专的半月薪水之期相近。显然，在第二次全国美展审查工作之际商定的入职国立艺专之事在此际正式生效。对于黄宾虹的入职而言，作为校长的赵太侔具有决定权，既然早已在第二次全国美展审查工作中商定，黄宾虹在 4 月 19 日至北平后，何以没有直接拜访赵太侔，而是继周肇祥、汪采白、汪慎生之后？此际赵太侔亦在北平。[④] 即便是访周肇祥、汪采白未果，但这一交游的顺序确实真实存在。从某种角度而言，这一交游顺序早已作为一种有"秩序"的历史镶嵌于文本中，而这一有秩序的历史却暗示了历史参与者曾经发生的历史秩序。[⑤] 也即，黄宾虹的这一交游顺序，实际显现出在入职国立北平艺专这一事件的过程中起到关键作用的主要人物——周肇祥、汪采白等，也正是基于此，笔

---

① 详见《一九三七年日记片断》，载王中秀主编《黄宾虹文集全编·杂著编·肆》，荣宝斋出版社 2019 年版，第 494 页。

② "五月四日，二时到校收职员录，半月俸一三四。"可知在 5 月 4 日之前，黄宾虹已经正式入职，并领取半月薪水。详见《一九三七年日记片断》，载王中秀主编《黄宾虹文集全编·杂著编·肆》，荣宝斋出版社 2019 年版，第 496 页。

③ 诸如四月廿一日，会周养庵、汪采白，往京畿道艺专校，均未晤；四月廿二日，访汪慎生；四月廿四日赴赵太侔之约，往中南海；四月廿五日，周养庵约五道庙春华楼午膳。详见《一九三七年日记片断》，载王中秀主编《黄宾虹文集全编·杂著编·肆》，荣宝斋出版社 2019 年版，第 494 页。

④ 据《国立艺专筹设高中部赵太侔昨返平谈教部令拟计划该校今日行扩大庆祝十九周年》可知，赵太侔已于 4 月 14 日回北平，15 日参加艺专 19 周年庆祝。详见《京报—北京》1937 年 4 月 15 日。

⑤ 罗志田指出："历史上的人与事原本有其发生发展的逻辑，撰述者有所结构，也最好是顺应其原初的逻辑，彰显事物本身的逻辑力量，便可收不战而屈人之兵的效果。"罗志田：《要言不烦：缪钺先生论表述》，《读书》2015 年第 2 期。

图 6　1936—1937 年黄宾虹北平之行交游词云图

者围绕黄宾虹入职国立北平艺专而展开的基于交游生成的层层检讨也得以生效（图 6）。就此而言，黄宾虹于 1936 年北平之行中萌生的"避地而居"终于如愿以偿。事实上，黄氏不仅入职国立北平艺专，还被聘为古物陈列所国画研究室的导师①，为黄宾虹定居北平后的现实生活又增加了一份真实的保障。至此，黄宾虹北平之行的历史落下帷幕。

---

①　1937 年 5 月 1 日，古物陈列所国画研究室第一期研究员正式开课，钱桐、黄宾虹、张大千和于非闇等任导师，定期到所讲演并教授绘画技法。详见徐婉玲《古物陈列所国画研究馆开办始末》，《故宫博物院院刊》2014 年第 5 期。

小结

于历史而言，黄宾虹北平之行的结果早已成为一个"褶皱"，嵌合于黄宾虹一生的历史中，后世研究者试图打开这一褶皱、重新激活这段历史时却发现，其背后呈现出纷繁复杂、多元交织的历史面向。笔者依据现存史料，基于黄宾虹北平之行中发生的历史事件，展开层层检讨，重建黄宾虹北平之行中交游的文化场，试图还原黄宾虹作为"人"的历史的存在方式——回到黄宾虹曾经真实的生存语境中。就此而言，历史研究不仅关乎事件，而且也关乎这些事件所呈现的文化场，但文化场并非直接于事件中显现，而是呈现在研究主体反思事件的检讨中。基于这一检讨，研究主体与历史主体之间生成某种拓扑结构，研究主体穿梭于历史主体的三种时态中①，循环往复，新的历史主体便在这一来回穿梭的缝隙中幽然生成，而作为研究主体的自我批判意识，在这一不断穿梭的辩证张力中亦得以彰显。

随着北平之行落下帷幕，新的问题油然而生。诚然，入职国立北平艺专是黄宾虹"避地而居"的良好选择，但对于早已在上海苦心经营达三十年之久的黄宾虹而言是否还有更深层次的因素？黄宾虹在上海的真实状态是否

---

① 杭春晓指出，历史研究中存在主体的三个时态：一是现场的时态；二是现场被描述的时态；三是我们作为研究者的时态。现场的时态可以勾连以往更多的他者，研究者以将来时来理解历史主体的过去式，同时研究主体的解读成为新的他者，于是，历史研究于解读中不断地膨胀，产生变化，同时呈现出自我的时态。信息源自杭春晓关于拉康的一次讨论课，未刊稿。

确如后世文本建构的大师形象？黄宾虹北平之行中萌生的"避地而居"是否存在更早的"模型"，这一心理机制是如何生成的？而这些问题正是笔者接下来要探讨的重点。

第三章

『人的历史』

——黄宾虹『避地而居』的心理机制探究

　　罗志田先生在《追随余师英时读书的日子》一文中言："那时的生活费主要是林霁师提供的研究助理费，同时也四处申请各种基金会的奖助金，结果美国各大基金会的奖助金都拿过（最高的是 Guggenheim 的一万美金），使我的简历看起来很不错，其实却是为生活所迫。"① 此为罗志田先生回忆在美国普林斯顿大学读书时的一段话语，假如我们把这段话语当作史料来分析，会产生何种认知？显然，很容易得出罗志田先生在普大读书时非常优秀，因为他捕获各大基金会的奖助金。如果对这一认知结果作更深层次的追问，比如其何以捕获奖助金？可惜，问题的答案，罗志田先生早已述明：其实却是为生活所迫，不得已而为之。因主角自己言明，无须我们再深入潜行，但是设想如果作者没有给出答案，而面对这段话语，我们仅仅得出"优秀"的结论，再没有进一步的追问，显然，这一认知结果虽然符合认知逻辑，但于对象的研究而言，不过是"浮光掠影"，甚至会形成一层或层层"雾霾"，对历史行动者的真实处境形成遮蔽。就此而言，作为研究主体面对史料，在充分梳理、辨析的同时应怀有一个"时空的框架意识"，以话语中的罗志田而言，要首先清理罗志田所有的身份光环，回到真实的语境中进行检讨，并时刻注意研究对象和研究者自身的主体性问题。在其新著《风雨鸡鸣：变动时代的读书人》的"自序"中，罗志田开篇提出问题：什么是历史的主体？或谁是历史的主体？或者我们亦可以对艺术史研究进行同样的发问：什么是艺术史的主体？或谁是艺术史的主体？对于这一问题，对于研究者而言，研究路径、方法不同，答案的侧重点也迥然有异，但最终指向一

---

① 罗志田：《追随余师英时读书的日子》，载《风雨鸡鸣：变动时代的读书人》，生活·读书·新知三联书店 2019 年版，第 298 页。

点：艺术史的主体是"人"，艺术史研究是"人"的历史研究。也只有将每一当事人还原为具体场景中活生生的人物，然后才可避免将其过度抽象化，不至于使具体的人被"物化"①。黄宾虹的研究亦是如此，应当回到其生活的语境中，还原黄宾虹作为"人的历史"的真实性。

① 罗志田：《风雨鸡鸣：变动时代的读书人》"自序"，生活·读书·新知三联书店2019年版，第2页。

第一节 "原初创伤" —— 黄宾虹贵池经营探究

一、贵池："避地而居"心理机制生成的原初创伤地

1936 年黄宾虹于北平之行中萌生"避地而居"的观念，进而积极展开交游、举办画展，重塑身份，于 1937 年 3 月借第二届全国美展审查工作之际，经好友周肇祥、汪采白、郑颖荪等推介，结识了国立北平艺专校长赵太侔，得以入职国立北平艺专，实现了"避地而居"的愿望。作为历史中存在的黄宾虹，从"避地而居"到入职国立北平艺专，经历的整个过程，虽背后呈现、交织诸多纷繁复杂的历史面向，作为已经发生的史实，以"秩序的历史"效果镶嵌于文本中，但这"秩序的历史"背后又隐藏着作为主体的黄宾虹怎样的心理动因？在"人的历史"观念的影响下，这不得不引起笔者再次警惕和反思：历史的真相果真如此？黄宾虹也确然是接受了教职，离开了上海，迁居北平，进而困居北平长达十多年，这已然是一种历史事实的陈述，然而在"可见性"的历史话语中又隐藏了怎样的"不可见性"？抑或言之，已然"成型"的历史话语在看似合乎逻辑的背后是否也伴随着某种遮蔽，而又遮蔽了什么？[①] 就后现代史学观而言，我们所面对的所有史料，都是"主

---

① 遮蔽的由来，有多种原因，艺术家的自传，可能隐匿、忘却、淡化或强化一些事；别人的介绍，可能回避、迎合、夸大什么。环境允许和提倡的，也许是很不真实的。不严谨的著作和私下言传，往往未必尊重事实。遮蔽有自觉、不自觉之分，但自觉的遮蔽是遮蔽，不自觉的遮蔽也是遮蔽。阐释学大师伽达默尔言"一切熟悉的事物都是被遮盖着的"，越是人们以为熟悉的人物、作品、历史事件，就越可能被遮盖些什么，熟悉本身就是一种最有效的遮蔽物。

观"的，建基于其上的"历史叙事"，更只能是主观的，是"人"对于客观历史过程的"主观叙述"与"主观认识"，是各种各样的智性组合。① 通过对黄宾虹史料的梳理与论证，我们已然建构了一个迁居北平的"知识"性的黄宾虹。那么，在以"人为本位"的史观审视和投射下，我们如何看待身怀"避地而居"观念的黄宾虹在迁居北平这一历史事件的背后所隐藏的更为真实的心理褶皱和深层动因？直白而言，作为一个被他者形塑和建构的"主体"的黄宾虹，已然在上海惨淡经营近三十年，何以权衡利弊，最终决定迁居北平？抑或作为主体的黄宾虹，是否于北平一行之前就已然怀有"避居之地"的观念？若如此，变动时代下的"避地而居"这一心理机制是何以生成并不断运作的？对此问题的追问与解答，亦是笔者对自身近年来形成的历史观的一种检讨和反思：以"人的历史"的史观为参照，作为叙事话语的"黄宾虹"应是"知识"的黄宾虹与"主体"的黄宾虹的高度统一。

黄宾虹于 1937 年致陈柱的信件中言及"避地而居"②，纵观黄宾虹丰富而坎坷的生涯，以后世之见，"避地而居"成为贯穿黄宾虹一生的一个重要"话语"而存在（图 7）。从安徽潭渡老家至上海，由上海至北平，从北平至杭州，无一不是在"避地而居"这一话语影响下的历史发生，这一话语也时常出现在黄氏与友人及夫人宋若婴的通信中。③ 职是，当"避地而居"呈现

---

① 参见鲁西奇《人为本位：中国历史学研究的一种可能路径》，《厦门大学学报（哲学社会科学版）》2014 年第 2 期。

② 与陈柱书："仆稍迟即当来沪，再觅避地而居，未卜可如愿否？"详见王中秀主编《黄宾虹文集全编·书信编·陆》，荣宝斋出版社 2019 年版，第 146 页。

③ 这一"避地而居"的心理在黄宾虹困居北平时期与友人的通信中频繁出现，诸如 1938 年 11 月黄宾虹与陈柱书："屡承惠缄，只因亟图南旋，种种沮隔……仆因此恒思避地而居，或时载影荒郊野寺中。"1943 年 10 月与陈敬第书："仆滞留尘世，久拟南旋……"1946 年与陆丹林书："道路阻隔，望通行有期，即图南回。"1946 年与曹一尘书："鄙人因看故宫画而来，忽忽七八年，道路阻梗，无日不思南还。"1946 年与林散之书："将近十年中，南北隔绝，路通仍思隐居湖舍……"1943 年与顾飞书："南中诸友，多盼相叙，久思来沪，迟迟未果。"书信较多，在此不能一一罗列。书信（转下页）

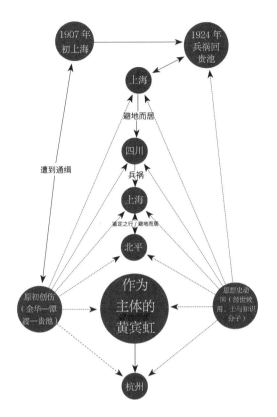

图7 黄宾虹"避地而居"心理机制生成、运作
思维导图

为一种话语维度贯穿于黄宾虹一生之时，除却其自身经历的诸种事件外，背后是否还存在着更为复杂而深邃的思想褶皱？抑或而言，"避地而居"作为一种话语认知在黄宾虹一生中不断呈现，其背后的心理机制是何以生成并不断运作？显然，作为历史研究者要厘清历史主体黄宾虹的这一心理机制，我们应把目光转向迁居北平之前的黄宾虹，回到黄宾虹曾经真实生存的时空场

（接上页）中屡次提及南返，或归湖舍，即贵池，或回上海等，可见"避地而居"一直是困于北平时期黄宾虹思虑的重要之事。详见王中秀主编《黄宾虹文集全编·书信编·陆》，荣宝斋出版社2019年版，第105—419页。

域中，依据史料，探赜索隐，以期重构原境，捕获历史真相。此外，历史书写者亦应清醒地认识到，历史的结果已经呈现，当我们以"倒放电影"的方式欲图接近历史的真实①，还原历史发生的文化场景时，不仅需要对文献史料进行撷取、拼合、理性辨析，还需要充分的主体条件：生活经验、情感体验和直觉感应，唯有如此，理解与释读才能迫近研究对象，又富于创造性。但"主体条件"，正如杭春晓指出，亦是研究者自身携带的"病毒"，详加检讨之下定会产生"谁写作，为谁而写"的问题。②也即，理解已知的历史结局并不重要，重要的是能否为这一结局找到前提，进而以具体的论证与细节支持在精微与宏大之间展开穿梭的逻辑。黄宾虹叙事话语的研究，亦是如此。

依据现有史料，黄宾虹于 1909 始定居上海③，1937 年迁居北平，这期间主要生活在上海。笔者依据现存史料详细统计，黄宾虹在这长达近 30 年的生活中迁居多至 11 次（详见表 2），呈现出一种不断"变动"的生活状态，这背后交织的正是"过渡时代"这一宏大叙事中个人叙事的反射。④除此外，还发生过两次离开上海另寻"避地而居"的事件：第一次是 1924年秋，江浙军阀发生齐卢之战，战前人心惶惶，为避战乱，黄宾虹携全家

① 参见罗志田《民国史研究的"倒放电影"倾向》，《社会科学研究》1999 年第 4 期。
② 参见杭春晓《谁写作，为谁而写？——从近现代美术史材料谈起》，《美术观察》2018 年第 9 期。
③ 黄宾虹在 1907 年因革命党事件出走上海，加入国学保存会，与邓实等结识，半年后归潭渡村，1909 年因安徽存古学堂之聘，经上海时，因邓实等邀聘，入职《国粹学报》，始定居上海。详见肖志丹《1909 年居沪前黄宾虹画家主体身份的确认探究——以王中秀〈黄宾虹年谱〉为中心的考察》，《中国书画》2018 年第 11 期。
④ 罗志田先生认为，从根本言，中国的近代是个风云变幻的过渡时代，并以梁启超的《过渡时代论》谈及过渡时代的特点是前波后波，互起互伏，波波相续。详见罗志田《风雨鸡鸣：变动时代的读书人》"自序"，生活·读书·新知三联书店 2019 年版，第6 页。

至贵池，直至冬月始返沪。[1]第二次则是在 1932 年日军进攻上海制造的
"一·二八"事变的背景下，黄宾虹应四川艺术专科学校校长周稷等聘，入
川任教，后因爆发的成都军阀巷战[2]，于 1933 年 9 月返回上海。[3]两次 "避
地而居"的选择，皆因战事而起，亦因战事而终，最后以 "失败"而不得不
回到上海。黄宾虹于 1937 年迁居北平，亦是 "避地而居"心理机制运作下
的效果显现，但处于历史中的黄宾虹亦不会料到，自己精心选择的避居之
地，却因卢沟桥事变的爆发，反而成为使他困居长达 10 年之久的 "牢笼"。
而 1948 年黄宾虹南下杭州亦不过是解放战争历史语境下展开的新一轮的
"避地而居"[4]。就此而言，揆诸黄宾虹一生在 "避地而居"这一心理机制的
运作下展开的历史行动，都是扭结在 20 世纪 "革命与战争""民族主义思潮
与国族建构"等历史语境下个人化的应对方式，而这一看似 "个人化"的应
对方式，亦为变动时代中如黄宾虹一般、兼具多重身份的知识人群体的共同
选择。

---

[1] 详见王中秀编著《黄宾虹年谱》，上海书画出版社 2005 年版，第 169 页。
[2] 这一军阀混战，《申报》中亦有报道，诸如《成都巷战浩劫记——繁盛市街化为焦
土文化机关摧毁殆尽学生死亡数逾千人》，《申报》1932 年 12 月 10 日；《成都巷战之始
末》，《申报》1932 年 12 月 13 日。
[3] 详见王中秀编著《黄宾虹年谱》，上海书画出版社 2005 年版，第 279—305 页。
[4] 黄宾虹因杭州艺专之聘，于 1948 年 7 月离开北平，先至上海，逗留一月有余，于
9 月中旬入住杭州艺专宿舍，此后一直任教国立杭州艺专，定居杭州。详见王中秀编著
《黄宾虹年谱》，上海书画出版社 2005 年版，第 500 页。

表 2　黄宾虹上海住址变迁一览表（1909—1936）

时间	住址	备注
1909 年[1]	上海四马路（今福州路）老巡捕房东首惠福里	《国粹学报》社址、国学保存会之藏书楼、《真相画报》社址、《神州日报》社址等都在此处或临近，隶属英租界
1911 年[2]	携家眷归沪，赁居老垃圾桥北堍的承吉里（今浙江北路 22 弄北苏州路 814 弄），1912 年黄宾虹开设"宙合斋"古玩店亦在附近	位于公共租界内（详见周振鹤主编《上海历史地图集》，上海人民出版社 1999 年版，第 69—75 页）
1912 年[3]	迁居甘肃路永庆坊	位于公共租界内（详见周振鹤主编《上海历史地图集》，上海人民出版社 1999 年版，第 69—75 页）
1919 年[4]	迁居威海卫路 309 号半有正书局印刷所楼上	位于公共租界内（详见周振鹤主编《上海历史地图集》，上海人民出版社 1999 年版，第 69—75 页）

[1]　据赵志钧编著《画家黄宾虹年谱》第 94 页载："是年（1909）公（黄宾虹）与邓实共居国学保存会藏书楼……邓实还在四月出版之《国粹学报》刊登广告……收件处为上海四马路《国粹学报》社。"又据光绪三十四年即 1908 年由邓秋枚编著，神州国光社制版、发行的《神州国光集》版权页的地址显示为上海四马路老巡捕房东首惠福里。又裘柱常《黄宾虹传记年谱合编》第 22 页载："国学保存会创立之初，除发刊《国粹学报》之外，又计划设立藏书楼……因资金不足，不能如愿，就附设在《国粹学报》社，地址在当时的英租界四马路。"邓实亦曾说："今年余友宾虹来沪，共居藏书楼，出其所藏松园老人《偈庵集》视予。"由上所论可得黄宾虹入沪后的最初住址。
[2]　详见王中秀编著《黄宾虹年谱》，上海书画出版社 2005 年版，第 81 页；裘柱常《黄宾虹传记年谱合编》，人民美术出版社 1985 年版，第 29 页。
[3]　详见王中秀编著《黄宾虹年谱》，上海书画出版社 2005 年版，第 105 页。
[4]　详见王中秀编著《黄宾虹年谱》，上海书画出版社 2005 年版，第 149 页。

（续表）

时间	住址	备注
1921 年[①]	闸北区象山路（今临山路）商务印书馆附近，商务印书馆毁于 1932 年"一·二八"事变的战火中	非租界地区
1922 年[②]	迁居商务印书馆左近之宝山路景德里	非租界地区
1925 年[③]	迁居威海卫路（今威海路）309 号半	位于公共租界内（详见周振鹤主编《上海历史地图集》，上海人民出版社 1999 年版，第 69—75 页）
1928 年[④]	迁居福熙路（今延安中路）近同孚路（今石门一路）口之汾阳坊 418 号神州国光社楼上	位于公共租界和法租界的交界处（详见周振鹤主编《上海历史地图集》，上海人民出版社 1999 年版，第 69—75 页）
1929 年[⑤]	迁居西门路西成里 169 号，张善孖寓二楼	隶属法租界（详见周振鹤主编《上海历史地图集》，上海人民出版社 1999 年版，第 69—75 页）

---

① 1922 年黄宾虹入职商务印书馆前，据宋若婴《黄宾虹回忆录》载："这时候我们居住在一家绍兴人家楼上（闸北香兴里）……"1922 年与胡韫玉书中言："小寓今迁宝山路宝通路口景德里二弄上虞许宅内。"另见王中秀编著《黄宾虹年谱》，上海书画出版社 2005 年版，第 157 页。
② 因邻里失火，导致玺印遭劫，详见王中秀编著《黄宾虹年谱》，上海书画出版社 2005 年版，第 159 页。
③ 脱离商务印书馆重入有正书局，详见王中秀编著《黄宾虹年谱》，上海书画出版社 2005 年版，第 173 页。
④ 因邓秋枚把神州国光社让渡于黄宾虹，社址搬迁，职是迁居。1931 年 7 月脱离神州国光社社务。详见王中秀编著《黄宾虹年谱》，上海书画出版社 2005 年版，第 187—268 页。
⑤ 迁居的具体时间不详，参见王中秀编著《黄宾虹年谱》，上海书画出版社 2005 年版，第 245 页。

（续表）

时间	住址	备注
1933 年 [1]	迁居萨坡赛路 207 号（今淡水路 219 号）陆抑非寓所二楼厢房	隶属法租界（详见周振鹤主编《上海历史地图集》，上海人民出版社 1999 年版，第 69—75 页）
1934 年 9—10 月 [2]	迁居西门路 217 号（近自忠路 460 号）	隶属法租界（详见周振鹤主编《上海历史地图集》，上海人民出版社 1999 年版，第 69—75 页）

　　诚如前述，若要探究黄宾虹"避地而居"心理机制生成的动因，必须重建黄宾虹曾经真实的生活场域。黄氏在上海惨淡经营近 30 年，集编辑、美术史家、书画鉴定家、画家、教授等多重身份于一身，参加展览，开展交游，创办艺术社团等，资料可谓浩如烟海，还原或重建黄宾虹曾经真实的生活场域，首先要面对的一个问题便是：如此纷繁复杂的资料，何以解读？抑或而言，作为后世研究者，如何打开一条直面问题的通道？从某种角度而言，历史行动者曾经经历的重大事件，诸如革命、内战等，作为一种"原初创伤" [3]，"结构"了历史参与者之后展开的行动，使得作为主体的参与者不断回溯，并在此过程中塑造了主体。当研究主体若要厘清黄宾虹"避地而居"的心理机制，以"知识考古"式的方法找到构成作为主体的黄宾虹不断回溯的"原初创伤"性质的事件，从而去重新阐释该事件对于黄宾虹的意

——————

① 迁居的具体时间不详，参见王中秀编著《黄宾虹年谱》，上海书画出版社 2005 年版，第 306 页。
② 参见《会员消息：黄宾虹迁居西门路萨坡赛路西……》，《国画月刊》1934 年第 1 卷第 1 期，第 15 页。王中秀编著《黄宾虹年谱》第 332 页中也有表述。
③ 原初创伤，是拉康精神分析学中的常见话语，意指婴儿在完成俄狄浦斯阶段后，因父之法则割裂了其对母亲的欲望，从而进入象征界，而生成主体的婴儿通过不断回溯试图重新占有母亲的欲望，但这是不可能的事情，那么父之法则的这一作用，成为主体永远难以愈合的原初创伤。

义。那么，纵观作为主体的黄宾虹一生，如何探寻进而辨析这一具有"原初创伤"性质的事件？换句话说，对于黄宾虹而言，这一"原初创伤"表现为怎样的特点？基于前述，黄宾虹"避地而居"心理机制运作下展开的历史行动嵌合于 20 世纪革命与战争的历史语境中，因而这一具有"原初创伤"性质的事件应与革命或战争因素相关。其次，基于"原初创伤"的运作原理，作为主体的历史行动者会不断回溯进而塑造主体，也即，在黄宾虹一生中，该事件应反复出现在其言说的话语或文本中。因此，符合这两个条件的事件才具有"原初创伤"的性质。而检索黄氏史料发现，"贵池"二字时时映现，几乎贯穿于黄宾虹一生创作的文本中。[①] 那么，"贵池"是否是黄宾虹"避地而居"这一心理机制生成的"原初创伤"之地？

续接前述，1924 年黄宾虹因避军阀齐卢之战携全家迁居贵池，如此而言，黄氏何以选择贵池避地而居？事实上，在 1924 年避居贵池之前，黄宾虹已在贵池"经营"数年。1916 年，黄氏老友汪律本来上海，黄宾虹劝其脱离政海、务实业，二人产生激烈争执，以至于"将酒席都掀了"[②]。但时隔 3 年后，即 1919 年，黄氏两江师范之旧友诸如李瑞清、汪律本、曹致远等欲于池州府兴办垦牧渔业公司，黄宾虹应邀来考察数日，并激赏此处"湖山之胜有为吾乡所不及"，并拟冬天再来，因事情繁多，投资之事，来春再

---

① 根据饶永编著的《黄宾虹客居池州诗画集》可知，因池州风景优美，人文资源丰厚，黄宾虹有几度迁居池州的打算，而池州几乎贯穿于黄宾虹一生创作的诗歌、画作中，即使在与友人的通信中也频繁出现，更重要的是，池州亦是黄宾虹与谭嗣同见面的地方，文章后面将展开详细叙述。池州，亦称贵池、池阳、江州、九华府、华阳、秋浦。详见饶永编著《黄宾虹客居池州诗画集》，安徽美术出版社 2008 年版。

② 汪律本（1867—1930），字鞠卣，号鞠友、菊友、旧游，安徽歙县人。其父汪仲伊乃黄宾虹之师。汪律本曾辅助两江师范的李瑞清多年，清亡后，隐居池州乌渡湖，资渔业终老。黄宾虹问学汪仲伊时与其子汪律本、汪福熙一起研究书画；1906 年与汪律本、许承尧等组织黄社等，关系甚笃；1916 年，汪律本在上海与黄宾虹会面。详见王中秀编著《黄宾虹年谱》，上海书画出版社 2005 年版，第 23—131 页。

计。①1920 年冬，汪律本在池州集股一万两千元，兴办渔业公司，黄宾虹拟参与②，后投资两三千元。③1922 年对于黄宾虹而言可谓"悲喜交加"，喜的是其第五子黄映宇出生，悲的是 6 月 13 日夜里，邻里失火，殃及其家，其苦心收藏的金银质古玺印被窃，不得不重新搬迁④，导致其"意绪颓废，索焉寡欢"⑤，感觉"心境不大佳，拂逆之事不胜枚举"⑥，生活更趋拮据。经此一事，黄宾虹心思转向池州渔业的经营上，并以抵押借款和"同人凑集"的方式，筹得三四百元，追加投资。⑦是年冬天，因圩田需"垦务冬修"，急欲索回黄昂青之借款，与黄昂青信中云："自念平生既无先人遗业，不过斯文乞丐，稍得囊金，借贷维艰，而债台之上，又加君之一霹雳，情何以堪？无论如何，祈君赐还代借之款，万无幸望。若不得已，只有祗约前途同来尊出，坐待救命。"⑧向好友催款，实属人之常情，但"坐待救命"四字，醒目

----

① 与黄昂青书，详见王中秀主编《黄宾虹文集全编·书信编·陆》，荣宝斋出版社 2019 年版，第 296—297 页。

② 与黄昂青书，详见王中秀主编《黄宾虹文集全编·书信编·陆》，荣宝斋出版社 2019 年版，第 301 页。

③ 1922 年 11 月 25 日，与黄昂青书："今仆以垦务冬修在即，否则置前所投二三千元付之流水。"可见在汪律本兴办的渔业公司中，黄氏参股。详见王中秀主编《黄宾虹文集全编·书信编·陆》，荣宝斋出版社 2019 年版，第 303 页。

④ 详见王中秀编著《黄宾虹年谱》，上海书画出版社 2005 年版，第 158—159 页。

⑤ 黄宾虹：《增辑古印一隅缘起》，转引自王中秀编著《黄宾虹年谱》，上海书画出版社 2005 年版，第 158 页。

⑥ 1922 年阴历十二月初六，与黄昂青书，详见王中秀主编《黄宾虹文集全编·书信编·陆》，荣宝斋出版社 2019 年版，第 303 页。

⑦ 查阅《黄宾虹年谱》1922 年条目，发现仅有 4 条，记载之事除其第五子黄映宇出生，邻里失火，古玺印被窃之外，着重记录的是其关于池州之事，"数度"去贵池，着手在乌渡湖经营圩田。详见王中秀编著《黄宾虹年谱》，上海书画出版社 2005 年版，第 159 页。而与黄昂青书信中亦有"今夏实因池州垦务极需索还"之语，结合文中前述，因古玺印被窃，黄宾虹心情不佳，进而把心思放在池州渔业的经营上。详见王中秀主编《黄宾虹文集全编·书信编·陆》，荣宝斋出版社 2019 年版，第 303 页。

⑧ 1922 年 11 月 25 日，与黄昂青书。详见王中秀主编《黄宾虹文集全编·书信编·陆》，荣宝斋出版社 2019 年版，第 303 页。

至极，足见其彼时生活之穷苦与窘迫至极。那么，这笔款项何以如此重要，以至于黄氏竟然有"撕破脸皮"般的话语？黄宾虹在《九十杂述之一》中言："申沪米珠薪桂，不易支持，平时所蓄长物，劫余售千金，偕友至贵池邑西乌渡湖兴渔湖，秋浦，齐山，江上风景甚佳，拟卜居。"[①]贵池经营，黄宾虹已经投资两三千元，但因"垦务冬修"，仍需投资，钱从何来？1922年古玺印被劫后，黄氏只得变卖"平时所蓄长物"，"售千金"，才能把这笔钱用在贵池经营上，否则前期投资的两三千元只能付诸流水。由此可知，这"变卖长物的千金"，几乎为彼时黄宾虹的大半家产，当然至为重要，亦能证明贵池在黄宾虹心中的分量。职是，再来审视黄宾虹"坐待救命"的表述，就显得合情合理了。可见，回到真实语境中的黄宾虹，远非后世文本建构或想象的一代大师的生活图景。置此情境中，再重新审视此际黄宾虹为蔡哲夫的题诗画，诸如"营田遂我耕读愿，矫首遥岑一抹青"[②]等，诗中所言，除却激赏此地山水胜景并萌生耕读之愿外，基于真实生活的困境与文本叙事之间微妙而复杂的张力，其内心深处更把此地认同为一个可以逃离"现实困境"而精神上获得"救赎"的隐居之所。如此而言，"贵池"，成为黄宾虹在现实中遭遇创伤之后能够进行"自我心理治疗"的能指符号，贯穿于黄宾虹一生的文本中，甚至构成了黄氏文本创作的语言逻辑和美学结构。在黄氏于1924年因避沪上兵祸携全家迁居贵池前，又数度赴贵池，与友人诗画酬

---

① 详见《九十杂述之一》，转引自王中秀主编《黄宾虹文集全编·杂著编·肆》，荣宝斋出版社 2019 年版，第 536 页。

② 自题山水："舟行曲曲认君家，投宿茅斋近水涯……无妨世俗呼牛马，且任阴晴噪鹊鸦。读画看山皆不厌，骎骎岁月此中除……营田遂我耕读愿，矫首遥岑一抹青。壬戌冬月，贵池湖中投宿北垞汪氏别业，因题二首。哲夫先生索画，录希两正。宾虹质。"详见王中秀编著《黄宾虹年谱》，上海书画出版社 2005 年版，第 159 页。

唱，有陶令归田之乐[①]，贵池成为黄氏"避地而居"的最佳居处。[②]即便后来因贵池淫雨水涨，山洪暴发，圩田被淹，落得"湖田十九苦无收，衫履淄尘归不得"[③]而最终返沪的境地，但仍向友人诉说贵池之胜，显露出其"志不在市尘"而更愿耕读、隐居贵池山水的心迹。[④]从经济的层面来看，黄宾虹在贵池的经营盈利与否，因时过境迁，史料阙如，难以做出准确的判断，但于事实而言，黄宾虹从来没有放弃对贵池的经营[⑤]，内心深处始终把贵池看作"避地而居"的重要之地[⑥]，即便是当黄氏被困于日军占领下的北平之际，在他与友人的书信及画品、题跋中，对贵池的思念和向往依然不减，可谓情

---

① 1923年夏，黄宾虹至贵池，与汪律本交游，并作《贵池乌渡湖北垞古松歌，为汪鞠友题》。详见王中秀编著《黄宾虹年谱》，上海书画出版社2005年版，第162页。1924年1月30日《民国日报副刊》亦载其诗如《同苏仰周游齐山》《池口》《池州瞭望》等，亦可作为证据。而《湖上偶成》一诗中亦有"营田渐喜退居闲，千里池阳数往还"等词句，可作为见证。详见王中秀主编《黄宾虹文集全编·译述编·题跋编·诗词编·柒》，荣宝斋出版社2019年版，第199—228页。

② 黄宾虹在90岁高龄时回忆曾有在贵池避地而居的打算："申沪米珠薪桂，不易支持，平时所蓄长物，劫余售千金，偕友至贵池邑西乌渡湖兴渔湖，秋浦，齐山，江上风景甚佳，拟卜居。"详见《九十杂述之一》，转引自王中秀主编《黄宾虹文集全编·杂著编·肆》，荣宝斋出版社2019年版，第536页。

③ 黄宾虹诗《避兵之池阳作》，转引自王中秀主编《黄宾虹文集全编·译述编·题跋编·诗词编·柒》，荣宝斋出版社2019年版，第178页。

④ 黄宾虹与郑履端书："池州有三利：一、滨江交通便宜；二、地值廉而招工亦易；三、山水朋友之乐。可以自适其适，较之吾歙似乎远胜。春间弟筑圩田百亩，兼有鱼湖，蔬食不缺。隐居其间，耕读可乐。旋因水患，又因友人邀入商务印书馆，思有平日拙作著述未付印，拟为之。市尘中非素志也。"详见王中秀主编《黄宾虹文集全编·书信编·陆》，荣宝斋出版社2019年版，第374页。

⑤ 1929年10月下浣，黄宾虹赶往贵池，料理圩田事务，并购进荒屋基二亩许。详见王中秀编著《黄宾虹年谱》，上海书画出版社2005年版，第241页。

⑥ 1933年，黄宾虹于四川讲学，其间与夫人宋若婴信中言："尔来四川，此事甚觉不易，待我回申之后再商，搬至池州府住家，或金华皆好。"写信之际，适逢成都军阀混战，池州也即贵池，成为黄宾虹选择"避地而居"的居处之一。详见王中秀主编《黄宾虹文集全编·书信编·陆》，荣宝斋出版社2019年版，第96页。

有独钟。① 贵池，甚至成为黄氏离开北平后欲重新展开 "避地而居" 的最佳选择之地。② 当然，对于黄氏在北平沦陷下进行的山水画创作，不同的理论透镜产生不同的思考和认知，石守谦认为，困居北平的黄宾虹在明遗民画家中找到了应付困境的精神力量，对其努力探索，认为可以转化为文化战力，救国家于危亡。从另一个角度看，黄宾虹以极端个人的方式投入了中国的对日抗战。③ 鲁明军则指出，处于国难语境中，与其说黄宾虹象征文脉延续的 "新山水"，不如说喻示了家国情怀的 "残山剩水"。④ 质言之，无论是石守谦还是鲁明军，把黄宾虹在北平时期的画作置于 "国难" 的历史语境中重新进行的解读与认知，使得 "黄宾虹研究" 这一叙事话语产生某种 "宏大叙事" 的意义效果与维度⑤，但艺术史的研究除能 "致广大" 外，还要 "尽精微"，

---

① 1943 年，黄宾虹为门生段无染作山水册，自题："齐山秋浦之间，余尝结庐其间，有湖田二顷，近将睽隔十年矣。癸未宾虹。"黄宾虹于 1937 年迁居北平，1948 年回上海，在北平长达接近 11 年间，正逢日军占领北平时期。详见王中秀主编《黄宾虹文集全编·译述编·题跋编·诗词编·柒》，荣宝斋出版社 2019 年版，第 71 页。

② 黄宾虹自题赠顾飞山水册，有三段题跋，皆与贵池相关，其一："齐山、秋浦之间，余为垦荒成田，筑舍湖上，南还近复不易，目送飞鸿，图此寄意。"其二："曩余垦荒池阳湖上，春日泛舟，颇有风恬浪静之乐，披图如在梦中。"其三："池阳坐雨湖舍，漫兴写此，留箧笥中，忽忽将十年矣。"标注的时间是 "壬午" 年，即 1942 年，此际，黄宾虹正困于日军占领下的北平。池阳，也即贵池。题跋中的 "南还" 即指黄宾虹欲离开沦陷下的北平，前面描绘贵池山水胜景，显然黄氏南还的目的地正是贵池。而 "披图如在梦中"，亦可说明这一点。贵池，成为黄宾虹内心 "避地而居" 的认同之处。详见王中秀主编《黄宾虹文集全编·译述编·题跋编·诗词编·柒》，荣宝斋出版社 2019 年版，第 71 页。

③ 参见石守谦《从风格到画意：反思中国美术史》，台湾石头出版股份有限公司 2010 年版，第 380—389 页。

④ 参见鲁明军《20 世纪三四十年代的文人艺术与中国革命——以黄宾虹、郎静山及费穆为例》，《文艺研究》2019 年第 9 期。

⑤ 葛兆光先生认为，在后现代史学的语境中，宏大叙事常常是靠不住的，它对历史因果关系的解释下面，隐藏着某种政治和理念，仍然是一种意识形态式的权力。详见葛兆光《思想史研究课堂讲录：视野、角度与方法》，生活·读书·新知三联书店 2005 年版。

换而言之，在建构历史主体的普遍性时，亦要关注其个体性，也即，普遍性之下的个体性。黄宾虹困居北平时期的绘画文本，除具备抗战历史语境下艺术家创作的群体意志——普遍性之外，围绕"贵池"进行的创作彰显的则是黄氏"避地而居"的个人意志。1952 年，89 岁高龄的黄宾虹自题："池阳齐山，岩洞林峦，山村野店，极盛于三唐，近二百年，游人罕至其处。余拟卜筑，栖宿湖山深邃，耕钓自给，尘劳奔走，垂垂老矣，图此以志雪泥鸿爪焉。壬辰，宾虹年八十又九。"① 此际的黄宾虹早已离开北京，安然隐居杭州，但如题跋所示，"余拟卜筑，栖宿湖山深邃，耕钓自给"，显然，贵池才是其内心真正向往的可作为"避地而居"的认同之地，但因"尘劳奔走，垂垂老矣"，只能"图此以志雪泥鸿爪焉"。职是，对于主体的黄宾虹而言，"贵池"成为其一生不断回溯、难以抵达的"匮乏之地"，亦成为他"避地而居"这一心理机制生成的"原初创伤"之地。

二、经学作为一种生活方式：黄宾虹的经世致用观

回到问题的初始，黄宾虹选择在贵池经营圩田，源自好友汪律本的邀请，而汪律本 1920 年决定在贵池投资渔业，确是因为 4 年前即 1916 年在上海黄宾虹的劝告。② 实际而言，徽商家庭背景出身的黄宾虹，耳濡目染，一直就有实业的思想与实践。或言早在明清转变之际引起的社会变迁中，士商互动引发的身份的流变——商人的士大夫化和士大夫的商人化——早已成为一个无所不在的社会现象。不但商人多从士人中来，而且士人也

---

① 详见王中秀主编《黄宾虹文集全编·译述编·题跋编·诗词编·柒》，荣宝斋出版社 2019 年版，第 133 页。
② 1916 年，黄氏老友汪律本来上海，黄宾虹劝其脱离政海、务实业，二人产生激烈争执，以至于"将酒席都掀了"。

往往出身商贾家庭[①]，而徽商正是其中的佼佼者。如此而言，黄宾虹的父亲黄定华就是一位具有典型士商合一身份特征的徽州儒商[②]，对于颇有"悟性"的黄宾虹[③]，黄定华寄予厚望，遵循着"商而优则学，学而优则仕，商儒相成"[④]的徽商传统，他当然是希望长子黄宾虹能通过苦学进入仕途——精英地位，除承继传统、光宗耀祖外，对于经商大业亦大有裨益。[⑤]即使后来因黄氏经营有难，家中经济窘迫，其诸子不得不废弃学业而从商，但对于黄宾虹，作为父亲的黄定华却毅然支持其继续读书。[⑥]但终是因家道中落，问学之暇，黄宾虹不得不跟随父亲辗转金华与潭渡，助其经营[⑦]，耳濡目染，实业之思，早已润物无声般烙印在其脑海中，如此而言，回溯黄氏后来在沪

---

① 余英时先生在《士商互动与儒学转向——明清社会史与思想史之一面向》《中国近世宗教伦理与商人精神》等文章中对士商身份的互动及流变等都做了精辟的分析。详见《余英时文集·第3卷·儒家伦理与商人精神》，广西师范大学出版社2004年版。

② 黄宾虹在《歙潭渡黄氏先德录》中载其父黄定华为"太学生"，又"经营商务，业益拓，境益亨"，"诸凡能文之士，宦游名公，恒相过访，亦莫不礼接之，书问往来无虚日"，"光绪戊、已之间，府君商业被累，急流勇退，安于食窭，乃求易水制墨法，孜孜有年"，工擘窠大书，晚岁喜作画，又画梅，自拟王元章、扬补之，横墨飞翰，不以示人。详见王中秀主编《黄宾虹文集全编·杂著编·肆》，荣宝斋出版社2019年版，第426页。

③ "父鞠如捉先生手腕，令画梅花枝干竹叶，淋漓满纸，乃笑语亲友云：'此儿有悟性，可以习绘画。'"详见王中秀编著《黄宾虹年谱》，上海书画出版社2005年版，第3页。

④ 徐鼎一：《及年三十弃举业——经学与黄宾虹》，《荣宝斋》2004年第6期。

⑤ 对具有徽商背景的家庭而言，资助儿子获得功名是可以保证该家庭的社会地位得到维护和改善的最可行的办法。"即便在生员这个级别，仍然有着很多特权，包括较低的税负，免受体罚，以及在日常生活中不致受到当地官差的敲诈勒索等。在一个实际上不存在种姓制度或爵位世袭制度的社会里，通过科举考试获得功名便成了在社会的任何层面获得精英地位的唯一道路。"参见［美］孔飞力《中国现代国家的起源》"导论"，陈兼、陈之宏译，生活·读书·新知三联书店2013年版，第15页。

⑥ 详见王中秀编著《黄宾虹年谱》，上海书画出版社2005年版，第13页。

⑦ 1890年，黄定华返回歙县，经营墨业，黄宾虹课读余暇协助其点烟、和胶。详见王中秀编著《黄宾虹年谱》，上海书画出版社2005年版，第24页。

经营古玩①、贵池经营圩田等行动，其根源均发轫于此。黄宾虹 76 岁时刊发于《新北京报》的《予向声明》中言其"及年卅，弃举业，力垦荒，被党嫌远适"②。黄氏追忆自己 30 岁放弃"举业"——仕途，因史料难觅，无法证实，但其父亲是在 1893 年即黄宾虹 31 岁时去世③，黄氏回忆自己 30 岁便弃举业，可能时间上略有偏差，但较为肯定的是，黄宾虹自此再未参加清廷举办的选拔人才的考试，其间虽有短暂的安庆敬敷书院研读之经历④，但结果并不如意⑤。迫于现实生活的压力，黄宾虹辗转于南京、扬州、歙县等，或坐馆授徒，或襄理兴学，但彼时正是清季科举改革之际，学堂未成，旧制渐去，新学与旧学博弈间，教书的收入难以得到稳定的保障，传统四民社会中原本象征意味的"耕读"——"力垦荒"——成为黄氏教书之余务实化的举措。2019 年版的《黄宾虹文集全编·杂著编·肆》中收录了四篇黄宾虹关于耕读垦荒的文章，分别为：1908 年连载于《国粹学报》的《叙村居》、

---

① 1913 年，黄宾虹在上海开办宙合斋古玩店。详见王中秀编著《黄宾虹年谱》，上海书画出版社 2005 年版，第 110 页。

② 详见王中秀主编《黄宾虹文集全编·杂著编·肆》"自述"篇之注释，荣宝斋出版社 2019 年版，第 518 页。另，黄宾虹在《九十杂述之二》中亦言其："及年三十弃举业，力垦荒。"可与"自述"篇对照，详见同载"杂著编"第 539 页。

③ 详见王中秀编著《黄宾虹年谱》，上海书画出版社 2005 年版，第 27 页。

④ 王中秀编著《黄宾虹年谱》中载黄宾虹于光绪二十三年即 1897 年以高才生被推荐到安庆敬敷书院研读，但据王中秀考释黄宾虹不可能"入院"。详见王中秀编著《黄宾虹年谱》，上海书画出版社 2005 年版，第 30 页。

⑤ 一是因甲午战争导致清廷巨额赔款，敬敷书院的膏火费难以维持生计；二是 1898 年 6 月 11 日开始，改八股为策问，书院为学堂，彻底打乱了敬敷学院正常的教学秩序。详见王中秀编著《黄宾虹年谱》，上海书画出版社 2005 年版，第 32 页。另，罗志田先生在《近代中国社会权势的转移：知识分子的边缘化与边缘知识分子的兴起》一文中指出，清政府在改革科举之时，已开始兴办学堂来填补科举制的教育功用，本是很有见识的举措，但清季举国都有些急迫情绪，未等学堂制成熟便废除科举，如此，旧制既去，新制未能起作用，全国教育乃成一锅夹生饭。详见罗志田《权势转移：近代中国的思想与社会》，北京师范大学出版社 2014 年版，第 114 页。如此，可以推想作为旧式文人的黄宾虹研读之结果如何。

1912 年 3 月连载于《神州日报》的《任耕赘言》及 1919 年辑入《滨虹杂著》中的《仁德庄义田旧闻》和《任耕感言：丰塌垦复仁德庄义田始末》[①]。四篇文章，依据时间可知皆是黄宾虹于上海时所著，其中《叙村居》一文，时间最早，以骈体文的形式记录了其祖居之地——潭渡村的历史、风物、人文、山水，细细读来，颇有东晋陶渊明《桃花源记》的文采思路，在贵池未进入黄宾虹的视野时，潭渡村，正是黄宾虹内心中一直追求、认同的避地而居的"桃花源"[②]，而"桃花源"亦成为黄宾虹潜意识中显现"避地而居"心理的一个符号，时常于黄氏创作的各类文本中映现。[③] 前述黄宾虹在《予向声明》中言"被党嫌远适"，这一话语背后指向的是黄宾虹因被疑为革命党而逃亡上海的事件，表述之际，76 岁的黄宾虹正困居在日军占领下的北平。"远适"二字意味深长，这一"远适"使得"性本爱丘山"的黄宾虹不得不离开避地而居的潭渡，从而羁留上海，"误入尘网"几近 30 年。困居沦陷

---

① 详见王中秀主编《黄宾虹文集全编·杂著编·肆》，荣宝斋出版社 2019 年版，第 4、28、433、437 页。

② 《宾虹诗草卷三·桃花源二首》："潭水拖蓝间浅红，落英轻飔一溪风。归耕日计贫专壑，徒看灵源入画中。红绚晴霞烂漫春，花繁林暗望通津。循流不隔仙源路，那识人间有战尘。"诗中所咏之"潭水""一溪"正是《叙村居》中所载之"黄潭"和"丰溪"，即黄宾虹祖居潭渡村之山水风景，而以"桃花源"为题，隐居之意显豁。详见王中秀主编《黄宾虹文集全编·译述编·题跋编·诗词编·柒》，荣宝斋出版社 2019 年版，第 183 页。

③ 如黄宾虹《池阳湖上》一诗中有"荒唐何事说桃源，一棹归来波浪阔"之句，正是黄氏在贵池"避地而居"时所作。详见吴汉卿《诗画池阳的艺术巨匠黄宾虹》，《池州日报》，2011 年 1 月 7 日。又，黄氏于 1933 年致许承尧书信："闽赣受困，川省相继而起，甚为危殆，此时桃花源，我辈惟在楮墨间耳。"详见王中秀主编《黄宾虹文集全编·书信编·陆》，荣宝斋出版社 2019 年版，第 181 页。黄宾虹赴四川讲学，亦有避地而居之意，但因四川军阀混战，隐居化为泡影，本书后面章节将详细论述。另，后世学者如柏林自由大学的何小兰，亦用"桃花源"一词指示黄宾虹后期文本中的诸多要素，详见其文章《再忆桃花源：黄宾虹后期作品中的图像、语词及纪念》，载李淞、丁宁主编《2013—2015 年北京大学美术史博士生国际学术论坛论文选集》，广西师范大学出版社 2016 年版。

下的北平，黄氏几欲南返却不能，值此情境中，当黄氏追忆自己逃亡上海这段往事之时，心中不知会生出怎样的波澜。以此视角，重新审视黄宾虹于20世纪20年代对贵池的经营，可见，贵池，无疑成为黄氏内心所认同的能替代潭渡、可以避地而居的桃花源。

除《叙村居》外，剩下的三篇文章，根据发表的时间和语境来看，既包含了黄宾虹追忆自己垦荒的经验之谈[1]，又孕育着其后来贵池的圩田经营。何以垦荒？其于1912年的《任耕感言：丰堨垦复仁德庄义田始末》中云："乃循故道，就审地势，划除浮土，不使淤塞，自秋徂冬，约数十日之间，费不过百金，工不及千人，连绵三五里许，其流顺下，虽遇淫霖，无虞苦潦。于是久荒之地，蒿莱骈密者，皆施产割，春原焚燎，乘其地气之通润，发生畅茂，赣鄂客佃，应募而至，力事兴辟，无不倍获。"[2]进而得出"坐贾行商，不如开荒"的认知，有学者言此乃黄宾虹"重农主义"的思想结果，就后来黄氏在贵池圩田经营而言，或许有几分道理，但基于史料，黄宾虹的这一认知却是源自其对徽商经营历史兴衰的厘清与辨析。[3]因为"洋务及洪杨浩劫"，徽商溃败，根基崩塌，黄宾虹力倡垦荒，一方面试图拯救乡村经济日益下滑的颓势，更深层次而言，是借助垦荒一途，来恢复徽州原本的耕读礼教之遗风。但于事实而言，20世纪的中国政治、经济都处于前所未有之巨大变动中，而身处这一洪流巨变之中的个体很难摸清历史走向的真实脉

---

[1] 黄宾虹在《八十自叙》中忆及垦荒生活："退耕江南山乡水村间，垦荒近十年，成熟田数千亩……"详见王中秀主编《黄宾虹文集全编·杂著编·肆》，荣宝斋出版社2019年版，第527页。

[2] 王中秀主编：《黄宾虹文集全编·杂著编·肆》，荣宝斋出版社2019年版，第30页。

[3] 1918年，黄宾虹致黄昂青的一封长信中谈及徽商经营的历史变迁："徽人商业创始于有明嘉靖，其初读书耕田二者而已……故风俗淳美，人民富足，其根本然也……始由木商而典而盐……风俗之衰敝，已基乎此……洋务又来，徽商一败涂地，而各村党之萧条，虽无洪杨浩劫，其必不能久安也。"详见王中秀主编《黄宾虹文集全编·书信编·陆》，荣宝斋出版社2019年版，第290—291页。

络，伴随着乡村基层权势的转移，黄宾虹所做的努力不过是基于其士人的身份及认知，面对这一历史巨变而生发 "修身齐家治国平天下" 的责任担当与居安思危。[①] 其身处巨变中所做出的 "防微杜渐"——强烈的前瞻意识，虽难以捕捉真实的历史动向，但亦会影响到其后来历史行动的发生，以后世之见，成为其展开避地而居的 "幽暗因子"。要之，四篇文章可以看作黄宾虹早期乡村耕读生活的缩影，亦不难发现，在文章的话语表述中隐藏着浓郁的经世之风与实业之思。如此而言，我们如何看待黄宾虹早年的耕读生活及其文章中隐现的经世思想？抑或而言，黄氏的经世思想究竟源自何处？

诚如前述，问题的答案，首先与其徽商的出身背景息息相关，又有作为儒商的父亲的熏陶，耳濡目染，经世或实业的观念早已铭刻在日常生活中。其次，更为重要，亦是更深层次而言，源自黄宾虹读书、问学、求仕历程中建构的士人（文人）身份及心理认同。黄氏早年读书、问学、求仕之谱系，笔者简单梳理如下：肇始于 "四书五经"，习闻金华诸儒理学；[②]11 岁时接触黄白山《字诂》，黄春谷《梦陔堂文说》《经说》；13 岁时返歙应童子试，又获读江、戴诸书，由是喜治经史；21 岁负笈至南京、扬州读书，造访当地通儒硕彦（然时过境迁，黄氏于两地问学、交游踪迹难觅，无法做出细致考察）；22 岁返歙应试，补廪生，在歙县紫阳、问政书院学习骈文；25 岁，在南京结交甘元焕、杨长年，知有东汉、西汉之学，并会晤杨仁山居

---

① 与黄昂青信："在国政之兴替，一乱极久也思治，治极亦久也思乱之说，可以概一部廿四史矣。村中祠事，何独不然？" 又，"故鄙见以为无分国家巨细之事，能有精心纠察，防微杜渐，止乱于未萌者，此为上策"。"方今国事，时局之危，近在旦夕。黄河以北。现象已著，南方伏患方深，溃烂具在意中，不可思议。" 这些话语无不透露出黄宾虹作为士人对于时局的观察、思考及认知，显现了士人的责任与担当。详见王中秀主编《黄宾虹文集全编·书信编·陆》，荣宝斋出版社 2019 年版，第 292—294 页。
② 详见王中秀主编《黄宾虹文集全编·杂著编·肆》之 "自述" 篇，荣宝斋出版社 2019 年版，第 518 页。

士，一窥佛学及舆地之学；此后在弃举业前，问学于汪仲伊。^①观黄氏早年读书、问学的经历，初始与一般士子无异，借由"四书五经"起，所谓"金华诸儒理学"，当指浙东学派，该词最早虽系黄宗羲所使用，但其内容，其一，涵盖南宋浙学，以具有经世致用思想的吕祖谦为宗师，包括金华学派、永康学派、永嘉学派；其二，明末清初之浙东学术，包括黄宗羲、全祖望、万斯同、章学诚等。^②浙东学派重视历史研究，注重"以史证经""经史互证"之法，后章学诚提出"六经皆史"的命题，希望从历史经验中汲取治国安邦的理念及方法，皆为"经制事功""经世致用"在其学术思想上的呈现。^③质言之，浙东学派的思想核心即"经世致用"。如此而言，作为主体的黄宾虹，其知识经验建构之初便被经世致用的思想浸润。如何理解"经世致用"？实际而言，这一观念在近代思想脉络中更明确彰显的是经世实学的意义。^④艾尔曼指出，明清鼎革，夷狄入主中原，这一致命打击使得明遗民（如顾炎武、黄宗羲等）反思宋明理学话语的陈腐与危害，重新转向儒家经典文本，寻觅微言大义，捕获与古代重新对话的可能，以解决现时问题。^⑤继之而起的清代知识界认为具有实用性的经世之学才是儒学遗产的基本内容，这一经世之学包含两个方面，一是讲求实学，经世致用；二是格物致知，博学于

① 详见王中秀编著《黄宾虹年谱》，上海书画出版社 2005 年版，第 6—24 页。
② 参见周积明、雷平《清代浙东学派学术谱系的构建》，《学术月刊》2004 年第 6 期。
③ 参见姜海军《宋代浙东学派经史兼重观念的形成、内涵及其影响》，《史学史研究》2017 年第 3 期。
④ 张灏认为，经世的概念包含三层意义：第一是儒家入世的价值取向；第二是宋明儒所谓的治体与治道；第三是近代经世之学的意义。参见张灏《思想与时代》，上海文艺出版社 2002 年版，第 67 页。也即，"经世"一词的内涵在近代语境中有了转换，王汎森先生认为是"经世"思想的落地化、层次化，通过在地化的手段，加速了思想的传播。参见王汎森《执拗的低音：一些历史思考方式的反思》，生活·读书·新知三联书店 2014 年版，第 14—15 页。
⑤ 相关论述参见［美］艾尔曼《从理学到朴学：中华帝国晚期思想与社会变化面面观》，赵刚译，江苏人民出版社 2012 年版。

文。因而这一经世之学的范围涉及众多领域，不仅包括经史之学，又涵盖天文历法、水利、军事、地理、算术，等等，余英时先生认为这是"清代儒家智识主义复兴"[①]，经世实学思潮的兴起，及其对实用事物、社会福利的重视刺激了建立新的具有实证主义特点的知识领域的需求。黄氏后来获读"江、戴诸书"，也即皖派的江永、戴震，二人不仅是有清一代著名的经学家、考据学大家，江永还是数学家、天文学家，戴震于音韵、文字、历算、地理亦是无不精通，而黄宾虹接触到江、戴"经世著作"后，才喜治经史，其后来问学汪仲伊，或许亦有几分如此的缘故，因为汪仲伊即为融儒家、道家、兵家、医家、乐学于一身的国学巨子[②]，黄宾虹受其影响较深，弹琴、舞剑皆为汪氏传授。黄氏回忆其 25 岁在南京曾结识甘元焕、杨长年，查询史料可知，二人皆为江宁（今江苏南京）人，其中甘元焕是清末有名的藏书家，所辖"津逮楼"，藏经、史、子、集图书有 10 万卷；杨长年则深通经学义理，曾于上海敬业书院讲学。除此之外，黄氏与二人的交游资料难觅，但不可否认，二人对黄氏经史之学影响颇深——"知有东汉、西汉之学"。所谓"东汉、西汉之学"，自然是指发轫于两汉而实为晚清建构的"经今古文学之争"[③]，这一"二元对立"的思维模式，推动了西汉今文经学的复兴，在艾尔曼看来，今文经学代表着一个充满政治、社会、经济动乱的时代的新信仰，它倡导经世致用和必要的改革，求助于古典的重构来为现代授权，为将来立

---

① 参见余英时《论戴震与章学诚——清代中期学术思想史研究》，生活·读书·新知三联书店 2000 年版，第 18—35 页。
② 参见徐鼎一《及年三十弃举业——经学与黄宾虹》，《荣宝斋》2004 年第 6 期。
③ "经今古文学之争"成为近百年来研究经学或经史难以绕开、回避的话题，也构成了晚清学术、思想史的一大面貌，对于这场争论，学者意见纷纷，如钱玄同、钱穆等皆认为，经今古文学之争，是起于晚清的，是道、咸以下的经学家因门户之见而造成的出主入奴与主杨主墨的辩争，而非两汉经学的实况。详见黄燕强《重论经今古文的问题》，《孔子研究》2013 年第 5 期。

法。① 职是，我们解读"东汉、西汉之学"——经学对黄宾虹的影响，亦应
首先把这一问题置于晚清思想史脉络中。事实上，古文经学也好，今文经学
也罢，对于黄宾虹而言，二者皆为构建其经学认知系统的知识资源，因而欲
厘清、辨析经学对黄氏的影响，以后世之见，必须超越传统的经今古文学对
立的关系，才能超越这一"二分法"造成的视野的局限性，知识的生产性才
会成为可能。但实际上，在晚清古文经学与今文经学对立的思想的场域中，
作为可供选择的文化资源，对于作为主体的黄宾虹而言，其正处于知识经
验的形塑期，很难做出明确的选择与判断，因而生成一种"摇摆"的态度，
贯穿于黄氏早期的"革命"经历及入主《国粹学报》《神州日报》后与黄节、
邓实、康有为等的交往中。②

　　揆诸黄宾虹早期读书、求仕之经历可知，黄氏自幼接受的是传统儒学
的教养，积极参加"考试"，其父亲——具有传统儒商信仰的黄定华对于黄
宾虹的培养亦是谋取功名，进而士商合一，然而在晚清、民初的巨大社会
变动中，这条道路终被阻塞，几十年传统经学的浸润虽未给予黄氏以真正
的"士人"名分，但却形塑了黄氏内心中认同的传统"士人"的身份及浓
郁的"经世观念"。如此而言，黄宾虹早期在潭渡力倡垦荒、兴修水利、董
理堨务、共襄军事③，既是在几十年经学滋养下的"经世致用"的结果，亦
是作为"地方文化精英"介入公共事务——士人身份与责任（以天下为己

---

① 　相关论述参见葛兆光《清代学术史与思想史的再认识》，《中国典籍与文化》2012
年第 1 期。
② 　这里有一个伏笔需要说明：黄氏革命者身份的塑造其实源于与谭嗣同的见面后的刺
激，笔者虽提出这一问题，但在此重点论述的是黄宾虹的经世思想，因而先将这一问题
悬置，在后面的章节中再展开论述。
③ 　详见王中秀编著《黄宾虹年谱》，上海书画出版社 2005 年版，第 35 页。

任)——传统的延异①，后世洞见，当处于这一传统中的黄宾虹进入"世界场域"的商业之都——上海时，在"现代性"话语笼罩下、"公共领域"的运转机制中，又形塑了其由传统文人身份向现代"知识人"身份的过渡。从某种角度而言，经学对于黄宾虹的影响是多维度的，前引徐鼎一之文《及年三十弃举业——经学与黄宾虹》，作者主要论证了经学对于黄氏画学的影响，实际上，在笔者看来，经学对于黄宾虹的影响是全方位的，何以如此？回答这一问题，亦要把它放在清代的学术思想脉络中来考察。美国历史学家艾尔曼在《从理学到朴学——中华帝国晚期思想与社会变化面面观》这一专著中认为，18 世纪的"中华帝国"被考据学笼罩，这一时期的学者们相信古典儒学的完善性以及复古而治今的可行性，进而他们投身于儒家经典考证训诂中。对于清儒而言，训诂考证之意义是发掘、重温儒家文化古典遗产的必要途径，特别是考据学派的"复古"主张使得人们开始重视当时发现的金石铭文，运用金石铭文材料校勘史书存在的错误，纠正补充经典记载。金石热也重新唤起了人们对古代书体的重视，碑学兴起。道咸以降，书画界从当时的金石研究中吸收新的形势和灵感，同时，篆书和刻印也成为有成就学者应具备的技能。② 显然，置于有清一代经学、考据学的语境中，再来审视黄宾虹的艺术成就，不难发现，其古文字学、篆刻、书法、绘画、金石学乃至书画鉴藏等都与其早年所接受的经学、考据学、训诂学等的滋养息息相关。诸如其在《叙印谱》中言："近来海上友人之索观余所得印者益多，惟是古文籀篆，风雨磨灭，传世浸稀，而玺印之文，朱白累累，新发土中，方日出而不

① 在孔飞力看来，对于那些被关闭在全国性政治大门之外的文人们来说，各种形式的地方活动很自然成为这些地方文化精英们大显身手的舞台，诸如管理社区事务、编纂地方志，促进或维护地方文化及历史等，对于帝制晚期的地方文化精英们来说成了越来越具有吸引力并唾手可得的机会。参见［美］孔飞力《中国现代国家的起源》"导论"，陈兼、陈之宏译，生活·读书·新知三联书店 2013 年版，第 17 页。
② 相关论述参见［美］艾尔曼《从理学到朴学：中华帝国晚期思想与社会变化面面观》，赵刚译，江苏人民出版社 2012 年版。

可穷诘，则通儒之名字，爵官之封号，其未记载于史臣与谱录于先哲者，不胜枚举。缪篆虽微，苟繇是以溯文字之源，而探经传之赜，周秦两汉之学术，且蕲大明于天下，而岂徒雕虫小技，夸耀今古哉。"[1] 在黄宾虹看来，古玺印文字虽然重要，但更有价值的是能够从流传的古玺印文字中探究经史流传之踪迹、周秦两汉之学术，也即"以印证经""以印考史"，进而"蕲大明于天下"。实际上黄宾虹从未间断对古玺印文字的研究，即便是他困居沦陷下的北平。[2] 正是对于六国文字、古玺印文字等坚持不懈的收藏与研习，生成了黄宾虹书画创作的基石——金石书法。而金石书法中彰显的笔墨之妙又成为黄宾虹晚年孜孜以求的浑厚华滋的艺术境界。其在与黄居素信中言："拙画近拟稍变简淡一路，近见清代道咸如林少穆则徐、包慎伯世臣、赵㧑叔之谦，俱从金石书法中参悟笔法之妙。所谓师造化者，非徒于山川浑厚草木华滋见民族性，即如云南大理石，石上自然图画，有水墨色采，直是北宋范宽、郭熙遗意。"[3] 又言："玉石文采浓淡疏密与北宋画相合，尤与道咸时画墨法相近。"金石气，以今时眼光来看，即指玉石等呈现的自然肌理，有浓淡虚实之变化，合于墨法，有古拙、厚重之历史气韵，所以金石气是黄氏孜孜追求的墨法境界。而金石书法的用笔正是绘画的骨力所要借鉴的，正是几千年民族性的象征与显现。要之，经学对于黄宾虹而言，不仅构建了黄氏几乎全能型的传统艺术修养，亦是一条暗线，贯通、嵌合于黄宾虹的诸多艺

---

[1]　黄宾虹：《叙印谱》，《南社丛刻》1911 年第 3 期。转引自王中秀主编《黄宾虹文集全编·金石编·叁》，荣宝斋出版社 2019 年版，第 26 页。

[2]　黄宾虹困居北平时期，在《中和月刊》《故都旬刊》《新北京报艺术周刊》等以"予向""欣厂"等为笔名发表了一系列研究古文字的文章，诸如《龙凤印谈》《周秦印谈》《释傩》《释夔》《古印文字禹迹考》《有关北平史料之汉官印》等，详见王中秀主编《黄宾虹文集全编·译述编·题跋编·诗词编·柒》"附录一：增订黄宾虹诗文著作系年"，荣宝斋出版社 2019 年版，第 305—309 页。

[3]　王中秀主编：《黄宾虹文集全编·书信编·陆》，荣宝斋出版社 2019 年版，第 289 页。

术门类中，甚至成为后世研究者打开 "黄宾虹" 这一 "褶皱" 的某种 "内在理路"。质言之，经学的影响在于形塑了作为主体的黄宾虹及其生活方式，并贯穿于黄氏一生中。

三、贵池面晤：原初创伤的肇始——谭嗣同对黄宾虹的影响考察

前论经学对于黄宾虹之影响，是一种 "后见之明" 的论证方法，微观而言，这是艺术史研究尤其是个案研究中无法回避的一种历史时间的向度。[①] 因而欲厘清、辨析经学对作为主体的黄宾虹之影响，就必然要以 "现在" 为基点，穿梭于其 "过去" 与 "未来" 之间，筑基于具体的历史事件，探查经学在作为主体的黄宾虹不断 "历史化" 的过程中所产生的变化及其形塑作用。若以宏观角度而言，这里涉及的便是 "历史与人" 的命题，也即 "历史学如何建立动态的眼光，在不断变化的历史过程中把握变化本身所具有的意义"[②]。这里的人并非直观意义上的生命个体，历史学中的 "人"，更具有 "主体" 的意义，是历史的产物，并非一成不变，而是被 "历史之手" 步步锻造而成。如此，在微观与宏观的叙述凸显的张力中，研究主体与历史主体间生成的相互理解的研究范式取代了以往注重客体知识的范式，或可创建出一种新的研究范式，不妨称之为 "人的历史" 或 "主体确认"。[③] 回到黄

---

① 所谓的历史时间，并非按字面理解的是对时间的历史研究，而是将时间这一概念置于历史性的脉络中，考察其形成、发展与演变。因而历史时间，主要是研究过去、现在、未来三种时间向度之间的关系，以及这些相互关系背后所反映的历史意识的变化。详见张旭鹏《历史时间的内涵及其价值》，《北方论丛》2020 年第 1 期。

② 孙歌：《历史与人：重新思考普遍性的问题》"第二讲"，生活·读书·新知三联书店 2018 年版，第 126 页。

③ 诚如杭春晓先生所强调的，一种主体自我确认的研究范式，也即研究主体通过回溯的方式，穿梭于历史主体的过去、现在、未来三种时态中，在研究主体与历史主体的间性中探究主体不断确认自我的过程。

宾虹叙事，"人的历史"的研究范式提醒研究者不仅要关注黄宾虹经历的具体事件，更要关注其发生的历史语境。诸如论及经学之于黄宾虹，纵然是塑造黄宾虹主体及其生活方式的知识资源，但并不能等同于其直接可以在生活或社会中产生实际效用，这些知识资源，作为某种历史记忆的"隐性存在"，往往需要在"他者"刺激之下才能转化为可以进行"现代阐释"的"思想引擎"，成为影响甚至决定历史发生的幽暗因子。如此而言，这就需要我们把目光投诸黄宾虹生活中真实而具体的历史事件及发生语境，采用更加精致的分析技术，因为只有深入到细节，才能看清历史的"肌理"。

撬诸黄宾虹对"东汉、西汉之学"，即经今古文学的认知与接受，前述中笔者曾以"后见之明"指出其存在某种"摇摆状态"，实际上，这与晚清学术界的思想史语境密切相关。关于晚清学术界的思潮，前人多有著述[1]，借用王国维的话，概而言之即为"道出于二"[2]，一部分是中国固有的，一部分是西传的，如同两列对开的火车。且"中西之间形成一种层累堆积又循环往复的胶着，故 19 世纪的西潮成为 20 世纪的'中国'之一组成部分"[3]。事实上，即便是"中国固有"的那一部分，在 19 世纪中叶晚清内忧外患的动荡格局中，在其内部亦发生了激烈的变化——"今文经学的复兴"和"调和

---

[1]　诸如梁启超的《论中国学术变迁思想之大势》(1904)、《清代学术概论》(1921)、《近三百年中国学术史》(1926)；1907 年刘师培的《近儒学术统系论》《近代汉学变迁论》等；1907 年，皮锡瑞的《经学历史》；章太炎、刘师培的《中国近三百年学术史论》；钱穆的《中国近三百年学术史》(1937)；等等。详见葛兆光《清代学术史与思想史的再认识》，《中国典籍与文化》2012 年第 1 期。

[2]　王国维在《论政学疏稿》中言："臣窃观自三代至于近世，道出于一而已。泰西通商以后，西学西政之书输入中国，于是修身齐家治国平天下之道乃出于二。"详见王国维《论政学疏稿》，载胡逢祥主编《王国维全集》第 14 卷，浙江教育出版社、广东教育出版社 2010 年版，第 212 页。

[3]　罗志田：《西潮与近代中国思想演变再思》，《近代史研究》1995 年第 3 期。

汉宋"之势的出现。① 当晚清知识界正陷于"体用之争"时，帝国主义、资本主义、革命等早已成为风行于世界的学术话语，作为一种无形的"他者之力"，具有"经世致用"和"改革基因"的今文经学的复兴，并非简单的被动"反应"，而是知识界在现实困境刺激下的主动选择，而引起这一"激烈变化"的导火索，回到具体的事件，无疑是中日甲午战争的爆发及其结果。往事犹如异乡，一百多年前的中日甲午之战，今时的我们只能借助文本展开想象，难有身临其境的切肤之痛，而对于彼时的知识人而言，这场战争深深刺激了当时的知识阶层，形塑了他们对"世界""时局"的新的观看方式与认知，而基于战争发生后产生的蝴蝶效应，无疑成为推动历史变革的隐形力量。饱受今文经学影响的黄宾虹②，亦因甲午战败的刺激，思想产生剧烈变化，开始"睁眼看世界"，迈出了由传统"士人"向"革命者"身份转变的第一步。③ 这场战争也使得生于北京、曾有西北"游侠"身份、自称康有为"私淑弟子"的谭嗣同（1865—1898）思想产生巨大震荡，此后极力主张

---

① 艾尔曼认为，1830 年之后，儒学话语已经不能对当时逐步扩大的政治、社会危机无动于衷。公羊学的复兴和回归宋学的趋势同时出现。当时，国家现状的恶化，以及世纪之交因社会、政治压力加剧而引发的现实难题，都在士大夫中间激起强烈的道德责任感，这种责任感促使他们转向公羊学和理学，并批评汉学家对现实政治的冷漠态度。参见［美］艾尔曼《从理学到朴学：中华帝国晚期思想与社会变化面面观》，赵刚译，江苏人民出版社 2012 年版。

② 潘天寿谈及黄宾虹的绘画时曾言："时当辛亥之前，国是日非，心焉忧之，因研究公羊氏之学，冀有所阐发……"公羊氏之学，也即今文经学，而"有所阐发"，可见黄宾虹早年更倾向于今文经学。详见潘天寿《五百年其间必有名世者——黄宾虹先生的绘画》，收录于中国艺术研究院美术研究所编《黄宾虹研究文集》，浙江人民美术出版社、山东美术出版社 2008 年版，第 493 页。实际上，黄宾虹 20 多岁在扬州时因朋友接触康有为之《大同书》，深受影响。

③ 王伯敏在《黄宾虹二三事》中记载，20 多岁的黄宾虹在扬州结识萧辰，而萧辰结识康有为、梁启超，二人常在一起研读康有为所著《大同书》，此际受康、梁影响颇深。1895 年，康有为发动"公车上书"，宾虹闻讯，致书康、梁，申述个人意见。详见王伯敏《黄宾虹二三事》，载中国人民政治协商会议浙江省委员会文史资料研究委员会编《浙江文史资料选辑》第 11 辑，浙江人民出版社 1979 年版，第 27 页。

变通、行西法，甚至为之付出生命。① 两位年龄同庚、皆因甲午之战而思想产生剧烈变动、皆受康氏影响较深的年轻人终于在 1895 年夏会面于贵池。② 黄宾虹与谭嗣同交往的史料，极为罕见，主要见于王伯敏以回忆口吻撰写的《黄宾虹二三事》一文。③ 笔者概述如下：一是记载 1895 年夏二人会晤于贵池一家旅社，并彻夜长谈；二是 1898 年因变法失败，谭嗣同被杀，黄作挽诗"千年蒿里颂，不愧道中人"；三是 1948 年，谭嗣同殉难五十周年，黄宾虹言："复生的出生迟我五十天，而今别我已五十年，复生洒尽苌弘血，虽不能复生，而复生之名，便是五百年后，仍然活在世人的心中。"④ 另，据黄宾虹三女儿黄映家回忆，黄宾虹弥留之际，曾反复吟颂"千年蒿里颂，不愧道中人"一句⑤，足见谭嗣同对黄宾虹影响之深。关于此事，王伯敏在他 1956 年整理的笔记中亦有所记载，后来以《薤露篇——记黄宾师的遗言》为题撰述成文，刊登在中国艺术研究院美术研究所创办的《美术史论》杂志

---

① 王汎森先生认为，30 岁之前的谭嗣同与 30 岁之后的他思想大为不同，30 岁以前的他与一般士人无异，但 30 岁那一年夏秋爆发的甲午战争，使谭嗣同的思想、行事发生剧烈变动。对于谭嗣同最后付出的惨烈代价，王汎森亦认为与其早年的"游侠"经历有关。详见王汎森《执拗的低音：一些历史思考方式的反思》，生活·读书·新知三联书店 2014 年版，第 80—83 页。
② 详见王伯敏《黄宾虹二三事》，载中国人民政治协商会议浙江省委员会文史资料研究委员会编《浙江文史资料选辑》第 11 辑，浙江人民出版社 1979 年版，第 27 页。
③ 笔者查阅所见，关于谭嗣同与黄宾虹交往的史料，出处有二，关系如下：一是自称为黄宾虹在北平所收的最后一个弟子的王伯敏以回忆口吻撰写的《黄宾虹二三事》一文；二是汪改庐所著之《黄宾虹年谱初稿》，后来王伯敏与汪改庐合著《黄宾虹年谱》，资料有叠合。王中秀先生编著《黄宾虹年谱》中关于谭、黄二人交游之资料便来自"汪谱"和《黄宾虹二三事》一文，并无新史料可以参照，亦未在黄氏生前的文本中出现。不过，黄宾虹在 1915 年致柳亚子的信中言："益以世氛日嚣，人生靡乐，故交之士，遭戮辱罹祸乱者，不可偻计，伤何如之！""故交之士"中不知是否包含了谭嗣同。详见王中秀主编《黄宾虹文集全编·书信编·陆》，荣宝斋出版社 2019 年版，第 116 页。
④ 王伯敏：《黄宾虹二三事》，载中国人民政治协商会议浙江省委员会文史资料研究委员会编《浙江文史资料选辑》第 11 辑，浙江人民出版社 1979 年版，第 26—33 页。
⑤ 参见梅重《西湖名人》，杭州出版社 2007 年版，第 195 页。

上，可与之相印证。[①] 上述史料中，对于探究谭、黄二人之交往最有价值的便是那 "彻夜长谈"，实际上，这也是二人唯一的一次见面。王伯敏在文章中阐述了二人交谈的部分内容，诸如 "西学东传，势在必行，如何可阻？他日吾国发达，东学亦可西传"，又言 "不变法，无以利天下" 等。此文是王伯敏根据与黄宾虹交谈的回忆撰述而成，而文中黄宾虹谈及与谭嗣同的交往，亦是黄氏的追忆而为，如此这篇文章就构成了 "双重回忆"，且又处在不同的历史语境中，那么，如何确认内容的可信度？显然，在当事人均已作古的情况下，唯一的途径就是揆诸黄宾虹之后来历史行动能否与回忆的内容相关联。首先，关于 "东学西传"，黄宾虹在 1914 年为陈树人《新画法》单行本所撰写的序言中云："今者西学东渐，中华文艺，因亦远输欧亚，为其邦人所研几，唐宋古画，益见宝贵。茫茫世宙，艺术变通，当有非邦域所可限者。"[②] 其中 "远输欧亚，为邦人所研几" 正是黄宾虹 "东学西传" 思想的显现。洪再新亦撰文指出，黄宾虹于 20 世纪初在上海经营古玩生意，与古玩商史德匿等交往，虽因其徽商家庭出身及 "心理认同和利益驱动的一致性"[③]，有功利性的一面，但从某种角度而言，黄氏襄助涉华古玩商，采用的是策略化的方式，宣扬其内心认同的中国文化，并揭示古画出洋的机制，亦是另一种形式的 "东学西传"。1926 年《艺观》杂志第一集刊登了美国人白鲁斯撰写、王雪帆译的《纽约中华古画展览会序言》[④] 一文，通读全文可知，作为来华不久的古玩商经常请教黄宾虹，故文中对于中国画如此清晰透彻的观察，绝非他一人所为，而细细推敲文中的某些词汇及透露的思想，亦可浮现黄宾虹的身影，因而，此文可以看作 20 世纪 20 年代黄宾虹之中西画学

① 参见王伯敏《莪露篇——记黄宾师的遗言》，《美术史论》1985 年第 2 期。
② 黄宾虹：《新画法序》，载王中秀主编《黄宾虹文集全编·书画编·上·壹》，荣宝斋出版社 2019 年版，第 79 页。
③ 洪再新：《古玩交易中的艺术理想——黄宾虹、吴昌硕与〈中华名画——史德匿藏品影本〉始末考略》，《美术研究》2001 年第 4 期。
④ 全文载于王中秀编著《黄宾虹年谱》，上海书画出版社 2005 年版，第 172—173 页。

思想之一鳞半爪，正如包华石所指出：文化不具有本质性，而是流变性；文化之间除了竞争，亦有相互学习和交流，可以共赢。[①] 如此而言，是文亦显现出"西学东渐"的强势外表下却隐含着"东学西传"的悄然发生。其次，关于"变法"改革，二人具有共同的思想基础——今文经学及康有为《大同书》的研读。谭嗣同的主要思想体现在其著作《仁学》一书中，此书在他生前虽未出版，但早已通过讲学或口说的方式流传。王汎森指出，谭嗣同的《仁学》宣扬的是"冲决罗网"之学，对象之一便是清朝政权，批评儒家，打破专制皇权，颠覆满族政权，书中强烈的"排满"言论，对于1900年后到辛亥革命前的思想气候影响至大。[②] 同"保皇派"的康有为相比，谭嗣同的思想更具激进的革命性的维度，或为彼时的黄宾虹所不能完全理解[③]，但在后来变法失败尤其是谭嗣同被杀的刺激下，这种激进的革命性主张终于变成"蝴蝶的翅膀"，促使黄宾虹投身革命热潮，形塑了后世研究者所强调的其"革命者"的身份。[④] 由此可知，黄宾虹的"革命者"身份并非一蹴而就，而是经历了一个思想的蜕变——由变法支持者转变为激进革命者，谭嗣同无疑就是促使黄宾虹转变的决定性力量。事实上，揆诸黄宾虹在上海的历史行动，这一转变影响深远。1907年，黄宾虹因被嫌疑为"革命党"而出走上海，加入国学保存会，并结识黄节（1873—1935）、邓实（1877—1951）

---

① 参见清华大学国学研究院主编，［美］包华石主讲，刘东评议《西中有东：前工业化时代的中英政治与视觉》，上海人民出版社2020年版，第444页。

② 参见王汎森《执拗的低音：一些历史思考方式的反思》，生活·读书·新知三联书店2014年版，第104页。

③ 事实上，此际黄宾虹的思想轨迹较为复杂，并非单纯的连续。一方面其受康、梁影响较深，支持变法运动；另一方面，对于谭嗣同"排满"的革命性主张，黄宾虹亦未反对，在变法失败后，辛亥革命前几年，黄宾虹参加歙县革命党活动，投身革命热潮。

④ 1905年左右，黄宾虹与汪律本等加入工商勇进党，鼓吹革命；1906年与许承尧等组织"黄社"，以诗文鼓吹革命。详见王中秀编著《黄宾虹年谱》，上海书画出版社2005年版，第41、45页。

等，为后来迁居上海奠定了基础。[①] 对于黄宾虹与邓实的关系，洪再新曾以专文进行研究[②]，并指出了二人长达40年的交往，经历了从"民族主义"到"现代主义"的过渡时期，确为肯綮之见。实际上，黄节与邓实早在1902年的上海就创办《政艺通报》，介绍西方文明，鼓吹反清的民族思想。[③]1905年二人又创办了以"研究国学、保存国粹"为宗旨的《国粹学报》，撰稿人主要是章太炎、刘师培、柳亚子、黄节等，撰稿人的身份复杂，保皇派、革命派、立宪派都有，导致《国粹学报》思想倾向的复杂性和实验性，但起主导作用的还是以邓实为首的革命派。[④] 从此角度来看，黄宾虹与邓实、黄节等的结识并订交，恐怕并非仅仅因为其画学思想，更主要的是他们具有的共同的思想基础及黄氏当时的"革命党"身份。而入主思想交锋的实验场《国粹学报》的黄宾虹，亦因身份的转变，接触到更为广泛和深刻的"思想资源"[⑤]，坚定了其"民族主义"的思想认知，职是，1912年当高剑父、高奇峰兄弟来沪创办革命刊物《真相画报》时，亦因其革命党的身份，选择了黄宾虹；而黄宾虹结识高剑父，亦从其身上寻获到一条可以连接艺术与民族国家建构的新通道——艺术救国，并转化为一种"信仰"[⑥]，于黄宾虹个人而言，这一"信仰"支持他度过抗日战争中困居北平的艰苦岁月，并成为他一生孜孜以求的艺术民族性的彰显；宏观而言，"艺术救国"的信仰在国难语境下

① 详见王中秀编著《黄宾虹年谱》，上海书画出版社2005年版，第47、52页。

② 参见洪再新《从民族主义到现代主义——邓实、黄宾虹学术思想关系考略（上）》，《美术学报》2013年第3期。

③ 参见王少梅《黄节与〈国粹学报〉》，《语文学刊》2001年第5期。

④ 参见范明礼《〈国粹学报〉简介》，《新闻研究资料》1986年第1期。

⑤ 一方面是指《国粹学报》上刊登的学术、时政类文章，如同前述，当时的《国粹学报》因撰稿人身份的差异导致学报思想的复杂性，宛如一个思想交锋的试验场；另一方面，黄宾虹借此身份加入南社，接触到更多的民族主义人士及思想资源，如柳亚子等。

⑥ 参见王中秀《黄宾虹十事考·〈真相画报〉之缘》，载王中秀编著《黄宾虹年谱》，上海书画出版社2005年版，第94—99页。

转化成"文化战力",成为抗战语境中艺术家群体意志的表达。① 由是观之,这一切的风云际会皆因黄宾虹革命者身份的建构,而追踪溯源,则是因为谭嗣同。既如此,当我们重新审视黄宾虹选择在贵池"避地而居",除却激赏此地"湖山之胜有为吾乡所不及"之外,或许更深层的还是因为贵池对于黄宾虹而言,是其漫长人生中唯一一次与其内心深处念念不忘的谭嗣同的相会之地,是一个悲喜交集的记忆的场域,是生成其"避地而居"心理机制的原初创伤之地,虽然,此际的黄宾虹还绝然想象不到谭嗣同对其一生的影响竟有如此之深,又如此之远。

四、黄宾虹贵池经营的现实动因探究

在黄宾虹选择贵池经营一事上,我们可以看到不同层次的影响,既有理想主义的情怀,又裹挟着现实的困境。以革命者身份入主《国粹学报》,黄宾虹从"避地而居"的潭渡乡村迈入十里洋场、世界化场域的现代性都市上海②,而伴随着这一生活场域的转变而产生的新的"经验空间"和"期待视域",促使其由传统的文人逐步向现代知识人过渡。然而,诚如杭春晓先生所指出,生存现实与理想塑造是中国文人先天的矛盾结构③,无论是作为传统文人抑或现代知识人的黄宾虹,在"高扬理想"以建构自身"超世俗"的形象合法性的同时,又不得不面对现实的困境而疲于应付。也即,作为生活在现实中的黄宾虹,必须在"形而上"与"形而下"之间寻获有效的"通道"。于是,"经世致用"的思想转化为解决现实生存问题的工具,黄宾虹找

---

① 参见前面引用石守谦及鲁明军之相关文献。
② 戊戌变法失败后,黄宾虹曾有"北行学干禄以养亲"之意,但因庚子之祸,不得不返回潭渡,进而整理义田,兴修水利,一度避地而居于此。参见王中秀编著《黄宾虹年谱》,上海书画出版社 2005 年版,第 35—36 页。
③ 参见杭春晓《晚清遗民的出世、入世——以溥心畬为中心的精神分析》,《美术观察》2020 年第 10 期。

到了一种学术与商业共享、共振的模式，具体而言，指向的是黄宾虹在上海进行的古玩生意。对于黄宾虹而言，这是一种既可以 "与古为徒" 又可以 "与古为新" 的冒险性的生活方式①，而这种 "冒险性" 也显现在其对贵池的经营上——通过借债、变卖风物等方式持续对贵池的投资。对于黄氏的古玩生意及他与外籍古玩商的策略性交往，洪再新先生业已在文章中考述完备，笔者在此不再赘言，事实上，黄宾虹经由参与这一 "早期全球化" 的商业行为，形塑了一种世界的眼光，并建构了其关于中西画学的现代性思想。②但是，如果从现实生活的层面来检讨黄氏的古玩生意，其经营效果如何？对于这一问题，恐怕难以找到直接的答案。黄氏于 1912 年撰写的《任耕感言》一文中曾感慨 "坐贾行商，不如开荒"，虽是对其早年在老家潭渡垦荒的经验之谈，但考虑到黄宾虹撰写此文时已然身在上海，且在以 "保存国粹、发明艺术、启人爱国之心" 为宗旨创立的贞社中进行着古玩生意③，于此情境中再来审视黄氏 "坐贾行商，不如开荒" 的判断，是否委婉地向我们透露出此际其古玩生意的真实境况？查阅此际黄宾虹的书信，或许能为这一问题的答案捕获一丝端倪，从而了解其于此际较为真实的生活境况。1914 年黄宾虹致柳亚子书中言："走耕黔山，中遭凶歉，饥驱来海滨，蜷缩尘潝，赁宇觅食，佣力恒不能得值，忽忽数稔，窭且益加。今报学两界势难植足，以枵腹也。"④信中 "报学两界势难植足"，查阅 "年谱" 可知，这一话语背景指

---

① 参见洪再新《古玩交易中的艺术理想：黄宾虹、吴昌硕与〈中华名画——史德匿藏品影本〉始末考略（续）》，《美术研究》2002 年第 1 期。

② 罗志田指出，民国初期文化人发展出 "世界" 这一取代西方又等同于西方的新概念，其时间意义常强于空间意义，故与民国初期另一流行词汇 "现代" 也多能替换使用，因而，"世界" 成为兼具 "西方" 和 "现代" 的时空参照物。参见罗志田《裂变中的传承：20 世纪前期的中国文化与学术》"自序"，中华书局 2003 年版，第 15 页。

③ 参见王中秀编著《黄宾虹年谱》，上海书画出版社 2005 年版，第 90、91 页。

④ 王中秀主编：《黄宾虹文集全编·书信编·陆》，荣宝斋出版社 2019 年版，第 116 页。

向的是革命刊物《真相画报》被封，以及袁党专制下南社社员宋教仁被刺等事件①，由此，深感国事日非，前途茫茫，而"饥驱""窭且益加""枵腹"等词汇亦显现了此际其困苦窘迫的生存状态。据黄宾虹之子黄用明回忆：1913年母亲洪夫人携其回到歙县，直到1919年才得以回上海。②而裘柱常版的年谱中亦载此事："因为生活艰难，洪夫人也回到歙县潭渡村，看看是否老家还可以罗抉的余地。"③两份史料言说的是同一件事，皆为作者追忆而成，虽于时间上略有出入，但并不妨碍我们对它的解读与认知，黄宾虹的大夫人洪氏之所以带家眷回潭渡老家，显然是因为上海"米珠薪桂"，故而"不易支持"，即便是回潭渡老家，也是想要寻获其他的谋生手段，"罗抉"两字，醒目突出，十分形象地展现出黄宾虹此际真实生活的艰难状态。无独有偶，1922年黄宾虹曾致信好友黄昂青，催还借款，信言："至贱内来申，亦情理应尔，虽往来靡费，彼不我谅……"④据考，彼年五月，黄宾虹第五子黄映宇出生，其母亲是黄宾虹的二夫人宋若婴。信中言及"贱内来申"，应指此事。因生产小孩，母子俱来上海，易于看护、照顾，即便"往来靡费"，也确为情理之中。但本为合乎情理之事，黄宾虹却以此为催款之理由，一方面，虽凸显了这笔款项之重要，于其中，则委婉地向我们道出他现实生活的窘迫性。1915年，黄宾虹致柳亚子信中言："下走学植荒落，无由进德，唯蜷缩尘市中，岑寂如崖谷，仅摩挲古金石书画，间与一二欧友相研求，稍剖前人拘泥穿凿之惑以为快。"⑤信中所言之"与一二欧友相研求"，洪再新考证，指向的是黄宾虹协助国际古玩商史德匿在上海进行的古玩贸易一事。亦

① 参见王中秀编著《黄宾虹年谱》，上海书画出版社2005年版，第95—105页。
② 参见王中秀编著《黄宾虹年谱》，上海书画出版社2005年版，第110页。
③ 裘柱常：《黄宾虹传记年谱合编》，人民美术出版社1985年版，第38页。
④ 王中秀主编：《黄宾虹文集全编·书信编·陆》，荣宝斋出版社2019年版，第303页。
⑤ 王中秀主编：《黄宾虹文集全编·书信编·陆》，荣宝斋出版社2019年版，第116页。

是在当年下半年,《神州日报》为"袁党巨金收购,黄氏愤而辞去"①,显然,这对于以"笔耕为业"的黄宾虹而言,无疑雪上加霜。正是基于这一现实情境,黄宾虹不得不寻找其他谋生的手段,因而与"一二欧友相研求"就在情理之内了。不仅如此,他还入职康有为主办的《国是报》,主编副刊,但因"政见"不合,未几亦谢去。②变动时代,世事难料,对于"蜷缩"在上海如黄宾虹般的传统文人而言,"生计"犹如一把时刻悬在头顶的"达摩克利斯之剑",成为迫使他们于后来历史行动展开时不得不参照的现实依据。③对于笔耕为业的生活,黄宾虹曾写诗感慨:"丰岁仅能抵下农。"④其现实生活之艰难困苦于诗中袒露无疑,但从修辞的角度而言,"抵下农"三字,却在潜意识中暴露了黄氏内心一直认同、念念不忘的垦荒经验——"坐贾行商,不如开荒"。职是,再回到本节所探讨的问题——贵池经营——的伊始,也即,1916 年汪律本与黄宾虹在上海的相会。于结果言,此次见面,甚不愉快。何以?原因是黄氏劝告汪氏脱离政海,转务实业,由此二人产生激烈争执,掀翻酒席。何以产生争执?答案源自二人此际之"经验空间"与"期待视

① 王中秀编著:《黄宾虹年谱》,上海书画出版社 2005 年版,第 126 页。
② 黄宾虹早年受康有为影响,曾支持变法,但经过辛亥革命之洗礼,对于康氏此际仍坚持的君主立宪的老调当然难以认同,事实上,此际的黄宾虹,其思想更倾向于实业救国,这与高剑父的艺术救国有内在关联。黄宾虹入职《国是报》的原因,一方面是基于现实困境,另一方面是受康氏鼓吹之艺术实业化的主张所吸引。1919 年黄氏出任《时报》美术周刊的主编时撰文言道:"美术者,实业之母,此为当今世界之公认。"明确呼应康氏的艺术实业化的观念。在与康氏的交往中可见黄宾虹策略化的应对方式。参见王中秀编著《黄宾虹年谱》,上海书画出版社 2005 年版,第 123—133 页。
③ 赵无闻《黄宾虹饱受冤枉气》载 20 世纪 30 年代的黄宾虹:"因嗣为衣食所拘、订润应求……生计仍属茫茫,民十八、请黄居素创神州国光社、自负经理之责、兼营字画……客冬法萨隆来华……先生徒劳而无功、结果蚀去帖费百余元、冤哉。"详见《小日报》1931 年 4 月 2 日。其古玩经营之收益,可见一斑。
④ 裘柱常:《黄宾虹传记年谱合编》,人民美术出版社 1985 年版,第 38 页。

域"的差异化。^① 对于作为主体的黄宾虹而言，历经维新变法、辛亥革命的
洗礼，其思想认知早已产生重大变化，身处大变动的"转型时代"^②，面对震
荡不已、世事难料的时局，无论是其具有的传统文人身份还是正在逐步过渡
的现代知识人身份，都难以触摸到未来历史走向的"主动脉"，而基于自身
现实生活的困境导致日益沉重的"沉沦感"与"疏离感"^③，迫使作为主体的
黄宾虹产生强烈的"危机意识"，抑或称之为"前瞻意识"，"何以安身立命"
成为横亘在黄宾虹心头上不得不面对的最为紧要的问题。从某种角度而言，
进入 20 世纪以来，在中国文化出现空前"趋向危机"的背景中，"安身立
命"成为无论是传统文人还是现代知识人群体所共同面临的"时代命题"^④。
亦如杭春晓先生所指出，面对这"三千年未有之大变局"，"形而上"的思想
最终都服务于"形而下"的具体问题，转化为解决现实的工具。黄宾虹亦难
逃此劫，"高扬理想"与"现实生计"如同硬币的两面牢牢嵌合在作为主体
的黄宾虹身上，"避地而居"成为黄宾虹于变动时代中调和"理想"与"现

---

① "经验空间"与"期待视域"均出自德国历史学家莱因哈特·柯塞勒克，他认为，
经验空间是记忆的场所，指向的是过去建构的经验；期待视域指向的是未来。经验是现
在的过去，期待是现在的未来，我们所处的现在，是过去与未来或者经验与期待的连
接点，没有脱离经验的期待，也没有无关期待的经验，在历史的每一个阶段，不同的经
验空间造就了不同的期待视域，而不同的期待视域又反作用于不同的经验空间。直白而
言，过去建构当下，影响未来。相关论述参见张旭鹏《历史时间的内涵及其价值》，《北
方论丛》2020 年第 1 期。
② 所谓转型时代，是指 1895—1920 年年初（戊戌变法到五四运动），是中国思想文化
由传统过渡到现代、承前启后的关键时代，此时，无论是思想知识的传播媒介或者思想
的内容均有突破性的巨变。参见张灏《幽暗意识与民主传统》，新星出版社 2010 年版，
第 134—152 页。
③ 政治上的边缘性、社会游离性与文化上的核心地位之间的差距或产生的张力关系，
使得处于转型时代的知识人的思想常常会有强烈的沉沦感与疏离感，甚至造成激化的
倾向。
④ 对于中国文化出现的空前趋向危机，张灏先生认为可以从三个角度来理解，即文化
取向危机、精神取向危机、文化认同危机。参见张灏《幽暗意识与民主传统》，新星出
版社 2010 年版，第 134—152 页。

实"的矛盾、得以"安身立命"的有效通道，贯穿于其一生的历史中。如此而言，徽商背景的出身、多年经学滋养生发的"经世观"与实业之思、在上海经营古玩的现代从商经历、由传统文人向现代知识人转变的过渡身份，以及在动荡时局和现实困境的刺激下生成的危机意识，共同构成了此际黄宾虹的经验空间与期待视域，面对乡邦好友汪律本，黄宾虹为其指出一条安身立命之道——脱离政海，转务实业。而查阅史料可知，汪律本早年虽与黄宾虹经历相似，二人也曾发起具有排满意识的"黄社"，但与黄宾虹不同，汪氏是彻底的革命派：加入同盟会，参加清政府新军，谋划起义。[1] 不仅与黄宾虹有着不同的经验空间和期待视域，而且此际的汪律本正出任参议院参议员，仕途正盛，因而对于黄宾虹指出的"安身立命之道"，并不认同，继而引起争执，甚至掀翻酒席，是合乎情理、逻辑之举。这次不愉快的见面，并未影响二人坚实的友谊，耐人寻味的是，三年后，即 1919 年，汪律本邀请黄宾虹赴贵池考察，因为汪氏竟然欲在此地兴办垦牧渔业公司。三年前"掀翻酒席的争执"至此终于"落地"，原本执着"政海"的汪律本最终还是遵循了黄宾虹指出的"实业之路"，得以安身立命。获闻好友欲投实业，考察之地又是贵池，接到邀约的黄宾虹闻听"贵池"之下，脑海中不知会不会出现谭嗣同的身影，而内心又会生出如何的波澜。

行文至此，黄宾虹选择贵池"避地而居"的内在逻辑豁然浮现：原本就打算隐居的黄宾虹，获遇谭嗣同，历经维新变法，激起内心革命的火种，远适"世界化"场域的上海，植足报、学两界，身份亦由传统文人逐步转向现代知识人，但时局动荡，被裹挟在历史的巨变洪流中难以看清未来的走向，加之现实生活的困境，高扬的理想不得不转化成解决现实问题的途径，古玩经营虽使其领略现代商业的特点，但"坐贾行商，不如开荒"的

---

[1] 汪律本（1867—1930），安徽歙县人，黄宾虹老师汪仲伊的次子，"黄社"社员，同盟会会员，民国成立后，出任参议院参议员。参见《安徽历史名人词典》编辑委员会编《安徽历史名人词典》，安徽教育出版社 2008 年版，第 900 页。

亲身经验却时刻萦绕在其心中，当好友转投实业，又选择贵池——唯一一次与谭嗣同见面而生成记忆的场域，黄宾虹欣然而至，激赏贵池湖山之美，远胜老家潭渡，遂产生在此"避地而居"的观念，并展开行动，或可言之，贵池，成为作为主体的黄宾虹一生追逐、不断回溯的心灵栖息之地、安身立命之所。

第二节 再觅 "桃花源" ——黄宾虹的四川之行

一、多重身份的建构：黄宾虹的教职生涯

回到本书开端，查阅史料可知，黄宾虹在上海长达 30 年的惨淡经营中有两次 "逃离" 上海、另寻 "避地而居" 的行动，第一次是 1924 年因浙江军阀混战，全家避居贵池。进而，笔者对于黄宾虹选择贵池作为 "避地而居" 的问题追踪溯源，展开层层检讨，生成认知结果：贵池，成为作为主体的黄宾虹的原初创伤之地，亦是其 "避地而居" 观念的生成之地。微观言之，黄宾虹的 "避地而居"，是变动时代中兼具传统文人及现代知识人身份主体的黄宾虹平衡 "理想" 与 "现实"、得以 "安身立命" 的有效通道；宏观而言，亦是变动时代中知识人群体的危机意识—— "何以安身立命" 下基于个体的策略化应对。如果说黄氏在贵池的 "避地而居" 生成一种观念并建构为一种 "心理机制" 的话，那么，其于 1932 年再觅 "桃花源" 的四川之行便可看作这一 "心理机制" 运作下的效果呈现。实际上，在其远赴四川讲学之前，黄宾虹不仅已经获得了其人生中的另外一个身份——教授[①]，也曾一度有广西桂林讲学的远行[②]。事实上，自进入 20 世纪 30 年代以来，考察黄宾虹的人生轨迹，除编辑外，其更多的是担任多所学校的教职工作，以笔者统计的《1928—1936 黄宾虹上海教职工作一览表》为例，包括暨南大

[①] 1928 年春，黄宾虹应陶冷月之邀，被聘为暨南大学中国画研究会中国画史教授。详见王中秀编著《黄宾虹年谱》，上海书画出版社 2005 年版，第 189 页。

[②] 详见王中秀编著《黄宾虹年谱》，上海书画出版社 2005 年版，第 194 页。

学、上海美专、中国文艺学院、昌明艺术专科学校、四川艺术专科学校、东方美术专科学校等。即便是 1937 年迁居北平，亦是因为被聘为国立北平艺术专科学校的教授，而 1948 年其迁居杭州，依然是因为被聘为杭州艺专教授，直至返归道山。黄宾虹生前即享有大名，且融编辑、画家、美术理论家（画史专家）、金石书画鉴定家、古文字学家等众多身份于一身，生成的多重身份与其生前大量的著述息息相关。以上海图书馆主管主办之"全国报刊索引数据库"为例，以黄宾虹为"关键词"进行查询可知，截止到 2020 年 4 月，据《民国时期期刊全文数据库（1911—1949）》的统计，共有 424 篇文章，作者为"黄宾虹"的达 339 篇，著述的时间最高峰主要集中分布在 1930—1939 年（图 8），如果对这一时段进行更加细致、精确的分析，那么其著述时间主要集中在 1934—1936 年（图 9），也即黄宾虹蜀行归来后至迁居北平之前在上海的 3 年间。由此观之，黄宾虹著述的时间与其在学校任职的时间是相一致、相吻合的，换而言之，黄宾虹任职学校教授期间进行了大量的著述，反过来这些著述又形塑了黄宾虹作为教授、美术理论家、书画鉴定家、画家等多重身份。于时间而言，其教授生涯几乎贯穿于黄宾虹的整个晚年，因此，黄宾虹的教学经历亦应成为黄宾虹研究话语中的重要组成部分，值得研究者重新"驻足观看"。

如此，问题呈现：我们如何看待黄宾虹的教学生涯？事实上，对于黄宾虹而言，一方面，学校教职工作的薪资是其

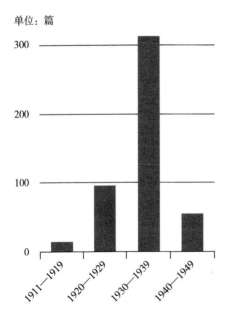

图 8　黄宾虹著述时间分布柱状图（1911—1949）

于上海 30 年代现实生活收入的重要来源；[1] 另一方面，黄宾虹担任学校的讲席职位，多为中国画史、国画理论的教授，虽少有山水画的教职，但无论是画史理论还是山水画，都是黄宾虹所擅长的"知识系统"，可谓乐在其中，是其"经学生活方式"的延异。另外，黄宾虹虽然身兼多所学校的教职，但其仍然有大部分的时间活跃于上海甚至全国画坛，且又出任报刊编辑或主编，如此而言，多重身份集一身，使其区别

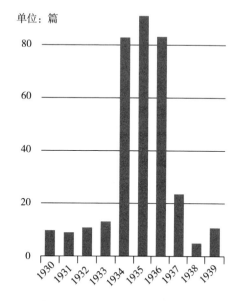

图 9 黄宾虹著述时间分布柱状图（1930—1939）

于旧式文人和职业画家，从而具有"现代知识人"[2] 的身份特点，既有利于扩大、拓展其交游群体的广度和深度，又有机会进入全国美术圈核心权力阶

---

① 1932 年，黄宾虹入川讲学，后因战事，薪资全无，不得不返回上海。参见 1932 年 12 月 31 日黄宾虹致其夫人宋若婴书信，详见王中秀主编《黄宾虹文集全编·书信编·陆》，荣宝斋出版社 2019 年版，第 95 页。
② 现代知识人，也即现代知识分子，许纪霖先生曾有专门论述，可参考其最新著作《安身立命：大时代中的知识人》，上海人民出版社 2019 年版。"知识人"这一说法是借用余英时在其著作《士与中国文化》（上海人民出版社 2003 年版）的序言中的表述。罗志田先生也指出，近代百余年间，作为一个过渡时代，新型读书人，也即现代知识人，仍然挣扎徘徊于"士人"与"学人"之间的紧张，这种紧张在黄宾虹身上亦能显现。参见罗志田《风雨鸡鸣：变动时代的读书人》，生活·读书·新知三联书店 2019 年版，第 10 页。

层。^①要之，对于黄宾虹的教职生涯，不能做孤立的、片面的分析，它是构成作为多重身份主体的黄宾虹复杂、多元生活的重要组成部分，亦是影响、建构其现代知识人身份的重要因素。

二、战争与"排挤"：黄宾虹四川之行的动因探究

1932 年的黄宾虹何以有入川讲学之行？查阅史料可知，直接原因是黄宾虹接受了成都四川艺术专科学校校长周稷、教务长刘既明的聘约，时间约在 1932 年夏。^②实际上，此际黄宾虹早已在暨南大学、上海美专、昌明艺专、新华艺专等多所学校任职，甚至曾一度担任中国文艺学院之院长。^③那么，在上海"风生水起"的黄宾虹何以千里迢迢入蜀讲学？揆诸这一问题，在逻辑断裂的缝隙中或许潜藏着解答问题的密码。显然，欲要解开这一谜团，发现历史之真相，就必须把这一问题还原到彼时真实的历史语境中，结合具体事件，以期捕获历史真相。

回到 20 世纪 30 年代初，上海虽然已是一个高度"世界化"的租界城市，但笼罩在这座城市上空的战争的阴霾却日渐加重。中日之间矛盾日益加剧的趋势并由此引发的诸种事件以新闻的形式、借助着现代性的传播媒

---

① 这里是指黄宾虹参与民国时期的两次全国美术展览会，不仅出品作品，亦负责展览的相关事宜。如他在第一次全国美术展览会中被推为审查委员及参考品部委员；在第二届全国美展中担任审查委员，负责审查工作。详见王中秀编著《黄宾虹年谱》，上海书画出版社 2005 年版，第 191、219、319 页。无疑，全国美术展览会是民国时期最高等级的展览，亦是美术界核心权力阶层的显现。
② 详见王中秀编著《黄宾虹年谱》，上海书画出版社 2005 年版，第 278—279 页。《艺术家黄宾虹抵渝应省艺专校之聘》一文亦记载此事，可作为印证，详见《新蜀报》1932 年 9 月 28 日。
③ 《中国文艺学院之教授》一文中言"公推黄宾虹为院长"，详见《申报》1930 年 2 月 3 日。但上海爆发"一·二八"事变后，该校停办。

介——《申报》——在上海得以广泛传播①，这些信息，既是普罗百姓的"饭后谈资"，亦是具有危机意识或前瞻意识的知识人群体考量其未来历史行动重要的现实参考资源。实际上，在"一·二八"事变未爆发之前，已然可以在《申报》上获得战争即将来临的信号。②而事变爆发后，继之而来的信息亦在《申报》上发布③，左右、影响着处于这一真实场域中的历史参与者。也即，若与接近40年前的甲午战争相较，对于这场上海事变，我们捕获信息的渠道拓宽了，而信息接受的集中化对身处事变中的人的影响将更加具体化、在场化。如同历经过甲午中日战争、庚子之祸、辛亥革命的黄宾虹，上海事变对其影响显得更具在场化。诸如此际黄氏在致好友许承尧的数封书信中言："沪上自一星期余，耳闻巨炮之声，目睹流离之状，恐慌景象已同辽沈，唯敝寓距战地稍远，较似安谧。然孤军乏援，外交无助，即此长延，亦属可虑……如全国果作长期之战，变化更不可测。"④"沪战未息，法界稍

---

① 《申报》是当时上海乃至全国传播最广的报纸之一，虽然主要发行在上海，但本土的、国际的信息均可以在这份报纸上呈现。笔者试以"日本"为关键词，在《申报》数据库1931—1932年时段进行搜索，可以获知全国各地与日本相关的信息，诸如《青岛日人大暴动》《日机飞热侦查》《日本对英表示 保证东省门户开放 英国取不干涉态度》《国外要电俄日不侵条约》《日舰坚田号昨来沪》等，见1932年《申报》，1月15日第10版、1月16日第3版、1月17日第4版、1月19日第9版、1月19日第15版等。

② 《昨日闸北一带情形》：日本续派水雷队战斗机来沪，自日本调派大队军舰来沪后，上海形势日渐严重，而日人犹以为未足，更增大队军舰来华，增厚上海威势。详见《申报》1932年1月27日。

③ 诸如《日陆战队昨在浦东登岸云 为保护日华纱厂日人 经交涉后越二小时始退 本市近日形势益趋严重》，《申报》1932年1月28日；《昨晚日军向华界进攻 我军正当防卫 双方发生冲突》，《申报》1932年1月29日；《闸北方面激战》，《申报》1932年2月9日。

④ 黄宾虹致许承尧书，详见王中秀主编《黄宾虹文集全编·书信编·陆》，荣宝斋出版社2019年版，第176页。

安。"① "沪暂似安，外来日形拥挤，长此可虞之至。"② 书信中的这些话语，表达了黄宾虹对战争时局的看法，这些观点一方面源自其身处战争爆发之地的上海，具有当事人的"在场性"，而"外交无助""如全国果作长期之战，变化更不可测"等，却显示了作为现代知识人的黄宾虹对报刊资源的观看与借鉴。从某种角度看，如此的话语背后亦隐藏了其对未来的深深忧虑，强烈的危机意识时刻萦绕在其心头。1932 年 4 月，黄氏为张大千题所获《王石谷画〈南巡图〉粉本》之题跋中言："玄鸟祥开帝运新，只今东海又扬尘。"③ 其对国势颓靡、外患日亟时局的忧愤在题诗中表露无遗。"沪战未息，法界稍安"，黄宾虹此际居住在法租界 ④，侥幸逃过了这场战火。但其曾经住过的华界之浏河、闸北几乎夷平，就连商务印书馆也难逃此劫，毁于战火。然而，对黄宾虹而言，更加不幸的是其《古画微》的原版亦毁于炮火，于是，1932 年 3 月，《古画微》由商务印书馆重新发行，是为国难后第一版。⑤ 职是，其早年经营贵池而生成的"避地而居"的观念及心理机制，在如此的现实语境刺激下重新运作开来。

正如前述，虽然 1924 年夏的淫雨夹杂爆发的山洪使得黄宾虹在贵池的投资失利，但作为一方适合"避地而居"的最佳处所，黄宾虹从未放弃对此地的经营和记挂。⑥ 实际上，早在上海事变爆发之前两年，也即 1930 年，在黄宾虹与许承尧的通信中就难掩隐居的愿望："久谋归卧山中，仆仆风尘，

① 黄宾虹致许承尧书，详见王中秀主编《黄宾虹文集全编·书信编·陆》，荣宝斋出版社 2019 年版，第 177 页。

② 黄宾虹致许承尧书，详见王中秀主编《黄宾虹文集全编·书信编·陆》，荣宝斋出版社 2019 年版，第 178 页。

③ 详见王中秀编著《黄宾虹年谱》，上海书画出版社 2005 年版，第 278 页。

④ 参见前引笔者统计整理的《黄宾虹上海住址变迁一览表（1909—1936）》。

⑤ 详见王中秀编著《黄宾虹年谱》，上海书画出版社 2005 年版，第 276 页。

⑥ 1929 年 10 月下旬，黄宾虹赴贵池，料理圩田并购进荒屋基二亩许。详见王中秀编著《黄宾虹年谱》，上海书画出版社 2005 年版，第 241 页。

斯愿未知何日偿也。"[1] 既然如此，黄宾虹何以不在上海事变后迁居贵池呢?
有两个原因:一是上海事变,日军攻占的是华界闸北一带,未牵连租界,黄
宾虹此际租住法租界,较为安全;二是1932年"一·二八"事变爆发后,
3月14日,中日双方便停止军事行动,5月5日签订《上海停战协定》,事
变结束。[2] 真正混战的时间持续一月有余,彼时的抗战还未呈现出如同黄宾
虹致许承尧信中所忧虑的"全国长期作战"之态势,因而,黄宾虹仍居沪
上。事实上,在全面抗战开始之后,贵池也难逃被日军轰炸的命运。[3] 基于
"避地而居"的观念及心理机制,经历事变后的黄氏虽仍留于沪上,但作为
兼具传统文人与现代知识人——这一过渡时代过渡身份主体的黄宾虹——基
于现实刺激产生的危机意识与前瞻性,于此际把目光开始转向寻觅新的安身
立命之所时,历史在此充满了偶然性:成都四川艺术专科学校的邀聘似乎
"如约而至"。巴蜀之地,自古就有"天府之土"的美誉,更因地势险要,水
土肥美,成为历代兵家必争之地。如此,无论是作为一种被建构的"历史话
语",抑或因其地缘因素所具备的"必争之地"的"功用",四川在抗战时期
被重新"激活",成为躲避战火的"大后方"。诸如徐悲鸿从1937年11月
伴随中央大学迁至重庆,一直到1946年抗战结束才离开,在蜀地度过了9
年。[4] 傅抱石抗战时期住在重庆金刚坡下,而其"金刚坡时期"的山水画,
被后世学者认为在其一生中水平最高。[5] 中华民族文化的结晶故宫文物亦是

---

[1] 黄宾虹致许承尧书,详见王中秀主编《黄宾虹文集全编·书信编·陆》,荣宝斋出版社2019年版,第175页。

[2] 参见孟庆梓《"一·二八"事变停战原因浅析》,《邢台学院学报》2003年第3期。

[3] 相关章节可参阅池州地区地方志编纂委员会编《池州地区志》,方志出版社1996年版。

[4] 参见屈义林《抗战八年中的徐悲鸿——艺术大师在四川》,《四川统一战线》1999年第8期。

[5] 参见曾敏、刘薇《金刚坡下——傅抱石抗战时期绘画艺术刍论》,《艺术科技》2018年第3期。

因为南迁至蜀地重庆，才侥幸躲过了抗战之劫。① 即便是当时的中华民国政府，在南京岌岌可危的情况下也迁都重庆。于浸淫画史许久的黄宾虹而言，恐怕也想亲身领略蜀地雄山秀水之妙，由此，历史的舞台上便留下了黄宾虹再觅"桃花源"——蜀地之行的足迹。

黄宾虹接受邀聘的时间是 1932 年夏，但决意入川却在该年的初秋，而真正动身是在中秋节。② 从其答应教职到动身，其间有几近三月之余，何以间隔许久？换而言之，这中间是否有甚变故，因而促使黄宾虹决意动身赴川？实际上，去往四川之前，黄宾虹一直在上海美专任职。考察黄氏与上海美专的关系，其中曲折不断，耐人寻味。据史料可知，黄宾虹最早进入上海美专任职是在 1929 年春，适逢上海美专国画系分科，"添聘黄宾虹……诸名家为国画实习及理论教授"③。亦是在 1929 年，黄氏致杜考祥之书却显示了另一番景观④，因有人主张废除国画，黄宾虹欲辞职，但因好友郑午昌、谢公展之鼓吹，黄宾虹虽仍留职，恐怕早已"淡漠视之耳"。事实上，即便在 1930 年黄宾虹任常务院长的中国文艺学院已然招生，其仍在美专任职。⑤实际上，早在 1928 年，黄宾虹、马孟容、郑曼青、郑午昌、张善孖等即商议创办中国文艺学院，因经费甚巨，一时未能成立，但一直在筹备中⑥，直

---

① 参见向宁《故宫文物南迁记略》，《贵阳文史》2007 年第 5 期。

② 详见王中秀编著《黄宾虹年谱》，上海书画出版社 2005 年版，第 278—284 页。

③ 《上海美专国画系分科消息》，《申报》1929 年 2 月 26 日。

④ 1929 年与杜考祥书：考祥同学兄鉴："美专闻由少数人主张废国画，职员如马、郑因有更动，出而兴办学院……鄙人亦欲辞退，社内编辑较忙，未能兼顾。惟午昌、公展于美专有特别感情，极力鼓吹，此外，恐俱淡漠视之耳。文艺学院，鄙人所赞同，美术文化事业愈发达，则宗国前途可有良美之冀望，虽绵力，固不辞也……登报似挑衅，因不布露。"详见王中秀主编《黄宾虹文集全编·书信编·陆》，荣宝斋出版社 2019 年版，第 101 页。

⑤ 《上海美术专科学校第二次录取各系新生揭晓》，《申报》1930 年 9 月 8 日。

⑥ 参见弢甫《中国文艺专科学校师弟作品展览会特刊：中国文专之成立及其发展计划》，《蜜蜂杂志》1930 年第 1 卷第 8 期。

至 1930 年 1 月告成。① 故信中，其对 "同学" 杜考祥直言赞同文艺学院，"虽绵力，固不辞也"。黄氏何以认同其筹备的文艺学院？实际上委婉地向我们道出 20 世纪二三十年代的中西画学之争，自西画输入后，国内公、私立艺术学校，皆偏重西画，视国画无足轻重，而 "国内画苑老成，又以新派浅陋，不屑与之议论，职是国画精神，愈以不振"②。因而，筹备文艺学院，刻不容缓。事实上，中国文艺学院告成后，首先开设的就是画学系，以国画为主，西画为选科，又因画学与文学关系密切，遂开设文学系。③ 较有意思的是，在中国文艺学院的开学典礼上，蔡元培到场致辞，畅谈文艺教育之宗旨与方法，指出研习文艺之究竟，在能表现个性，而时有创作，我国文艺经千年历史变迁淘融，已达 "一种水平线之程度"，学生学习必须要达到此水平线，才能有表现个性的机能④，揆诸此际蔡氏之言论，竟暗合于黄宾虹之观念。回到其与杜考祥的书信，虽然黄氏任职上海美专，但仍一心筹备其向往、认同的文艺学院，因而，闻听美专有人主张废除国画时，自然愤怒，借口离开。但黄氏年长，碍于人情世故，且处事考虑周详，策略应对，仍留职美专，但 "职员马、郑因有更动"，即马孟容、郑曼青二人离开美专，投身于文艺学院的创办，1930 年文艺学院筹备告成后，二人既是委员，又兼教授。是信中最后言之 "登报似挑衅，因不布露"，是何意？此际杜考祥的身份，黄宾虹称之为 "同学兄"，应为美专学生。显然，如此考虑，是担心将来或会引起 "转校" 风潮，故不能登报，亦足见黄宾虹处事之谨慎、周详。但事与愿违，中国文艺学院筹备告成后，因 "书画文艺界名流均任教职，慕名入学者甚伙，上海美术专门学校在校生亦纷纷随师转校"⑤。此为黄宾虹所

---

① 参见《中国文艺学院筹备告成》，《申报》1930 年 1 月 24 日。

② 弢甫：《中国文艺专科学校师弟作品展览会特刊：中国文专之成立及其发展计划》，《蜜蜂杂志》1930 年第 1 卷第 8 期。

③ 参见《中国文艺学院筹备告成》，《申报》1930 年 1 月 24 日。

④ 参见王一夫《蔡元培之水平线的文艺教育》，《蜜蜂杂志》1930 年第 1 卷第 1 期。

⑤ 参见王中秀编著《黄宾虹年谱》，上海书画出版社 2005 年版，第 245 页。

始料不及，而 1931 年刘海粟旅欧归来后，对上海美专重新进行人事调整，黄宾虹地位也随之发生变化，那么，考量这一变化的历史动因，是否根源于此呢？查询史料可知，自刘海粟归来重掌上海美专后至黄宾虹入蜀前，对美专人事、教学等进行两次整饬。第一次是 1932 年 2 月，黄宾虹被聘为国画理论导师，潘天寿任国画山水、国画史、画理研究所导师，傅雷任美术史、艺术论等课程导师。[①] 1932 年 9 月 6 日，《申报》刊登《上海美专之新气象》一文，涉及刘海粟此际对上海美专进行的第二次人事变动。[②] 诸如聘西画家王济远为副校长兼任绘画研究所主任；潘天寿为国画系主任，并教授中国画史；而各系的理论科目皆由傅雷担任。经此调整后，编制亦经审核委员会修正，呈报教育部刊入《中国教育》年刊。文章至此，未曾发现黄宾虹的踪迹，那么黄宾虹此际在美专担任何种角色？黄宾虹在文章末尾出现，为纪念该校二十年，组织筹备委员会，指定刘海粟、王济远……黄宾虹等人为委员，指定委员的名字排列，黄宾虹是倒数第二。两次调整，于人事上虽未有根本性的变化，但"西化"的倾向却明显加强——位列上海美专教学核心权力层的几乎皆有西方"留学"或"游学"的背景，这或许是刘海粟"留学"的"成果"体现。但于黄宾虹而言，经此变动，黄氏被"挤出"教学核心的权力层，成为事实上可有可无、虚名以待的"委员"。文章刊登的时间是在 9 月 6 日，显然，"调整"是发生于前，但应距此不远。9 月 15 日，正值中秋节，黄宾虹偕吴一峰悄然登船，离沪入蜀。漫漫长途，当黄宾虹立于甲板、远眺长江、揆诸前尘往事之时，不知其内心当有如何感想。

---

① 参见王中秀编著《黄宾虹年谱》，上海书画出版社 2005 年版，第 275 页。
② 参见《上海美专之新气象》，《申报》1932 年 9 月 6 日。

三、"避地而居"——黄宾虹的川行经历

　　黄宾虹此次蜀行讲学,自 1932 年 9 月 15 日于海上登船始,至 1933 年九十月抵沪,时长一年余,不仅得以亲身领略古蜀雄山秀水,更是 "得瞻公私收藏古物甚伙"[①],眼界大开,并 "得诗百余首",后以《蜀游杂咏》为题连续刊布在 1934 年的《学艺》杂志上,"画近两百纸",后部分刻入 1934 年的《滨虹纪游画册》中。要之,黄氏蜀行斩获颇多。鉴于本书研究的路向,笔者更加关注的是黄宾虹蜀行的 "心路历程",而其 "心路" 的微妙变化则主要集中显现于黄氏与友人及夫人宋若婴的书信中。1932 年 12 月 20日黄宾虹致宋若婴书[②],应是目前所见较早记载其蜀行内容的文本,且写信的对象是其夫人,除私密性外,亦更能显现其此际真实的思想观念。是信言及蜀行路途辛苦,实因地势险阻限制,亦透露出对当前战争时局的忧虑,"近闻山海关既失,江南不免惊动,人民生计,更觉为难"。信中所言 "山海关既失",当指发生在 1933 年元月初的 "山海关战斗",结果是日军攻占山海关。山海关地理位置险要,是连接东北与关内的关键存在,山海关丢失,无疑为日军长驱直入中原打开了门户,如此而言,江南才 "不免惊动"。黄宾虹正是基于对时局前瞻性的判断,才诚邀宋若婴赴四川考察:"尔如愿意来川,我在成都约可得每月百元薪资。我家自己男女四人,映宇暂时在徽,雇一女佣,连房金有六十元开销,即够用度,比较上海大洋七八折之间(如上海百元汇到成都可百廿余元)。此处惟洋货、海味、苏杭绸缎最贵,余有四川土产,皆是便宜,成都景象,好比上海法租界与中国地界之间,风俗虽近繁华,却多循守旧昔道德。今年川战激烈,尚无放火残杀之事,待于人民稍安。惟我之书籍,能寄存妥当之处,则分带一部分以为变卖(待开细目方

---

① 略历:《现代名人书画黄宾虹先生书》,《申报》1933 年 10 月 6 日。
② 详见王中秀主编《黄宾虹文集全编·书信编·陆》,荣宝斋出版社 2019 年版,第93 页。

可）……如带尔兄弟来图事，既无把握，多一盘费来往，须百七八十元，至省不去，仍住申寓，太不划算，不知君意如何？我家最好将书籍……映字能托妥人照应上学，就在苏州，用常熟老娘姨煮饭招呼……世事不知如何，盘费甚大，仔细打算……至今家用费去几多，全不告知，我甚念念。"① 由此可见，黄宾虹在发出邀约前，早已对成都进行了一番基于能够真实"生活"层面的考察②，涉及经济、时局、风物等诸多层次，异常详细，甚至对宋若婴入川之行前家眷安排、书籍存放等诸多事宜都进行了精心的叮嘱和部署。何以如此？显然，时局动荡，世事变化难料，早已生成的"避地而居"的观念和心理机制迫使作为主体的黄宾虹以另一种眼光——安身立命之所——来考量此际在成都的生活。历史知识丰富的黄宾虹当然知晓四川因特殊的地缘因素而在历史战乱中所承担的功用——"大后方"，但彼时的黄宾虹还料想不到四川作为"大后方"的功用会在几年后因战争时局的变化又被重新"激活"，只是在当时，这里生活较上海便宜，风俗循守旧昔道德，虽有动乱，但人民无碍，远非上海事变祸害惨烈。③ 加之当时四川大学校长王宏实、教育院长邓只淳、华西大学校长方叔轩等极力挽留，此种情境下，"避地而居"的观念便油然再生，亦成为此际黄宾虹可以安身立命的最佳选择，职是，信中才邀请宋若婴前来考察，并详细嘱托"后事"，亦由此证明，写信之前，"避地而居"的观念就已经存在于黄氏的脑海中了。事实上，揆诸黄宾虹之前在贵池的经营及其后来迁居北平的历史行动，邀请其夫人宋若婴考察已经

① 与宋若婴书，详见王中秀主编《黄宾虹文集全编·书信编·陆》，荣宝斋出版社2019年版，第93—94页。
② 此信的写作时间是12月20日，其抵达成都的时间是11月6日，写信之前，黄宾虹早已在成都生活一月有余。详见王中秀编著《黄宾虹年谱》，上海书画出版社2005年版，第287页。
③ 这里是指1932年11月中旬在成都爆发的军阀刘文辉部与田颂尧部的巷战。详见王中秀编著《黄宾虹年谱》，上海书画出版社2005年版，第289页。

成为黄宾虹选择"避地而居"之前的一种"惯例"了。①

在与夫人宋若婴的通信中，其"避地而居"的观念彰显无疑。在与友人的书信中，则是委婉地呈现。诸如 1933 年黄宾虹与郑维夔信中言："蜀中古迹之多，冠于各省，金石书画尚多异品……所过山水之奇险，民物之众庶，不能记之于笔者，略形之诗，当函外寄奉也。"② 1933 年与顾飞书："鄙人自去秋游蜀，屡经道途阻隔，于初冬甫到成都。此邦人士，崇尚国学，性喜书画，诗人亦不少，气候土物有江浙所不逮着，所惜内争不已……川中学子甚多，陕、甘、云、贵诸省恒集于此……鄙意稍俟春暖，仍拟返申。"③ 是信末尾谈及黄氏返申的计划，实际上这一观念的变化在 1933 年年初就已经呈现。1933 年夏历的正月初四，黄宾虹在与宋若婴的通信中言："我拟道路通行之后（今尚多兵沮未通），即行预备返申。"又，"尔来四川，此事甚觉不易，待我回申之后再商，搬至池州府住家，或金华皆好"④。1932 年年末，黄宾虹还有于此"避地而居"的计划，到 1933 年年初就决意返沪，何以变化如此之快？答案亦隐藏在此际与宋若婴的通信中，原来是在成都经战火之后，黄宾虹授课的学校也被毁坏，且教员的薪资全无，只好提前放假在家。此际的成都，人民困苦，"比较上海受闸北兵灾更甚，货物全无人要"，且

---

① 1924 年因浙江军阀混战，黄宾虹携全家避居贵池，但在此之前，黄宾虹早已在贵池经营数年，其间其夫人宋若婴也曾前往考察；1937 年黄宾虹因国立北平艺专之聘，迁居北平之前，宋若婴也曾前往考察，后携家眷前往北平。参见黄宾虹《一九三七年日记片断》，载王中秀主编《黄宾虹文集全编·杂著编·肆》，荣宝斋出版社 2019 年版，第497—498 页。

② 王中秀主编：《黄宾虹文集全编·书信编·陆》，荣宝斋出版社 2019 年版，第368 页。

③ 王中秀主编：《黄宾虹文集全编·书信编·陆》，荣宝斋出版社 2019 年版，第412 页。

④ 王中秀主编：《黄宾虹文集全编·书信编·陆》，荣宝斋出版社 2019 年版，第96 页。

"自省城至重庆，旱道千余里，伤兵抢劫行客，时有所见"。[①] 基于如此的现实情境，正如黄氏自言"谋生是第一"，此际的成都倒是远不如上海，加之有朋友许诺送其旅费，因而黄宾虹决意先回上海，再作打算。其与好友许承尧的通信中亦表露出此际的无奈与失望。[②] 1933 年黄氏致许承尧信中言："闽赣受困，川省相继而起，甚为危殆，此时桃花源，我辈惟在楮墨间耳。北平寥落，尤物集于沪上，犹或时有所见。"[③] 信中所言"桃花源"——作为一种隐居的文学意象，透露出黄宾虹原本以四川作为"避地而居"的选择，然而"闽赣受困，川省相继而起"[④]，兵祸连连，"甚为危殆"，"桃花源"的想象也只能付诸"楮墨"了。信中有一点值得注意：黄宾虹言"北平寥落"，依据现有史料可知，1933 年之前黄宾虹未曾有赴平的经历，其"北平寥落"的判断可能源自与北平友人通信，但彼时的黄氏决计想象不到，四年之后其将迁居"寥落的北平"。要之，成都的现状打破了黄宾虹原本"避地而居"的梦想，此际，反而开始怀念"尤物云集、时有所见"的"沪上"了。

---

① 王中秀主编：《黄宾虹文集全编·书信编·陆》，荣宝斋出版社 2019 年版，第 95 页。

② 1933 年 8 月 10 日致许承尧信："仆偶作蜀游，可喜可愕之状，非楮墨能罄，动静均难于自主张……人事哀乐恔忻，尤意料所不及……蜀中天然山水之外，明季荡然无存，至尤尤窘。"详见王中秀主编《黄宾虹文集全编·书信编·陆》，荣宝斋出版社 2019 年版，第 182 页。

③ 王中秀主编：《黄宾虹文集全编·书信编·陆》，荣宝斋出版社 2019 年版，第 181 页。

④ 黄宾虹信中所言闽赣受困，结合历史背景，应是来自两方面的因素，一是 1929 年 3 月爆发的第一次内战，由桂系军阀李宗仁、白崇禧联合北方的冯玉祥反叛南京政府，最终以失败而告终，李宗仁和白崇禧退回广西老家。二是此际中国共产主义运动的发展，如 1931 年 11 月中华苏维埃第一次全国代表大会在江西瑞金召开，1932 年的赣州战役，等等。详见 [美] 费正清编《剑桥中华民国史（1912—1949 年）》（下卷），中国社会科学出版社 1994 年版，第 144—199 页。至于川省相继而起，则指的是 1932 年 10 月四川军阀刘湘与刘文辉两军在荣县、威远爆发的战争。

四、现实与理想的交锋：黄宾虹蜀行归沪的心路探究

20 世纪 20 年代，黄宾虹不惜变卖"劫余风物"，倾力经营其理想的避居之地——贵池，并于 1924 年在贵池有短暂的"避地而居"，但终因天灾，于是年冬悻悻返沪，"避地而居"的愿望化为泡影。1932 年蜀地的讲学之行，"避地而居"的理想亦遭破灭，"崎岖万里"，得返沪寓。揆诸黄氏的两次"避地而居"，学术成果"灿然"，诗、书、画、印斩获颇多，阅历、眼界亦得以开拓，此种结果，亦为后世"瞩目"，从而生成了现代以来"黄宾虹研究"中没有终止的"话语磨坊"①。但基于现实生活的角度，两次"避地而居"，后果堪忧。贵池经营，最终是"家财散尽五湖去，烟波一棹同鸱夷"②。而蜀行的结果，则见诸黄氏与友人之通信。1934 年 11 月 24 日黄氏与吴一峰书信言："仆自蜀中，经广安、重庆，节节受厄，饱尝逆旅苦楚……回溯人情险巇，犹堪骇汗……可为不思蜀也。"③ 吴一峰当年与黄宾虹一同入蜀，并陪伴左右，对于黄宾虹蜀行之经历最为熟悉。今天我们探究黄宾虹蜀行的细节，所能依据的史料，除当时报刊媒介之报道外，吴一峰撰写的回忆性文章是最难能可贵的，因此王中秀先生编著的《黄宾虹年谱》中记载黄氏蜀行的历程也大多采用吴一峰的回忆。黄宾虹对蜀行的感受在这封信中袒露无遗，"节节受厄""饱尝逆旅苦楚""人情险巇"，暌隔一年有余，回忆时仍"犹堪骇汗"，以至于"不思蜀也"。"不思蜀也"，一语双关，其一，是指其归沪后，以金石、书画自娱，以至于"乐不思蜀"；其二，显然，对于此次蜀行，黄宾虹极为失望，因而，再不思蜀。吴一峰之于黄宾虹，亦

---

① "话语磨坊"，福柯语，笔者借此阐释当下"黄宾虹研究"中的"笔墨中心论"的研究态势，没有止境。详见［法］米歇尔·福柯《性经验史》（增订版），佘碧平译，上海人民出版社 2002 年版，第 15 页。

② 王中秀编著：《黄宾虹年谱》，上海书画出版社 2005 年版，第 170 页。

③ 王中秀主编：《黄宾虹文集全编·书信编·陆》，荣宝斋出版社 2019 年版，第 70 页。

师亦友，又同时入川，历经苦楚，由此，黄宾虹与其信中所言，当为真实之感。事实上，黄宾虹对蜀行的"吐槽"与不满，除经历坎坷外，笔者认为，更重要的原因在于蜀行的结果——致其现实生活一度陷入极为拮据的状态。1934 年黄宾虹致黄居素书信中言："蜀游返沪，暌隔年余，外来索拙作书画及存件者纷至，有胡估自北平归，催为结束抵押画件甚迫切（言语难堪）……岁暮家贫勉应之。"[1] 同年，其与黄居素的另一封书信中言："去年鄙人自蜀游遇乱后返沪，损失不少，幸承故交于文学书画上介绍，生活填补亏耗，今安徽通志局担任编辑，歙县修志，亦襄其事。"[2] 王中秀主编之《黄宾虹文集全编·书信编·陆》当中，辑录黄宾虹与广东人黄居素的通信多达64 通，仅次于黄氏与许承尧的信件数量，可见二人关系之笃实。[3] 因而，黄氏与黄居素之通信，言谈学问之外，更能显现此际黄宾虹的思想观念与真实的生活状态。审视二人于 1934 年的书信，黄宾虹的吐露真实呈现了其蜀行的后果：面对"言语难堪"（此为书面表述，现实中恐怕情况更糟）、甚至不敬的索画者，基于"家贫"，黄氏也不得不"放低身价"，"勉应之"。而其参与编修《歙县志》，亦是好友许承尧的帮忙[4]，究其根源，虽关涉黄氏之学问、乡籍，深而言之，恐怕与其此际贫瘠的生活现状攸关。基于填补生活亏耗，黄宾虹此际还在寓居之地开办"文艺研究班"，男女皆收，每周三次研究，每月费用 5 元，并特别注明：报名时须先缴三个月。[5] 要之，以上种种

---

[1] 王中秀主编：《黄宾虹文集全编·书信编·陆》，荣宝斋出版社 2019 年版，第263 页。

[2] 王中秀主编：《黄宾虹文集全编·书信编·陆》，荣宝斋出版社 2019 年版，第267—268 页。

[3] 黄宾虹与许承尧皆为歙县人，年轻时又同师事著名学者、掌管紫阳书院的汪宗沂，相交莫逆。黄居素（1898—1986），广东中山人，与黄宾虹共同主办上海神州国光社，与黄宾虹亦师亦友，关系甚笃。

[4] 参见王中秀编著《黄宾虹年谱》，上海书画出版社 2005 年版，第 314 页。

[5] 参见《国画月刊·社启》：《国画月刊》1935 年第 1 卷第 3 期。

言辞，都表明此际黄宾虹生活之拮据，于黄氏而言，谋生才是第一要务。陷于此种局面，显然与其蜀行相关。因此，在其与吴一峰的通信中，才对蜀行吐槽不已，极度不满。可见，"大师"真实生活之图景，远非后世所想象般"美好"，而研究者大多注目于黄宾虹蜀行学术成果之灿然，鲜有关注其于此际真实生活之状态，实为当下"黄宾虹研究"这一叙事话语的缺憾。何以谓之？从某种角度而言，作为研究对象的黄宾虹，抑或作为主体的黄宾虹，并非先验如此，而是经由历史之手，步步锻造而成。如此而言，欲图作为个案的黄宾虹研究之"真"，除却其作为"知识的黄宾虹"这一客体的向度外，更要注目其作为"主体的黄宾虹"之历史确认及生成语境，正是基于"他者"影响力的不断塑造，才生成了我们今天面对的"黄宾虹"。"他者"并非一成不变，作为被形塑的主体亦随之产生变化，而这一变化又影响了知识客体的建构，循环往复，互为因果。

蜀行归沪的黄宾虹，正是基于"他者"的改变，即现实生活的困境使其思想亦随之发生变化。长远来看，建构黄宾虹多重身份主体的上海，在其内心中的认同感逐步式微，最终导致其在北平的"避地而居"。何以如此？1934年4月3日黄宾虹致黄居素书云："仆崎岖万里回沪寓，一切玩好长物半多散失，大千兄弟遇盗窃，所损书画数千金，今善孖病居郎溪，大千走北平。敝寓虽仍在申，古物书画均售出，无累心自闲，甘淡泊，谢尘俗，只以游山为乐事而已。"① 张大千因遭窃而出走北平，通信之际的黄宾虹决然想象不到三年后自己也要前往北平。但可以想象的是，"大千出走北平"的事件，有可能会刺激到此际陷入困境的黄宾虹，成为其揆诸未来前景、重新选择安身立命之所的现实参照。正如其在信中所言，虽然家仍在沪上，但四川一行，长物大半散失，导致生活窘迫，不得不变卖上海的古物书画，如此反而

---

① 王中秀主编：《黄宾虹文集全编·书信编·陆》，荣宝斋出版社2019年版，第263页。

心无其累，遂以游山玩水为乐事。在看似悠闲的表述背后，作为主体的黄宾虹其真实的心理"褶皱"，或许我们难以用确切的语言去打开，但可以想象的是，上海，这个建构其多重身份主体的一方水土，在其心中的地位已经悄然发生了变化——逐渐式微。张大千已经出走北平，黄宾虹基于现状，揆诸未来，亦开始寻找新的避居之地。1934 年其与汪福熙书言："弟近数年来，颇厌市嚣，阳朔、雁荡归后，前年入蜀，山川险恶，人情诡异，非楮墨所可罄。淹留岁余，仍返沪渎，晌又数月，闻见均非心惬，拟觅就近乡居之地，略安笔砚。"[①] 蜀行的恶果，窘迫的现实，即便是世界化场域的上海，也使得黄宾虹"闻见均非心惬"，重新展开"避地而居"的观念，此刻，已然在黄宾虹内心中变得愈加明确，而揆诸黄氏在 1935 年的人生轨迹（表 3），可见"避地而居"的观念早已转化为真实的历史行动得以展开了，而在本年其与叶恭绰的通信亦可证明。[②]

表 3　1935 年黄宾虹离沪出行统计表 [③]

时间	事件
春	与谢公展、王济远游会稽
3 月 10 日	发起组织黄山琴棋书画社，在徽宁
盛夏	与吴开先伉俪、黄冰清等游青浦
夏秋之际	与陈柱、陈中凡赴广西讲学，重游桂林、阳朔，经香港，登太平山，游九龙海景，9 月 6 日返沪
9 月 19 日至 10 月 1 日	偕夫人宋若婴、门生黄冰清游黄山

---

① 　王中秀主编：《黄宾虹文集全编·书信编·陆》，荣宝斋出版社 2019 年版，第56 页。

② 　与叶恭绰书中有"仆久拟乡居，因循未果"之句。详见王中秀主编《黄宾虹文集全编·书信编·陆》，荣宝斋出版社 2019 年版，第 230 页。

③ 　1935 年黄宾虹的出行事件，详见王中秀编著《黄宾虹年谱》，上海书画出版社 2005 年版，第 349—368 页。

（续表）

时间	事件
11月5日	偕门生戴云起等在南京举办画展
12月11日起	南京故宫鉴定古书画

1935年黄宾虹致叶恭绰书，除能证明黄宾虹此际已经展开"避地而居"的历史行动外，还言及作为世界化的租界城市上海所具备的特点："良以沪上人文荟萃，古物充仞。"[1] 既然黄宾虹已经决意另寻避居之地，并已展开行动，更早在1934年与汪福熙的通信中吐露"颇厌市嚣"，在沪上则"闻见均非心惬"，何以此际鼓吹上海"人文荟萃，古物充仞"？实际上，这是黄宾虹对于上海难以割舍的重要原因，揆诸黄宾虹后来的历史，无论是沦陷下的北平，还是民国的杭州，都具备"人文荟萃，古物充仞"的特征，这成为作为主体的黄宾虹选择避地而居时内心认同的条件。因而，上海对于黄宾虹，"去留"之间，矛盾、张力尽显。

作为主体的黄宾虹，蜀行归沪后重新展开"避地而居"时，因之于上海而产生的"张力"，从某种角度而言，背后隐藏的是作为多重身份建构与认同的主体与形塑这一主体的文化场之间的角逐，更深层而言，身份认同作为主体确认自身的一种方式，其背后呈现的是文化认同的问题。[2] 如同前述，黄宾虹自幼接受的是传统儒学的教养，积极"应考"，谋取功名，获得"士"的身份。然而在晚清民初的巨大社会变动中，这条道路终被阻塞，但几十年经学的滋养，虽未给予黄氏以真正的"士人"名分，但却在黄氏内心生成了

---

[1] 与叶恭绰书，详见王中秀主编《黄宾虹文集全编·书信编·陆》，荣宝斋出版社2019年版，第230页。

[2] 两种不同的文化主体之间的相互作用导致身份认同的嬗变，于此角度而言，身份认同的背后显现的是文化的认同问题，参见陶家俊《身份认同导论》，《外国文学》2004年第2期。

传统士人的理念——"以天下为己任"的身份认同。在谭嗣同关于变法、革命话语的刺激下，黄宾虹以革命者的身份进入上海——具有早期世界化的租界城市。租界作为政治、经济和文化的实体性存在，建构了与传统中国城市截然不同的城市景观、市政制度、文化出版机制和消费时尚，提供了较为宽松自由的话语空间、生活空间、伦理空间和政治空间。[①] 作为传统士人身份主体的黄宾虹进入这一具有"现代性"的公共领域中，通过各种经济、文化、教育机制的运转与形塑，其传统士人的身份开始逐步向现代知识人身份过渡。而身份过渡的背后彰显的是作为主体的黄宾虹在面对不同文化主体时内心进行的博弈、接受与认同，因而产生巨大的张力。叶文心指出，基于变动时代的时间与空间架构，成为现代知识人，踏出乡关、走向"现代城市"是必由之路，流动性成为变动时代知识人的一个典型特征。[②] 对于黄宾虹而言，传统士人的身份抑或是文化认同感的根深蒂固，在过渡时代又形塑了其现代知识人的新身份。传统士人身份给予黄氏以"经世致用"的处世理念，凸显的是稳定；而现代知识人的身份又不得不让黄氏的生存际遇充满了流动性，凸显的是动的特征，这一过渡性的身份俨然是双重身份的叠合，也给黄氏自身内部的思想层面造成某种张力，由贵池到上海，经上海至北平，黄氏一生不断展开的"避地而居"正是这一张力的外显。或可说是作为主体的黄宾虹在面临时代巨变和心灵困境时不断调整、选择和筹划的丰富的精神历程，这其中过渡时代的过渡身份扮演了张力的角色，在共振中获得了某种戏剧性的强度。于宏观而言，黄宾虹的个案，亦是民国知识人群体一生精神历程与图谱的彰显。

---

① 参见［法］白吉尔《上海史：走向现代之路》，王菊、赵念国译，上海社会科学院出版社 2014 年版。
② 参见［美］叶文心《民国知识人：历程与图谱》，生活·读书·新知三联书店 2015年版。

第三节 最后一根稻草——"入日籍"事件对黄宾虹出走北平的影响探究

1935 年 12 月，黄宾虹获得故宫古书画的鉴定工作，根据《黄宾虹文集全编·鉴藏编·伍》辑入之黄宾虹《故宫审画录》可知，自 1935 年 12 月 20 日至 1936 年 4 月 28 日，在原国立北平故宫博物院上海第一库房调查鉴定；1936 年 6 月 1 日至 7 月 22 日在原国立北平故宫博物院调查鉴定，可见故宫古书画鉴定成为黄宾虹离沪赴平之前的主要任务。1936 年 3 月 9 日，值黄宾虹鉴定古书画之时，上海小报《金刚钻》刊文《黄宾虹入日籍》，云："名画家黄宾虹先生，久著声于艺苑……近传先生已改入日籍，耳食之谈，不知是否事实……唯黄宾虹先生则年已在古稀之外，其入日籍，当不能作如是观……"① 此际，黄宾虹在与门生顾飞的通信中也阐述此事，并认为是"寻仇暗射"，嘱托顾飞以其人脉，迅速联系《金刚钻》主编施济群，查明原因，"好预备防范"，信中最后一句是"千祈勿却"，可见黄宾虹对此事极为看重。② 很快，3 月 21 日，《金刚钻》上刊登《黄宾虹未入日籍》一文进行勘正，前文系传闻有误。③ 5 月 4 日，《金刚钻》又刊登了笔名为"知了"撰写的《黄宾虹绝不入日籍》一文，云："黄宾虹先生，文章道德卓然，为海内人望所归……亦时有日友相往还，一孔者不察，因中国棋手吴某之入日

---

① 密勿：《黄宾虹入日籍》，《金刚钻》1936 年 3 月 9 日，第 1 版。
② 详见王中秀主编《黄宾虹文集全编·书信编·陆》，荣宝斋出版社 2019 年版，第 412 页。
③ 参见《黄宾虹未入日籍》，《金刚钻》1936 年 3 月 21 日，第 1 版。

籍，而连带诬及黄先生……当撷拾街谈巷议，记之报端。顾黄先生与本报主人施济群为旧交，时施君正旅游黄山……幸旋即更正……录黄先生原函如次……署名'密勿'二字，未详何许人……旅食沪渎三十年，固未尝一日忘故山也。寓申日久，虽有二三日友讨论文艺，或存或亡，久不通讯……十余年来，游览山水，虽上海已不常留，朋交时多暌隔，更不知依赖他人国籍者为何事。外间不明鄙人心迹，致多臆造，无足怪者。"①是信给我们带来解读"黄宾虹入日籍"事件的一些端倪。何以误会黄氏加入日籍？信言"亦时有日友相往还"，又因"中国棋手吴某之入日籍，而连带诬及黄先生"，因而误会黄宾虹，"黄宾虹入日籍"事件纯属"乌龙"。事实上，误会确有根据，所谓与"日友相往还"指涉的是黄宾虹与日本画家田边华的交往②，均载于当时的杂志，因而确信无疑。而加入日籍的中国棋手吴某，应是吴清源。③乌龙事件发生后，《金刚钻》虽于3月21日刊文更正，但事件引起的"哗然"却难以在短时间内根除。于是5月4日《金刚钻》又刊文《黄宾虹绝不入日籍》，澄清个中缘由。但事件的真相确如文中所言是"乌龙"吗？事件发生之初，黄宾虹的第一反应是有人"寻仇暗射"，何以有如此的认知？此际，刊登在《民族先锋》杂志上的文章《黄宾虹受屈匪浅：求官不得遗怨于人，某某大师可谓卑矣》或许能提供我们观看此事的某些角度。内幕如此："缘有自称艺术大师之某某者，素以吹牛拍马著称于时，自上海市中心区博物馆成立后……结果懂事一席政府已委任黄宾虹矣……某某当恨恨而别，乃运其

---

① 知了：《黄宾虹绝不入日籍》，《金刚钻》1936年5月4日，第2版。
② 1936年《学术世界》杂志刊登了署名分别为黄宾虹和虹庐的两篇文章，即《日本画家田边华山水：〈山水画〉》《日本画家田边华致黄宾虹先生札：〈书法〉》，可证实二人的交往。两文详见《学术世界》1936年第1卷第8期。
③ 《益世报—北京》刊登的两篇文章《怎能阻吴清源入日籍》与《青年围棋国手吴清源有入日籍说平奕界同深慨叹不堪回忆海体轩》可证明。详见《益世报—北京》1935年5月22日；《益世报—北京》1935年5月17日。

造谣之手段以作报复，数日后，《黄宾虹入日籍》之新闻载诸报端矣。"[1] 原来是为了争夺即将成立的博物馆的董事一席，上海自称艺术大师的某某者背后的造谣。那么乌龙事件的最终之真相确实如此吗？事实上，时过境迁，史料难觅，对于乌龙事件真相的追逐或许永远陷入"罗生门"，但是对于关涉事件的当事人黄宾虹而言，心中自然分外清晰，因而，面对事件，其第一反应即为"寻仇暗射"，而背后的黑手，也即造谣的"艺术大师某某者"，时隔将近百年后的我们都能明白，作为当事人的黄宾虹岂不知晓？经此事件的检讨，或许发现，将今天我们所熟悉的"大师"黄宾虹还原到真实的历史语境下，其现实生活并非我们所想象甚至被后世建构的一帆风顺、风光无限，其真实生活中亦充满了权力博弈的"刀光剑影"。

对于这一事件，黄宾虹的应对起码在文本中是相当大度："外间不明鄙人心迹，致多臆造，无足怪者。"实际上，在笔者看来，这既是黄宾虹的性格所为[2]，亦是其基于在上海的真实生活情境下应对事件的某种策略化方式。长远来看，沪上惨淡经营三十年所建构的"策略应对"，亦成为其困居在沦陷下的北平时能生存下来、在政治与伦理的危机中建构自身合法性的重要屏障。但"无足怪者"，仅是文本上的话语表述而已，对于此次事件，黄宾虹的真实心理如何？当真如与施济群的信中所言之大度？实际上，对于此事，黄宾虹相当重视，绝非如其信中所表述的"无足怪者"。何以谓之？从黄宾虹应对此事的实际行动即可获知一斑。事件突发，黄宾虹立刻叮嘱门

---

[1]　《黄宾虹受屈匪浅：求官不得遗怨于人，某某大师可谓卑矣》，《民族先锋》1936年第1卷第3期。

[2]　黄宾虹与夫人宋若婴的通信中，自言其是"最无用自甘退让之人"，彼时，其侄女黄映芬想利用黄宾虹在上海的关系寻找工作，黄氏的态度是"诸事借不能问，望映芬谅之"，因而黄氏言其自己是"最无用自甘退让之人"，或许为某种托词，但其真实之性格亦能映现一斑，毕竟，其诉说的对象是其夫人宋若婴，具有较强的私密性，黄氏当然不会想到，夫妻之间的私密话语，在今天的学术机制下，成为研究黄氏的重要史料。详见王中秀主编《黄宾虹文集全编·书信编·陆》，荣宝斋出版社2019年版，第95页。

生顾飞，以其人脉迅速联系《金刚钻》主编施济群。可见，事件发生之前，黄宾虹或许根本不认识小报主编施济群，并非如信中所言之"旧交"关系。其次，亦要揆诸这一事件发生的历史语境：1936 年是抗日战争全面爆发的前一年，中日之间，战争阴云已密布许久，且在 1932 年的上海就爆发了震惊中外的"一·二八"事变，到 1936 年，中日对抗的局势、走向已然较为清晰。揆诸整个 20 世纪，对于中国而言，其最根本的任务就是民族国家的建构，这是 20 世纪民族主义思潮"世界化"的结果，而在中日对抗的语境下，民族主义思想就更为"风生水起"。如此的现实语境下，作为现代知识人的黄宾虹岂不知晓这一事件的严重后果及影响？作为当事人——事件的受害者——黄宾虹当然非常重视，极力挽回事件造成的恶劣影响，因而，前后就出现了两篇文章，即《黄宾虹未入日籍》《黄宾虹绝不入日籍》，语气上亦步步加强，并在后一篇文章中表明了此际黄宾虹的心迹："旅食沪渎三十年，固未尝一日忘故山也。寓申日久，虽有二三日友讨论文艺，或存或亡，久不通讯……十余年来，游览山水，虽上海已不常留，朋交时多暌隔，更不知依赖他人国籍者为何事。"而揆诸黄宾虹自蜀行归来后的人生轨迹，可知其于信中之表述，确为其此际心迹之真实吐露，亦可证明上海在其心目中的地位日渐式微。

实际而言，"入日籍"的乌龙事件，对已经有"避地而居"意识的黄宾虹造成多大程度的心理阴影，可能无法完全阐释，但是基于事件发生后产生的蝴蝶效应，层层叠加之后，必然会产生一种综合的力量，以至于改变原来的"生活结构"。黄宾虹自蜀行归来后，其于原先上海的生活结构开始松动，窘迫的生存现实，使得正常的生活已然失位，波谲云诡般的世事变幻——国内的军阀混战、日趋激化的中日战争，如同挥之不去的阴霾总是接踵而来，危机早已四散扩张。半月之后，即 5 月 18 日，黄宾虹自沪上起程，赴北平故宫参加古书画的审定。三个月的北平之行，使得黄宾虹"赏心惬目"，"避地而居"的观念及心理机制使得黄宾虹以新的目光来打量这座悠久的故都，此际的北平对黄宾虹而言，已不再"寥落"。故宫书画鉴定之行的大半年后，即 1937 年 4 月，黄宾虹正式迁居北平以作安身立命之所。如此而言，"入日籍"的事件如同"蝴蝶的翅膀"，而产生的蝴蝶效应，成为迫使黄宾虹离开上海的"最后一根稻草"。

第四章

『南返』话语中的『归与不归』

——不同语境下黄宾虹『避地而居』

的合法性的建构

　　"1937年4月19日，下午一时至北平，宿花园饭店。"① 黄宾虹在《一九三七年日记片断》一文中详细地记录了其到达北平的时间，由此开启了黄宾虹人生中长达十年的北平时段。揆诸黄宾虹由沪入平的历程：1932年的四川讲学之行，虽然其在学术上收获满满，但于现实生活却造成了拮据、窘迫的局面——因为所蓄长物大多丢失，不得不变卖原本储于上海的古书画来填补生活的亏耗。此际黄宾虹的心迹，正如其与施济群的信中所言："寓申日久，虽有二三日友讨论文艺，或存或亡，久不通讯……十余年来，游览山水，虽上海已不常留，朋交时多暌隔。"② 也即，如信中所言，上海在他心目中的地位早已式微，寻找新的避居之地以安身立命便时时萦绕在其心头。1936年的北平鉴定古书画之行，黄宾虹"赏心惬目"，而此前不久"入日籍"的事件，基于蝴蝶效应，还不时以"谈资"的形式呈现在沪上艺坛，成为压垮黄宾虹最后的稻草，黄氏遂决意迁往北平，并于层层努力之下，终获北平艺专之教席，又成为古物陈列所国画研究室的导师，最终迁居北平。

---

① 　黄宾虹：《一九三七年日记片断》，详见王中秀主编《黄宾虹文集全编·杂著编·肆》，荣宝斋出版社2019年版，第494页。
② 　知了：《黄宾虹绝不入日籍》，《金刚钻》1936年5月4日。

第一节　北来动因、"南返"话语及合法性建构：基于黄宾虹之书信而展开的检讨

如同前述，黄宾虹之前的两次避地而居，皆为黄氏预先进行考察或经营，决意在此避地而居时，才邀其夫人宋若婴前往，二人商妥后，则全家搬迁。北平之行，亦循此惯例。黄氏在《一九三七年日记片断》一文中载"五月十六日，寄陈柱尊、若婴信""六月初五，若婴返申"。可见，最终决定在北平避地而居前，其夫人宋若婴有北平之行。另，据黄宾虹第五子黄映宇回忆，其母宋若婴此际曾来北京商议迁居之事①，如此亦是某种"副证"。事实上，黄宾虹选择北平"避地而居"，亦有对时局的考虑和揆诸，然世事难料，黄宾虹与宋若婴商定迁居北平后一月有余，就爆发了震惊中外的卢沟桥事变，1937 年 7 月底 8 月初左右，日军占领北平。②实际上，事变爆发后，在日军还未完全占领北平前，黄宾虹就有南下的计划和行动，《一九三七年日记片断》中载"七月廿四日，采白返南已三日，余拟同行不果"，也即，

① 参见王中秀主编《黄宾虹文集全编·杂著编·肆》，荣宝斋出版社 2019 年版，第 498 页。

② 关于日军占领北平的时间，可以从当时报纸上获得相关信息，诸如《卢沟桥一带日军渐有撤退模样但日军包围北平之形势已成》，《南报》1937 年 7 月 15 日；《华北战事全面展开日军炮攻北平广安门西便门外及宛平等地亦有冲突日顾问率日兵百余骗进广安门》，《南报》1937 年 7 月 27 日；《大战未揭幕前日军控制下北平形势》，《中山日报》1937 年 7 月 29 日；《日军入城》，《华北日报》1937 年 8 月 10 日；《充溢"大亚亲善"之精神日军开入北平城里各系民族持旗欢迎》，《大同报》1937 年 8 月 10 日。根据报道信息的内容及时间，可以探查事变爆发后，日军攻占北平的过程及占领北平的时间，但无法断定日军占领北平的确切时间，故笔者在论述时，只能采取策略化的处理。

在七月廿一日时，黄宾虹有与汪采白一同南下的计划。"七月廿五日，付洋一百元，鉴古斋去代购火车票，拟南归。"但此际正逢宋若婴携家眷在赴平的路上，因而黄宾虹只能等待全家团聚后再做打算。宋若婴入平亦是历经坎坷，车辆行驶到塘沽时，因"天津抗战"事件，宋若婴只能在此滞留数日，于 8 月 2 日到达天津，黄宾虹闻讯后，欲往天津，与其会合，但"购车票等拥挤"[①]，只好退票。一直到 8 月 7 日或 8 日，宋若婴终于到达北平。[②] 全家团聚后，便立刻动身南下，其中"经过"可见黄宾虹在《一九三七年日记片断》中的记载，因篇幅较短，笔者在此摘录于下：

> 8 月 14 日，往车站，客满。
>
> 8 月 15 日，挤上车，不得坐，返。
>
> 8 月 17 日，访车。
>
> 8 月 18 日，减去行李寄存□。
>
> 8 月 19 日，取行李转寄友。
>
> 8 月 20 日，仍乏车。
>
> 8 月 21 日，检查甚密。
>
> 8 月 22 日，沮止客位□□。
>
> 8 月 24 日，候车，误时，未到。
>
> 8 月 25 日，拟约友伴。
>
> 8 月 26 日，车甚挤。

① 黄宾虹：《一九三七年日记片断》，详见王中秀主编《黄宾虹文集全编·杂著编·肆》，荣宝斋出版社 2019 年版，第 501 页。

② 参见黄宾虹《一九三七年日记片断》，载王中秀主编《黄宾虹文集全编·杂著编·肆》，荣宝斋出版社 2019 年版，第 502 页。另 1937 年 8 月 17 日黄宾虹与陈柱书信中言"内人率儿女于月之七日安全到寓"，可见宋若婴携家眷是 8 月 7 日到达北平，时间稍有出入，故笔者在文中以模糊的手法来描述。详见王中秀主编《黄宾虹文集全编·书信编·陆》，荣宝斋出版社 2019 年版，第 146 页。

8 月 27 日，查至密。

8 月 28 日，未果出。

以日记观之，从 8 月 14 日开始一直到 8 月 28 日，黄宾虹数次欲乘车南归，均以失败告终，最后不得不滞留北平，但此际的黄宾虹却仍然难以预想，这一留就长达近 10 年。迁居北平以作"避地而居"，本是黄宾虹考察之后做出的抉择，毕竟其在上海已惨淡经营 30 年，并建构了其多重身份，决意迁居北平，虽然有诸多客观原因，但也是他对于上海与北平两地之间时局的预判、权衡利弊后的选择。然事与愿违，全家人还未在北平团聚，北平却已陷入战火，并为日军占领。处于现实情境和文化语境这一"异质空间"中，一切都要重新计划，此际对于黄宾虹而言，首要之事就是离开这一"是非"之地，另寻他处以"避地而居"。基于此，黄宾虹对迁居北平之事，心中想必有悔痛之意。何以谓之？这从黄氏与友人的书信中言及北来动因的变化上即可感受到。笔者虽在前文检讨黄宾虹北平之行时曾提及，但鉴于探讨的主题，未及详细展开，于此则须重新检讨一二。

在前文中，笔者经层层检讨，认为入职国立北平艺专是黄宾虹得以迁居北平的现实动因，亦是诸多动因中的主调。而黄宾虹谈及艺专之聘的现实动因，于书信中有两次明确提到。第一次出现在 1937 年黄宾虹与许承尧的通信中："此次仆因国立艺专之聘……仆仍寓饭店三七号，未迁入校也。"[①] 第二次是其 90 岁时的回忆："友招入北京艺术学校任教课。"[②] 其与友人的通信中，关于入平的动因，除艺专之聘外，却呈现出更多的说辞，且五花八门，如同阳光下打破的玻璃花瓶。笔者经过梳理，制成《黄宾虹北来动因统

① 王中秀主编：《黄宾虹文集全编·书信编·陆》，荣宝斋出版社 2019 年版，第 202 页。

② 黄宾虹：《九十杂述之一》，载王中秀主编《黄宾虹文集全编·杂著编·肆》，荣宝斋出版社 2019 年版，第 536 页。

计表》（表4），由此，可以更加清楚地发现，时间不同，通信对象不同，其对于入平原因的表述亦随机产生变化。

表4 黄宾虹北来动因统计表 ①

时间	通信对象	内容
1937 年	顾飞	"鄙人因友约往北平，此间习画有数千人……"
1937 年	陈中凡	"旋因贱躯小有不适，养静北来，迟迟未获南旋。"
1938 年	朱砚英	"鄙人旅北亦是避乱之意，现今道路阻隔，不易南还……"
	帅铭初	"仆因养疴北来，卒遇事变……"
1939 年	张谷雏	"仆自前年春夏之间偶有不适，来北就诊，旋经事变，道路梗塞……"
	黄居素	"仆自前年春间就诊来平，旋值事变，道路沮隔，不获南返……"
1943 年	秦更年	"仆拟游燕赵，遍览古迹，事变淹留，蜷伏尘世……"
	傅雷	"仆拟游终南、太白，旋以沮兵不果，蜷伏旧京……"
1946 年	曹一尘	"鄙人因看故宫画而来，忽忽七八年，道路阻梗，无日不思南还……"
	江振华	"鄙人养疴北行，历经患难，屡思南返，路途沮隔……"
1947 年	释理岩	"年年游山，因拟游嵩山、太白，留北平，思南返，路未通耳。"
1948 年	陆丹林	"鄙人原属游览西北恒嵩而来，不意道途梗塞，十年之间，蜷伏杜门……"
	张谷雏	"鄙人本拟游太白山来朔方，道路中梗……"

书信之外，黄宾虹在《虹庐蒙拾》亦言及北来动因："复来旧京，思画

---

① 详见王中秀主编《黄宾虹文集全编·书信编·陆》，荣宝斋出版社 2019 年版。

朔方风景，为内外蒙古之游，而辑《蒙拾》。"① 如何看待黄宾虹对于北来动因表述上的诸多变化？如同笔者在前文中对此问题所作出的释读，实际上，无论何种说辞，都与说辞背后的历史语境关涉紧密。换句话说，作为主体的黄宾虹，是基于不同的语境下，来阐释其北来的动因，这些说辞无论产生怎样的变化，其根本目的都是作为主体的黄宾虹对自身存在合法性的建构与塑造。但世事动荡难料，自身存在的历史语境亦会相应产生变化，这就意味着北来动因的能指与所指之间并不存在严格的对应关系，如此而言，黄宾虹对于迁居北平动因表述的变化，成为一个"漂浮的能指"。

揆诸黄宾虹表述自身北来之动因，变化的罅隙间亦隐匿着作为主体的黄宾虹基于不同语境下心路轨迹的转变。审视黄宾虹在北平时期与友人之通信不难发现，其于北来之动因表述完后，紧接着呈现的是"南返"的话语和意图。事实上，黄宾虹关于北来动因的表述虽有诸多变化，但在这如"万花筒"般的表述背后，最终指向的是其关于"南返"的话语和意图。换而言之，北来动因虽多，但其根本目的都是为"南返"这一意图奠定基础和建构某种合法性，如此，"南返"呈现为"话语"的维度贯穿在黄宾虹与友人的通信中，并频繁出现，从某种角度而言，亦是其建构自身在北平沦陷下生存合法性的显现。基于此种认知，为使得论述更加醒目、直观，笔者翻阅目前辑录黄宾虹书信最全的王中秀主编的《黄宾虹文集全编·书信编·陆》②，节选黄宾虹北平时期（1937—1948），对于书信中言及"南返"之话语或意图之文字进行摘录，统计成表（表5）。

---

① 黄宾虹：《虹庐蒙拾》，载王中秀主编《黄宾虹文集全编·杂著编·肆》，荣宝斋出版社 2019 年版，第 536 页。

② 此为王中秀先生主编《黄宾虹文集全编》之"第六本"，亦是原来上海书画出版社 1999 年版的《黄宾虹文集》的修订版，是目前收录黄宾虹书信最全的著作，由荣宝斋出版社 2019 年出版。

表5 黄宾虹北平时期（1937—1948）通信中"南返"话语或意图统计表 [①]

时段	时间	通信人	内容
1937—1945	1938 年	朱砚英	"鄙人旅北亦是避乱之意，现今道路阻隔，不易南还，终日杜门……"
	1941 年		"远道谅诚爱，暂存留以待日后南来。"
	1942 年		"此后道路交通，仍当南返也。"
			"道路交通，甚思南来，晤艺事诸友，今尚未能，怅怅。"
			"前承介绍画润，本拟南返之日再取……"
	1937 年	陈中凡	"旋因贱躯小有不适，养静北来，迟迟未获南旋。"
	1937 年	陈柱	"鄙人南来尚须待迟时可卜知……"
			"仆俟道路安靖，即图南返……"
	1938 年		"只因亟图南旋，种种沮隔，未遑答复，罪甚罪甚""北居虽多文艺之士，不乏区分畛域，互为倾轧；且喜援引新交，辄加入其流派，重之为董事、评事名目，实则徒骛虚声耳。仆因此恒思避地而居……"
	1943 年	陈敬第	"仆滞留尘市，久拟南还……"
		顾飞	"南中诸友，多盼相叙，久思来沪，迟迟未果。"
		黄树滋	"本拟愚亲到申面谢，因车行不便，兼之俗冗，只从缓行……"
	1944 年	黄树滋	"本拟春暖南来访会亲友以叙契阔，因不欲提出，以免旅费拮据。"
	1939 年	黄居素	"仆自前年春间就诊来平，旋值事变，道路沮隔，不获南返……"
	1941 年		"南旋本为夙愿"

[①] 为了讨论方便，笔者把黄宾虹在北平的时间分为两个时段：1937—1945 和 1946—1948，内容均源自王中秀主编《黄宾虹文集全编·书信编·陆》，荣宝斋出版社 2019 年版。

（续表）

时段	时间	通信人	内容
1946—1948	1946 年	朱砚英	"鄙人原拟乘此作南还之计，因来此斥卖四王画……急售不易（得）受主，损失亦多，迟迟未能决议。"
			"今平寓置书十万卷，古画百轴，弃之可惜，留之不易，前拟作画得资作归计，今亦不能也。"
	1947 年		"鄙人南旋，久有此志。"
			"前承注念衰朽，南旋早有此志，人事缠纠，种种因循……南行濡滞，有辜朋辈期望相叙之劳，非为道路沮梗而然。"
	1946 年	江振华	"鄙人养疴北行，历经患难，屡思南返，路途沮隔……"
	1947 年		"鄙人时思南来，尘俗牵缠，未及如愿，惟碌碌耳。"
	1946 年	林散之	"爱池州齐山、秋浦之胜……将近十年中，南北隔绝，路通仍思隐居湖舍……"
		陈敬第	"仆久拟南旋，道路隔碍，未克成行……"
		陆丹林	"时有显要人拟以博物馆长及校长羁余，均拒绝，但老且病，不能拔身归黄山为恨耳……道路阻隔，望通行有期，即图南回。"
		曹一尘	"鄙人因看故宫画而来，忽忽七八年，道路阻梗，无日不思南还……"
		黄居素	"久思南旋，道路未通，怅怅何似！"
	1946 年	鲍君白	"现文具纸墨又倍涨，心拟南返，道路未通，旅费尤浩，诚出意料外。"
			"南北道路尚未通，返里仍须有待。"
			"鄙人旅此月费二三十万，急思南归。"
			"欲图南返，道路中阻，迟迟未卜何日也。"
	1947 年	黄树滋	"稍迟鄙人拟有南来，旅费携带，闻颇不易。"
			"鄙人屡思南旅，正不获头绪，迁延未果。"
		释理岩	"年年游山，因拟游嵩山、太白，留北平，思南返，路未通耳。"

那么，基于这一统计显现的如此繁多的"南返"话语，对于我们解读此际黄宾虹之心迹又能产生如何的认知？结合黄宾虹之《一九三七年日记片断》，我们可以发现，自黄宾虹迁居北平后至日军占领北平前，也即1937年4月至7月间，对于黄宾虹而言，北平是其经过权衡之后选择的避居之地，因而于短暂的三个月间，《一九三七年日记片断》给我们呈现的是一个非常积极的黄宾虹，可谓"宾朋之乐，宴会繁盛，酬酢往来。古物弄藏，时流市肆，赏心惬目"①。但自北平沦陷后，宋若婴携家眷来平，自此"日记"仅仅呈现三两条，1937年结束后，"日记"完全消失。从史料学的角度来看，日记是作为研究对象这一历史主体于过去的在场证据，尤其对于个案研究而言，日记不仅是研究对象形象化、日常化生活的显现，同时又能"小中见大"，见证时代、社会的烙印。如此而言，日记的"消失"对我们解读黄宾虹在北平的日常生活产生重大障碍，对此际其心路历程、思想转变等亦会产生难以言说的影响。基于此，从历史研究之文本史料的角度考量，欲要追近黄宾虹在北平生活的真相，除报刊媒介外，黄氏自身的文本成为我们探究历史之真的最重要的史料，这其中，"书信"文本的"力量"就呈现出来，从某种角度而言，书信与日记同具私密性，是当事人真实生活、心理的写照，因而通过书信的解读，亦可还原一个较为接近历史真实的"黄宾虹"。基于书信与日记具有相近的"同质性"，那么在日记"消失"后，书信的解读又能给我们呈现出一个怎样的黄宾虹？换句话说，身处"北平沦陷"这一历史语境中的黄宾虹与后世文本建构的大师形象的黄宾虹之间是否存在割裂？或而言之是一种遮蔽？进而可以追问，遮蔽了什么？遮蔽何以产生？

回到笔者统计的表格中来，显然，"北平沦陷"后，对于黄宾虹而言，

---

① 与许承尧书，详见王中秀主编《黄宾虹文集全编·书信编·陆》，荣宝斋出版社2019年版，第197页。

最重要的是如何离开北平，为此，黄宾虹虽付出了实际的"行动"①，但最后还是以失败告终，不得不滞留北平。在长达 10 年的困居生活中，"南返"作为黄宾虹的内在诉求时刻出现在与友人的通信中，进而生成为"话语"的维度，贯穿于黄宾虹的整个北平时段，成为其建构自身合法性的重要手段和保障。从时间来看，黄宾虹的北平时段是从 1937 年至 1948 年，虽仅仅 10 年左右，但这其中的历史语境却存在割裂，并非连续性的，或可认为是同一空间下基于不同的时间而生成了不同的历史语境。1937 年至 1945 年的北平，是日军占领、沦陷下的北平，对于"沦陷下的北平"，应对其进行多重维度的考察与认知。无论是传统文人还是现代知识人群体，抑或如黄宾虹一般具有过渡时代的过渡身份——兼具传统文人与现代知识人身份，其背后最终指向的是文化认同的问题，而这一文化认同问题背后隐藏的历史语境，则是由传统"天下"体系向现代"民族国家建构"过渡阶段的"副产品"。伴随着中华民国——这一现代民族国家形态的成立，过渡时代逐渐"结束"。面对"沦陷下的北平"，无论是传统文人还是现代知识人身份的群体，自身都要遭遇政治、伦理的困境。陷于其中的读书人不得不采取某种策略以建构其自身存在的合法性。作为主体的黄宾虹，困居沦陷下的北平，面临"以一身立于过去遗骸与将来胚胎之中间，赤手空拳，无一物可把持"②的窘境，显然，亦要对自身所处之特殊历史语境中的身份及日常生活进行"辩护"，以取得合法性的存在。基于此视角，重新审视黄宾虹此际与友人的通信，其于书信中反复言说的"南返"话语，无疑成为其处于这一特殊历史时空下建构自身存在合法性的某种"背书"，亦通过这样一种"主体确认"的方式，使得在权力、政治、伦理困境中被束缚、屈从的主体获得"自由"。

---

① 黄宾虹自 1937 年 8 月 14 日开始一直到 8 月 28 日，数次欲乘车南归，但均以失败告终。

② 转引自罗志田《风雨鸡鸣：变动时代的读书人》"自序"，生活·读书·新知三联书店 2019 年版，第 6 页。

第二节 "南返"话语下的历史行动——黄宾虹隐秘的金华之行

处于"北平沦陷"这一特殊的历史语境中，黄宾虹通过书信中反复表述的"南返"话语，建构其自身存在的合法性。但实际上，黄宾虹建构自身合法性的方式并非仅仅呈现于"南返"的话语中，亦在这一话语的影响下悄然展开的历史行动——1938年季夏时节黄宾虹"隐秘"的金华之行。何以"隐秘"？原因有三：首先是基于黄宾虹生前的文本，据笔者查阅，黄氏生前对于"金华之行"鲜有提及，仅仅出现在其与三两好友的通信中。[①] 另，在黄宾虹赠帅铭初《临宋人青绿山水》的题跋中亦曾记载此事："曩余旅沪所见唐宋元明名迹綦伙，日夕临摹，垂二十年，置诸箧衍，寄存金华山寺中，未尝视人……适来浙东，因捡旧制，亦颇潇洒自喜，邮奉清鉴，近性益懒散，无复如是绚烂矣。戊寅，虹叟重题于白沙寺中，时年七十有五。"[②] 这条史料极为重要，戊寅年，即1938年，白沙寺，即浙江金华山之白沙寺，黄宾虹的生母方氏即葬于此。这段史料坐实了黄宾虹于1938年确有浙江金华一行。除此之外，叶永红刊发在《美术报》上的文章亦提供了值得参考的信息，1938年黄宾虹在《秋山图》上题款："此余十数年前在金华山中所作，画今藏白沙寺，楮墨如新，世变沧桑，不胜慨叹。戊寅夏日黄宾虹重题于南

---

① 明确阐述此事的通信对象为帅铭初、段拭、陈柱、黄居素。详见王中秀主编《黄宾虹文集全编·书信编·陆》，荣宝斋出版社2019年版。

② 王中秀主编：《黄宾虹文集全编·译述编·题跋编·诗词编·柒》，荣宝斋出版社2019年版，第118页。

山寓庐。"① 此段题跋亦是证据之一，但笔者多方查询，未能捕获信息源头，《黄宾虹文集全编·译述编·题跋编·诗词编·柒》中亦未曾收录。要之，黄宾虹生前文本中关于金华一行之事仅见上述史料中。其次，黄宾虹之后的文本，关于金华一事，主要载于王中秀先生编著的《黄宾虹年谱》，史料也均源自黄氏生前文本，后世研究者提及金华之行一事时绝大部分援引于《黄宾虹年谱》。另，据王中秀在年谱中的存考，关于金华一事，曾经得到黄宾虹四弟黄晋新的外孙黄努卫的回忆印证：伴随黄宾虹南下金华的还有一位外国男子。② 关于此事，亦存疑虑，笔者曾有机缘当面采访黄努卫，询问此事时，黄说不记得，再问是否认识王中秀先生，答：否。③ 经此一事，更增添了黄宾虹金华之行的"神秘性"。且，经笔者查阅，赵志钧《画家黄宾虹年谱》、裘柱常《黄宾虹传记年谱合编》、汪改庐《黄宾虹年谱初稿》等均未有对于此事的记载。最后，黄宾虹金华之行一事，于生前就较隐秘，80 多年后的今天重新来激活此事，自然对黄宾虹在 1938 年的南下之行增添了"隐秘"的意味。

事实而言，此事确实隐秘，因为黄宾虹在文本中给出的信息也极为简略，且断断续续，时过境迁，史料阙如，因而，黄氏的金华之行如同一块"飞地"凸显在当下"黄宾虹研究"这一叙事话语中。关于此事的经历，可参考王中秀的表述：1938 年夏天，张大千离开北平去往上海，由上海转到四川，终于离开北平这一是非之地。"几乎差不多同时，黄宾虹在一位欧洲朋友的陪伴下辗转到了金华……与他四弟晋新和小妹乃耐相晤，为的是寻找一方能够自由呼吸的土地……不久就住到远离县城的一个叫作白沙寺的破庙里……这一带是他童年的避难地，没想到七十年了，会再度成为他避难之

---

① 叶永红：《黄宾虹与金华的渊源》，《美术报》2013 年 6 月 8 日。
② 详见王中秀编著《黄宾虹年谱》，上海书画出版社 2005 年版，第 409 页。
③ 笔者于 2018 年秋曾与师妹巩秦羽有机会与黄努卫面谈，至今还存有访谈的录音。

所，所不同的这次是日本人打进来了，国难更为深重。"[1] 王中秀以饱含浓烈感情的笔墨向我们描述了黄宾虹的这次南下潜行，但从表述的手法而言更类似"文学小说"，并非严谨的学术考证。但是作为学术问题来进行历史维度的考察、探究，依然存在诸多困惑需要厘清和检讨，诸如黄宾虹何以有金华之行？具体时间为何？偕同黄宾虹一起南归的欧洲朋友是谁，何以要与之同行？此行结果如何，对黄宾虹而言又有怎样的影响？显然，问题的答案，不仅可以填补黄宾虹研究中的"空白"，亦对我们解读黄宾虹在此际的人生轨迹、思想观念等有着极为重要的现实意义。

如此，首先要厘清的问题是黄宾虹南下金华的时间。1938年黄宾虹与帅铭初书言："鄙人夏令已备偕欧友南来，旋因酷热，居山谷中，少入城市。近时由金华僧寺寄来旧日拙作，有临宋青绿一帧（此幅前有美、德友人皆喜之，未赠也）奉教……仆近行踪莫定……"是信言及黄氏与欧友是夏令南来，与其在1938年《秋山图》之题款"戊寅夏日"一致，可见金华之行，时间确定是1938年夏。前述关于金华之行，黄宾虹仅仅与三两好友在书信中谈及，帅铭初即这三两好友之一，那么，黄宾虹何以与帅铭初谈及金华藏画之事？查询史料可知，彼时的帅铭初任职香港南洋烟草公司，此际正为黄宾虹经营书画事宜，黄氏与帅铭初数封通信中都谈及书画的润例之事，诸如"惠赐画润，恶荷恶荷""并惠画润，感荷感荷""帅铭初君以同道中人，非仆请托，原路为仆介绍作画，心甚感荷，兼之寄润，更有不安"[2] 等。事实上，广东友人的书画经营推介，这样的状态一直持续到抗战结束[3]，成为彼时黄

---

① 王中秀：《黄宾虹画传》，上海画报出版社2006年版，第118—119页。

② 与帅铭初书，详见王中秀主编《黄宾虹文集全编·书信编·陆》，荣宝斋出版社2019年版，第107—108页。

③ 1946年与朱砚英书："现今粤皖两地，鄙人尚有旧友介绍，源源而来，近如天津，亦尚不少，勉可支持，不卜日后何如耳。"详见王中秀主编《黄宾虹文集全编·书信编·陆》，荣宝斋出版社2019年版，第29页。

宾虹在北平维持生存的重要收入来源和保障。[①] 还有一个重要原因，此际，黄宾虹的长子黄用明正在香港工作，而"画润"亦可资助其儿子一家的生活。[②] 实际上，黄宾虹在北平时期，其书画走向，广东、香港占有大宗，且一直保持良好的关系。这依赖黄宾虹在上海时段奠定的广阔而笃实的人脉，诸如与黄节、邓实、张谷雏、高氏兄弟（高剑父、高奇峰）、黄般若等的交往，黄氏于 1928 年及 1935 年两度广西之行又两赴香港，进行书画交游，产生广泛的影响，这些都为其在北平时期书画的广东走向奠定了基础。黄宾虹逝世后，曾任香港《大公报》编辑的陈凡，不但为其编撰了国内最早版本的《黄宾虹画语录》[③]，几乎同时亦出版了《黄宾虹先生画集》[④]。该画集的出版源自 1961 年 4 月在香港圣约翰礼堂举行的一场规模宏大的"黄宾虹遗作展览会"。这其实已经是黄宾虹逝世后香港举办的第二次遗作展览会了，展出黄氏作品 250 多件，风格而言，皆为其 60 岁之后的创作，作品都是来自黄宾虹香港、广东的好友、藏家，诸如缘山堂、虚白斋、挹翠阁、张谷雏、黄般若、朱省斋等，借此展览，出版画集，章士钊先生为之题写书名。[⑤] 不论是卓有特色的《黄宾虹画语录》还是《黄宾虹先生画集》，都成为后世研究黄宾虹难得的文献。这两本书的出版及"遗作展"的举办，亦可证明黄宾虹困居北平时期，其一定"规模"的书画作品走向确实为粤港之地。

　　承接上述，可以确定，黄宾虹隐秘金华一行的时间为 1938 年夏，那么

---

① 蔡守与黄宾虹的通信中言："香港帅铭初书来，谓每月介绍缋事，润毫可三五百金，信然，则足下笔墨生涯亦不恶也。"每月可达三五百金，对于黄宾虹而言，是其彼时生活的重要来源。转引自王中秀编著《黄宾虹年谱》，上海书画出版社 2005 年版，第415 页。

② 与帅铭初信："倘后有惠款，请尊处代付儿子用明，为孙儿女学费，尤感。"详见王中秀主编《黄宾虹文集全编·书信编·陆》，荣宝斋出版社 2019 年版，第 108 页。

③ 陈凡编著：《黄宾虹画语录》，香港上海书局 1961 年 3 月版。而王伯敏编著的《黄宾虹画语录》是 1961 年 7 月出版。

④ 陈凡编著：《黄宾虹先生画集》，香港中央印务馆 1961 年版。

⑤ 参见江志伟《香港〈大公报〉与新安黄宾虹》，《收藏》2013 年第 21 期。

是否还可以更加精确一点呢？1938 年陆丹林致黄宾虹的书信，介绍其为广东印人张祥凝刻印，此信的写作时间是 6 月 29 日。[①] 黄宾虹在《金华洞风景》中的自题中言及为张祥凝先生刻印，并言"时方戢影南山"，可见此时黄宾虹已然身在金华。而黄宾虹南下金华的季节是夏季，结合陆丹林写信的时间，可以断定，黄宾虹最迟在 7 月有金华一行。新出版的《容庚北平日记》为我们进一步探寻黄宾虹金华之行的精准时段提供了极为重要的史料。依据《容庚北平日记》中关于黄宾虹与容庚之交往（见表 6）的时间考察可知，1938 年 7 月 2 日，容庚与黄宾虹见面，下次见面已经是 8 月 7 日了。结合前面的检讨，由此可知，困居北平长达 10 年的黄宾虹，唯一一次隐秘的金华之行的时间段应为 1938 年 7 月 3 日至 8 月 6 日。

表 6 容庚与黄宾虹交游表 [②]

时间		事宜
1936 年	六月六日	九时往校接黄宾虹。至顾宅午餐，孙海波来，谈至下午五时去
	六月二十八日	早往琉璃厂，候黄宾虹不至。晚与容庚、顾颉刚等至廊房头条拮英西餐馆小叙（王中秀编著《黄宾虹年谱》第 380 页）
	七月五日	叶公超请春华楼午餐。黄宾虹、寿石工、杨啸谷、吴其昌兄弟同席
1938 年	三月五日	八时进城，访张效彬。拟编其所藏为《镜菡榭书画录》。孙海波、于省吾（于思泊）、黄宾虹均至。十二时同往后门午餐
	三月六日	早至琉璃厂。九时访徐石雪。下午二时访孙海波，同访黄宾虹
	三月十三日	与黄宾虹、孙海波同参观张大千所藏画
	三月二十六日	五时访孙海波，约黄宾虹同赴谭氏（谭祖仁）聚餐，晚十时在孙海波家宿

① 详见王中秀编著《黄宾虹年谱》，上海书画出版社 2005 年版，第 409 页。
② 为了研究方便，笔者将《容庚北平日记》中记载容庚与黄宾虹交游的事件汇集成表，内容多源于此。详见容庚著，夏和顺整理《容庚北平日记》，中华书局 2019 年版。

（续表）

时间		事宜
1938年	四月十六日	十时黄宾虹、孙海波、周怀民来，五时乃去
	四月二十四日	六时请吴镜汀、黄宾虹、周怀民、孙海波在西黔阳晚餐，在孙宅宿
	五月九日	六时至孙海波家，黄宾虹请西湖食堂晚餐，在孙宅宿
	五月二十八日	二时访孙海波、黄宾虹。黄为作画一帧，并题八大山人册。请孙、黄及周怀民晚餐，在老馆宿
	七月二日	访孙海波、黄宾虹，黄为题《白岳图》，六时至谭宅聚餐
	八月七日	八时进城，至琉璃厂，访孙海波、黄宾虹。十二时至谭宅聚餐
	八月二十五日	赠洪煨莲、黄宾虹《吉金续录》
	九月十八日	早往访叶公超、孙海波、黄宾虹。谭宅聚餐
	十二月十一日	九时往访孙海波、黄宾虹。十二时往谭宅聚餐
1939年	一月廿二日	八时进城，逛琉璃厂。十二时往谭宅聚餐，二时访黄宾虹，四时回家
	五月廿一日	访周怀民、汪慎生、孙海波、黄宾虹，十二时至谭宅聚餐
	七月二日	十时进城，访黄宾虹，至谭宅聚餐
	十二月三日	十时进城，访周怀民、黄宾虹。十二时邀怀民至谭宅聚餐，与怀民逛琉璃厂
	十二月十六日	逛琉璃厂，晚六时黄宾虹请致美斋晚饭，在周怀民家宿
	十二月卅一日	八时至琉璃厂，访王霭士，与汪同至谭家聚餐。便道访黄宾虹，二时回家
1940年	五月五日	八时进城，访周怀民、孙海波、黄宾虹。十二时至谭宅聚餐，四时回家

（续表）

时间		事宜
1943年	二月十三日	访黄宾虹，游琉璃厂，校《帖目》
	二月廿四日	访罗敷庵，十二时至春华楼聚餐，黄宾虹来观画
	四月十一日	下午访黄宾虹
	四月十六日	访周怀民、黄宾虹，作《课余画展感言》
	四月十八日	十一时访溥儒，三时访周仁、黄宾虹
	五月七日	下午与于思泊同访黄宾虹、汪溶
	六月廿六日	至于省吾家午饭，同访汪溶、黄宾虹
	六月三十日	早访黄宾虹，假得唐寅《雪景山水》，临之
	七月一日	仿唐寅《雪景》毕。访黄宾虹
1944年	一月廿三日	小雪，理发，访黄宾虹，至琉璃厂付书账
	五月八日	下午访柯昌泗、黄宾虹
	十一月廿五日	下午访汪溶、黄宾虹、孙海波
	十二月十日	编《卜辞讲义》，题秦裕画像拓本，访黄宾虹
	十二月十六日	上午访黄宾虹、孙海波
1945年	一月六日	访黄宾虹、孙海波，下午游琉璃厂
	一月九日	下午访黄宾虹、齐思和、杨宗翰
	三月十二日	访黄宾虹、吴熙曾
	三月十五日	早访黄宾虹、孙海波，校《帖目》
	四月九日	访黄宾虹，下午参观蒋兆和画展
	四月十一日	访黄宾虹，校《画目》
	七月十五日	校《法帖提要》，黄宾虹、严群来

时间的问题已经解决，那么继续要考证的是黄宾虹这次金华之行的目的和同行欧友之身份。黄宾虹何以有隐秘的金华之行？显然，要把这一问题

纳入北平沦陷这一特殊的历史语境中来考量。依据史料可知，对于北平沦陷下的文化界，日本制定了一系列文化政策，诸如尊重汉民族固有的文化，特别是尊重日华共通的文化，恢复东方精神文明，彻底禁止抗日言论，促进日华合作；为了执行对各个政权的政策，应确立以实现中日合作为基调的原则，并应加强和促进民办团体的组织工作，使之成为培植这一原则的温床；招抚学者，加以保护，并振兴儒教；等等。[①] 对于北平沦陷时期的美术，他们表面上尊重汉文化，恭维传统中国画的纯正，标榜文化提携、文化合作，反对借鉴英美苏之艺术，主张由日本人来指导中国画的改革，欲将中国美术纳入以日本现代美术为样板的所谓 "共荣圈" 中，推行文化殖民战略。[②] 据《20 世纪北京绘画史》书中的记载，在北平沦陷时段，也即 1937—1945 年，为推行文化殖民战略，在新民会与伪教育总署单独或联合主办下，并由中日名家组成阵容庞大的审查委员会，指导、举办画展。1939 年开始的 "兴亚美展" 即日伪当局主办规模最大的官方美术交流展。基于如此的语境，迫于生存之目的，黄宾虹也不得不被加入名单之中。[③] 实际上，在黄宾虹确定金华之行的前三个月，发生了 "中日艺术协会" 事件。据《张大千年谱》载：1938 年 4 月，日本驻华北军事总司令部总司令寺内寿一大将，为粉饰 "东亚共荣"，发起组织 "中日艺术协会"，私自将 "张大千、黄宾虹等列为发起人"，报上公布，甚至又强逼张大千出任北平艺专校长，黄宾虹亦被迫在北平艺专任职。[④] 时过境迁，年谱中的 "叙事" 虽然难辨真伪，但不可否认的事实是，经此一事后，张大千历经千险，逃出北平，迁往四川，到达香港。此事对于黄宾虹的冲击虽然没有材料 "言说"，但早已怀有离开北

---

① 参见复旦大学历史系编译《日本帝国主义对外侵略史料选编 1931—1935》，上海人民出版社 1975 年版，第 272—274 页。

② 参见北京画院编《20 世纪北京绘画史（修订版）》，人民美术出版社 2012 年版，第 145—147 页。

③ 黄宾虹任第一部审查委员会委员，参见 《兴亚美展》，《晨报》1939 年 8 月 4 日。

④ 参见李永翘《张大千年谱》，四川省社会科学院出版社 1987 年版，第 106 页。

平、重新寻求"避地而居"的黄氏，亦在三个月后，偕"欧友"悄然南下，前往其年轻时就曾避居的浙江金华。就此而言，可将其视作黄宾虹南下金华的动机之一。那么，换个角度而言，是否也委婉地向我们透露，黄宾虹能够悄然离开北平，或是基于"欧友"的帮助？

困居于沦陷下的北平，黄宾虹自始就有逃离北平另寻避居之地的打算和实际行动，但以失败告终。而 1938 年的"中日艺术协会"事件的影响，迫使黄宾虹不得不再次铤而走险，出走北平。除上述原因外，黄宾虹对北平画坛的"生态"也极为不满，其在与陈柱的通信中言："北居虽多文艺之士，不乏区分畛域，互为倾轧；且喜援引新交，辄加入其流派，重之为董事、评事名目，实则徒骛虚声耳。仆因此恒思避地而居……"[1] 而更直接的原因是其与帅铭初通信中言及欧美人喜欢的、其藏于金华山寺中的"拙作"，此刻存在重大安全的隐患。何以如此？ 1938 年其与陈柱书言："近五年中，积卷册二十件，前年由四舍弟携藏金华山寺中，近寺寇警，又分寄他所，寄北来数件拟作卧游。"[2] 是信可知，金华山寺中所藏，乃为黄氏近五年之作，对黄氏而言极为重要，是其生活能得以持续下去的经济保障，尤其是黄氏的作品在广东及安徽旧友之推荐下，销路不愁，但在"近寺寇警"，即在金华岌岌可危的条件下[3]，黄宾虹不得不重新揆诸这"近五年之作"如何安排。1939 年其与黄居素的通信为我们厘清黄氏金华之行提供了诸多启示，书言："仆因发奋，每日拂晓而兴，勤习无间断，积大小画五百余纸，在沪

---

[1] 王中秀主编：《黄宾虹文集全编·书信编·陆》，荣宝斋出版社 2019 年版，第 151 页。

[2] 王中秀主编：《黄宾虹文集全编·书信编·陆》，荣宝斋出版社 2019 年版，第 152 页。

[3] 1937 年 12 月杭州沦陷，金华地扼浙赣咽喉，形势严峻。史料详见金华市政协文史资料委员会、金华市委党史研究室汇编《金华文史资料第十六辑：抗日战争时期的金华》，金华市新华印刷有限公司 2005 年版。金华于 1942 年 5 月 28 日被日军侵占，可见《申报》1942 年 5 月 31 日之报道《日军司令部发表昨晨攻入金华城》。

被窃大半，北平所作，又尽失去。后得惬心之作，均寄藏金华一山寺中，僧徒朴讷不识字，然真能保守勿失，屡验之矣。去年曾一度住此，拟为久居，贱躯畏湿，仍返北就医，逡巡至今，唯韬晦自安而已。"① 相较于其他书信中的"只言片语"，是信则较为完整地向我们展示了黄宾虹金华之行的目的及结果。原来金华寺中所藏并非黄氏信中所称之的"拙作""旧作"，而是"惬心之作"。他在沪的辛勤之作被窃大半，而北平的又尽失去，于是黄氏把后得之"惬心之作"均藏于金华山寺中，但又怕寺中僧人"惦记"，于是试验僧人数次，发现僧人"朴讷不识字"，也即，不懂书画的价值——可以换钱，才安心放置于此，且黄氏四弟黄晋新（1871—1952）又生活于此，可以照看，双重保障之下，黄宾虹无忧矣。可见，黄宾虹对"惬心之作"是极为重视的。揆诸时局，日军步步逼近金华，而其自身亦在北平遭遇种种"危机"，"内忧外患"之下，黄宾虹不得不冒险一试，终获成功——偕"欧友"南下金华，并"恒思"在此"避地而居"。然，其南下时正值夏季，地处东南的金华，炎热、多雨而阴湿，有过多年南方生活的人皆有此体验，而此际，黄氏毕竟已介古稀与耄耋间，"贱躯畏湿"亦在情理之中，于是不得不返回北平"就医"，自此后便一直困居于北平。其于金华之"惬心之作"亦带回北平，或"分寄他所"，或留在身边"拟作卧游"，或"赏音者赠之"②，到了1940 年时"已为各友分取无存"③。

对于黄宾虹重返北平的原因，黄氏自言是因为"贱躯畏湿"，实际上，

① 王中秀主编：《黄宾虹文集全编·书信编·陆》，荣宝斋出版社 2019 年版，第271 页。
② 与陈柱书，详见王中秀主编《黄宾虹文集全编·书信编·陆》，荣宝斋出版社 2019年版，第 154 页。
③ 与帅铭初书，详见王中秀主编《黄宾虹文集全编·书信编·陆》，荣宝斋出版社2019 年版，第 109 页。

黄氏言及北来动因时亦有如此的说辞[1]，由于对于黄宾虹"身体史"资料的匮乏，黄氏以"身体抱恙"为由进行的言说，基于沦陷的情境，难以进行判断，这不同于其一直就有的"眼疾"，是几乎人人共知的事实。[2] 实际上，即便是人人共知的事实，在不同的语境中，亦可能隐含着不同的意义，值得进行检讨。例如，1940 年 8 月，黄宾虹在《新北京报》刊登《黄宾虹启事》："鄙人今患眼生内障，经启明医院诊治，谢绝一切酬应，当在静养中，谨启。"[3] 尽管黄宾虹在当时享有大名，但仅仅是眼睛有恙，就大张旗鼓地在报上刊登"启事"，何以如此？这背后是否另有隐情？解读这一问题，不仅要揆诸黄宾虹所处之北平沦陷的历史语境，还要细细考证在此语境下的现实问题。日军占领北平后，成立新民会，在"新民主义"思想[4] 的指导下倡办美术展览——兴亚美展，从 1939 年开始至 1944 年共举办 6 届。第一届兴亚美展，周肇祥、黄宾虹、齐白石等皆为中国画审查主任。[5] 第二届兴亚美展的时间即 1940 年 7 月至 10 月，1940 年 8 月的《晨报》刊登文章详细报道了兴亚美展的相关流程，内容显示将于 8 月 18 日在中央公园来今雨轩召开第二届兴亚美展的筹备会议，并提出要求："代表委员、审查委员、美术委员之资格，原则上须于华北区域内住居之作者为合格，且代表委员、审查

---

[1] 谈及黄宾虹入平之动因，1937 年其与陈中凡书言是因为"贱躯小有不适"；1939 年与黄居素书言是"仆自前年春间就诊来平"；1946 年与江振华书言是"鄙人养疴北行"。详见前面笔者整理的"表 4 黄宾虹北来动因统计表"。

[2] 黄宾虹晚年居住杭州，因眼疾曾经进行手术，这是无疑的事实。

[3] 《黄宾虹启事》，《新北京报》1940 年 8 月 20 日。

[4] 新民会的指导思想是"新民主义"，其实质是要求中国人民去物欲、达良知，安分守己，亲仁善邻，与日本侵略者同盟联络，以实现其称霸中国和世界的野心。参见张海法《兴亚美术展览会研究——以京津地区沦陷时期五份报纸为中心》，硕士学位论文，中国艺术研究院，2019 年。

[5] 参见《新民会中央指导部主办兴亚美术展览大会网罗中日美术专家之作品　定期在中央公园举行一周　全部职员业已聘定》，《晨报》1939 年 8 月 4 日。

委员、美术委员，原则上以作者有资格，均无正当理不得不出品。"① 黄宾虹
代表国立北平艺专学校②，成为第二届兴亚美展中国画部的审查主任，且其
名字赫然出现在第二届兴亚美展筹备会议的出席名单上。③ 实际上，黄宾虹
不仅是第一届、第二届兴亚美展的审查主任，亦为第三届和第四届兴亚美展
的审查委员。④ 但即便如此，正如前述，揆诸 1938 年黄宾虹与张大千所遭
遇之"中日艺术协会"的事件逻辑，很多时候在作为当事人的黄宾虹还未知
晓的情况下，便已被列入名单，并堂而皇之地出现在报刊中，当事人是否真
正出席过会议，就难以说清了。因而，对处于特殊历史语境中的人物，其在
彼时报刊媒介中的"塑造"，亦应详加甄别，辨析厘清，否则，若仅仅以当
时传媒之报道来对历史人物进行价值评判，则容易陷入政治话语色彩浓厚
的"忠奸二元论"的陷阱中，造成对历史人物的单向度认知，从而生成极强
的遮蔽。正如郎绍君先生所指出：20 世纪画家的个案研究中，要追求真实、
去除"遮蔽"，力求最大限度地还原历史真貌。⑤ 笔者亦认同郎绍君先生的
观点，针对史料，在详加甄别的基础上，如实阐发，切勿轻易作出结论或价
值判断。回到黄宾虹刊登的"启事"，8 月 14 日《晨报》刊登第二届兴亚美
展的消息后，8 月 19 日《晨报》又刊登了黄宾虹出席兴亚美展筹备会议，8
月 20 日黄宾虹便在《新北京报》刊登《黄宾虹启事》，要"谢绝一切应酬，
当在静养中"，基于如此的语境，现实的情境中《黄宾虹启事》的深意就不

---

① 《兴亚美术展览大会定期开代表会议要项已拟妥公布》，《晨报》1940 年 8 月
14 日。
② 黄宾虹当时为沦陷中的国立北平艺专的教授、图书馆主任。详见《晨报》1938 年 5
月 9 日。
③ 参见《兴亚美术展览会期迫近　筹委会昨招代表会议研讨大会改进各点》，《晨报》
1940 年 8 月 19 日。
④ 参见张海法《兴亚美术展览会研究——以京津地区沦陷时期五份报纸为中心》，硕
士学位论文，中国艺术研究院，2019 年。
⑤ 参见张鹏《郎绍君：寄淡泊以发豪猛》，《光明日报》2018 年 9 月 17 日。

言自明了，在笔者看来，这亦是黄宾虹在沦陷下的北平不得不采取的策略化应对之一。

王中秀先生亦对黄宾虹此次北归给出了想象性的阐释："山中日月没能使老人忘记千里之外的家眷，也没能使老人忘怀留在北平的一切和那里的学子，金华一带空袭连连，危在旦夕，老人告别了同胞手足，怀着生离死别的无奈，回到北平那个小院。"① 这段情感殷切的话语，实际上是作者对于黄宾虹北归的"同情性"理解：首先是对于日本占领下北平的家眷——宋若婴及子女生存安危的担心。② 前半生历经的"家庭重大变故"③ 对于黄宾虹而言所产生的心理创伤究竟如何，我们虽然难以进行具体或可视性的描述，但作为使其得以北归的一种原因来理解，尽管这样的阐释会附加以"后世之见"的嫌疑，但也具备合乎情理的想象性，因而王中秀在具有"故事性"④ 文本"画传"中的阐释依然为后世提供了对于黄宾虹北归的合法性解答。

行文至此，关于黄宾虹隐秘金华之行的时间、动因、北归等问题，笔

---

① 王中秀：《黄宾虹画传》，上海画报出版社 2006 年版，第 119 页。

② 经考，黄宾虹与二夫人宋若婴当在 1920 年完婚。1922 年，五子黄映宇（1922—1998）出生；1924 年，六子黄鑑出生；1930 年 7 月，三女映家出生。黄宾虹与宋若婴婚后共育有二子一女，此际北平家眷应包括宋若婴及六子黄鑑及三女映家。详见王中秀编著《黄宾虹年谱》，上海书画出版社 2005 年版，第 150—254 页。

③ 黄宾虹在《洪孺夫人行状略述》中云："（洪夫人）偕余旅沪数年，先妣殁，三胞弟夫妇见背，兼遭儿女之殇，男映燡、映灼、映发，女映班相继殀亡。"经考，黄宾虹与大夫人洪四果于 1886 年完婚，1889 年洪夫人生长女映宝（1889—1949），1896 年次女映班（1896—1915）出生，1901 年次子映灼（1901—1916）出生，1904 年三子映容（1904—2001）出生。详见王中秀编著《黄宾虹年谱》，上海书画出版社 2005 年版。但年谱中未见黄宾虹在上文中所提之映燡、映发等资料，待考。

④ 《黄宾虹画传》是王中秀先生继 2005 年上海书画出版社出版的《黄宾虹年谱》之后，于 2006 年在上海画报出版社出版的一本关于黄宾虹的"小书"（王中秀在此书的后记中这样称呼）。相对于"年谱"中史料的扎实与学术性，这本"画传"显然是作者在年谱的基础上对谱主黄宾虹的故事性和历史想象性的文本，因而在语言表述上更富情感性。

者查找史料，经层层检讨，已然交代清楚，实际上，这个问题到此可以结束。然而，其中有一个细节，务须进行考证、辨析和厘清，因为在笔者看来，其为黄宾虹离开北平、南下金华的基础。这一细节，即 1938 年黄宾虹与帅铭初通信中言及的"欧友"，笔者亦曾发出追问，这位"欧友"的身份及其在黄氏南下中所起的作用和目的。事实上，在黄宾虹言及金华寺藏画这一事宜时，"欧友"在其与友人的通信中时隐时现、若有若无，如此，更增添了"欧友"的神秘性。从某种角度而言，黄宾虹在通信中对"欧友"的若有若无的表述，亦委婉地向我们暗示他对"欧友"的态度或"欧友"的作用，"欧友"是黄宾虹"偕同"的对象，因为，黄氏在书信中对于"欧友"的描述仅有"备偕"二字，再无更多笔墨。由此可推知，"欧友"在黄氏隐秘金华之行中的作用即为帮助他离开北平。换句话说，"欧友"具备这样的能力：在戒备森严沦陷下的北平，"欧友"可以根据自身身份或其他，帮助黄宾虹离开北平。问题是：黄宾虹何以要借助"欧友"才能离开北平？或许我们可以从 1938 年张大千逃离北平的经历中获得一点启示。据《张大千年谱》载，作为书画名家的张大千，在 1938 年的元旦就被迫参加日本特务头子喜多诚一主持的为庆祝"华北临时政府"成立举行的堂会。日本人素知张大千藏有中国历代古书画，尤以石涛、八大山人的最多，屡次明言劝其献给北平日伪组织，并承诺永远存放在颐和园养心殿，张大千佯装答应，借口古画在上海，欲赴沪，与日人几经交涉后，日人只能同意其夫人赴沪取画。于是其夫人率家眷先临上海。经历"中日艺术协会"事件后，其门人在上海举办"张大千遗作展"，以此为由，张大千与日人原田隆一提出立刻赴沪，虽经同意，但时间仅限定一月，如此，张大千终于逃离北平。[①] 由此可见，以彼时张大千之佶大本领欲逃离北平尚费如此周折，且中间夹杂生命的危险，"自甘退让"的黄宾虹若要逃离，难度就可想而知了。实际上，在日军占领

---

① 参见李永翘《张大千年谱》，四川省社会科学院出版社 1987 年版，第 105—107 页。

北平之初的 1937 年 8 月间,黄氏确实展开了逃离北平的行动,最终失败。揆诸原因,其在《一九三七年日记片断》中已述明,有几次是因为勘查太紧,不能出行。黄宾虹金华之行的时间是在 1938 年 7 月间,此际距日军占领北平还不到一年,为维护、牢固其统治,日军管制政策亦是相当严厉,尤其是针对张大千、黄宾虹、溥心畬等文化名人,欲要离开北平,没有"特赦",恐怕枉然。于是借助"欧友"的身份和能力,是黄宾虹能够得以逃离北平的重要抑或唯一途径。

确认了"欧友"具备的能力,那么,这位"欧友"究竟是何身份?显然,欲寻获答案,就要从黄宾虹在北平期间与"欧友"交游的轨迹入手。审视黄氏与友人之书信,"欧友"的名字频繁出现,诸如美国芝加哥教授德里斯珂,法国伯希和、杜博思、马古烈,德国孔德女士,英国苏立文,意大利沙龙,瑞典喜龙仁等。[①] 据黄宾虹居北平时期教授的弟子石谷风的回忆:与黄氏有接触的海外学者有法国伯希和、马古烈、杜博思,德国孔德女士,英国苏立文,美国白鲁斯、席克门、福开森,瑞典喜龙仁,日本荒木十亩、中村不折、桥本观雪、太村西崖等人。[②] 基于"欧友"的缘故,石谷风回忆的这份名单中排除日本学者、画家外,与黄宾虹书信中言及的"欧友"几乎一致。实际上,与黄宾虹交往的"欧友"中,伯希和、马古烈、孔德、白鲁斯等,其交友的时间和空间主要是在上海,王中秀先生编著的《黄宾虹年谱》中均未见记载,但是在黄氏与友人的书信中反复出现,如上述 1943 年黄宾虹与傅雷的通信中,言及诸多"欧友",皆为黄氏追忆所述,因而在检

---

① 笔者在此仅举数例说明,并未进行全部统计。诸如 1940 年与帅铭初信言及"德里斯珂";1939 年与陈柱书言及"德里斯珂";1941 年与陈柱书言及"杜博思";1947 年与朱砚英书言及"苏立文";1943 年与傅雷书言及"法人马古烈、伯希和,意之沙龙,瑞典喜龙仁,德国女士孔德,芝加哥教授德里斯珂"等。详见王中秀主编《黄宾虹文集全编·书信编·陆》,荣宝斋出版社 2019 年版。

② 参见石谷风《回忆黄宾虹先师》,载安徽省徽学学会编《徽学丛刊》(第 4 辑,总第 6 期),安徽学林印刷厂 2006 年版,第 11 页。

讨协助黄宾虹于 1938 年隐秘的金华之行这一问题上无法生效。查阅此际的
报纸，结合黄氏的书信，可知，唯有杜博思与福开森的可能性最大。福开
森（John Calvin Ferguson，1866—1945）来华超过 50 年，其在北平的报
纸中见诸最多，且在 1938 年春曾一度与黄宾虹见面，[①] 那么协助黄宾虹离开
北平的"欧友"是否是福开森呢？ 1945 年，福开森在美国逝世后，报纸刊
登《国府令褒扬美儒福开森》一文对其褒扬，文章概括了福开森在华期间的
事迹与贡献，诸如兴办学校、捐赠古物等。后因太平洋战争爆发，其在北平
被日军囚禁二年，后辗转返美，忧疾逝世。[②] 由此可知，福开森在中国的行
动建构了其文物鉴定家、古董商、学校赞助人及校长等众多身份。[③] 在 1938
年珍珠港事件还未发生、美日冲突局势未明朗之前，福开森借助其美国人的
身份，基于黄宾虹与之交游的关系，协助其逃离北平，亦有几分可能。但
是，若与杜博思相比较，笔者认为，"欧友"的身份还是杜博思的可能性更
大。那么杜博思是何许人？ 这位在黄宾虹的书信中若有若无的人物，实际上
在彼时的北平却声名显赫。洪再新撰文考证，杜博思（1904—1988），法国
人，又名杜柏秋（Jean Pierre Dubosc），其身份是法国外交官，还是海外
经营中国古董的最大商人卢芹斋的女婿，于 20 世纪 40 年代来到中国北平，
并结识了美国学者席克门（Laurence Sickman），深入华北，调研文物，二
人于 1949 年在美国纽约维尔登斯坦因画廊举办了明清画展，成为率先赏识

---

① 笔者试以"福开森"为关键词，在"全国报刊索引"数据库中查询，可知"民国
时期期刊全文数据库 1911—1949"及"晚清期刊全文数据库 1833—1911"共出现相关
条目达 150 条，时间跨度从 1892 年开始，直至其逝世的 1945 年。黄宾虹与福开森在
1938 年春于福开森府邸花园曾合影，除二人外，还包括周肇祥、钱桐、张大千、江朝
宗等。详见王中秀《黄宾虹画传》，上海画报出版社 2006 年版，第 118 页。
② 参见《国府令褒扬美儒福开森》，《前线日报（1945 年 9 月—1949 年 4 月）》1946
年 4 月 20 日。
③ 参见曹晨《福开森其人其事》，《文史天地》2016 年第 3 期。

后期中国画——明清绘画特殊价值的西方人士。① 洪氏的这篇文章写于 20
世纪 80 年代末，后来，作者又以《以世界眼光求艺术真谛——谈黄宾虹先
生对学术交往的卓见高识》为题，专门阐述杜博思于 20 世纪 40 年代末在
西方提倡明清文人画的努力。② 两篇文章，作者具备横跨中美两国的学术资
源，因而，对于杜博思的信息掌握得较为全面，只是在杜博思入华的时间上
稍有出入。实际上，杜博思早在 1936 年就已到达北平，且很快就融入北平
艺术界，优游于中国古董商和鉴赏家、画家的圈子。③ 查阅史料发现，杜博
思曾于 1937 年在蒋毂孙的引荐下赴沪上参观吴湖帆之藏画，这位操着一口
流利汉语的法国人给吴湖帆留下深刻的印象。④ 吴湖帆对杜博思关于中国画
的眼光给予极高的评价："（杜博思）最爱王麓台画，此亦恐外国人中所仅见
者，盖麓台画就国内画家尚不识其妙者居大半，况国外人乎，其根底见解可
想象矣。"⑤ 这则史料还给我们透露出关于杜博思的其他信息，其当时的具体
身份是法国驻华大使馆华文秘书，且是法国汉学家伯希和的弟子，伯希和
亦是黄宾虹书信中言及的"欧友"之一。这也就解释了杜博思何以年纪轻
轻，不仅汉语流利、练就了一口"京片子"，而且对于中国文化尤其中国画
亦有知根知底的眼光。杜博思是黄宾虹在北平时期交往的"欧友"中较为熟

---

① 参见洪再新《从国际学术交流看黄宾虹的远见卓识》，载《墨海烟云：黄宾虹研究
论文集》，安徽美术出版社 1989 年版，第 224 页。

② 参见洪再新《以世界眼光求艺术真谛——谈黄宾虹先生对学术交往的卓见高识》，
载《名家翰墨·15·黄宾虹特集》，香港翰墨轩 1991 年版，第 82—95 页。

③ 杜博思的信息见诸报端，诸如《北平圄两展览会十九日同时揭幕魏歌曼个人德国画
展杜博思中国摄影展览》，《京报—北京》1936 年 12 月 16 日；乐咏西《杨啸谷、梅兰
芳、杜博思等最近摄于北平国剧学会》，《北洋画报》1936 年第 30 卷第 1453 期。

④ 1937 年，蒋毂孙偕法国驻华大使馆华文秘书杜博思到收藏家吴湖帆处观画，杜博
思华语甚流利，对古画颇有根底，与其他徒借皮毛之外国商人完全不同，究竟是学者，
伯希和弟子，非商人可比也。详见王蔷薇《隐喻与视觉：艺术史跨语境研究下的中国书
画》，商务印书馆 2017 年版，第 22 页。

⑤ 吴湖帆著，梁颖编校，吴元京审订：《吴湖帆文稿》，中国美术学院出版社 2004 年
版，第 62 页。

悉的一位，黄宾虹与好友的书信中多次提及杜博思，并对这位法国人的中国画眼光极为赞赏。诸如1939年黄宾虹与顾飞书："寓北之欧人已能鉴别文、沈，日前有法国名杜博思者，购沈石田瓜果轴，出千金。"①1941年与陈柱书："近□姚公绶写诗，用章草法，遒媚可爱，为一法国人杜博思君夺去之，惋惜久之。"②1943年与傅雷书："近日法国人杜博思购明丁云鹏画，联币六千元，足见真迹日罕。"③1946年与朱砚英书："方今中国文艺日见发达，即以画事而论，欧美学者极能研究前人理论诸书，而思改变其油画、水彩之旧……故都有法国杜博思君，尝嗜中国画，颇多颖悟，近年收购名画甚多，现已往美国未返。曾影印有其自藏古画册，可观明季画者学倪黄，能于北宋人探其本源，是以较高……"④那么，黄宾虹何以赞赏杜博思中国画的认知眼光？显然，是因为杜博思对中国画的选择与判断与此际黄宾虹"重笔墨"的画学观趋同或具有一致性。而此际黄氏与美国芝加哥大学教授德里斯珂的通信，亦让黄氏"误读"为在东学西渐的背景下⑤，欧美人对中国画的认知亦开始发生转向——由原来重视再现的真实转向表现性的笔墨观念。⑥虽然现有史料中难以查询到二人见面的实证，但在黄氏此际与门生朱砚英的数封通信中却时常透露出这位欧友的影子，诸如1938年与朱砚英书："遇欧美

---

① 王中秀主编：《黄宾虹文集全编·书信编·陆》，荣宝斋出版社2019年版，第414页。

② 王中秀主编：《黄宾虹文集全编·书信编·陆》，荣宝斋出版社2019年版，第160页。

③ 王中秀主编：《黄宾虹文集全编·书信编·陆》，荣宝斋出版社2019年版，第247页。

④ 王中秀主编：《黄宾虹文集全编·书信编·陆》，荣宝斋出版社2019年版，第29页。

⑤ 1938年与朱砚英书中言："东学西渐，将来世宙长治久安或兆乎此。"详见王中秀主编《黄宾虹文集全编·书信编·陆》，荣宝斋出版社2019年版，第14页。

⑥ 1939年与陈柱书："昨有美芝加哥大学教授德里斯珂君，任该校中画教授，由欧来函，与仆商榷画家笔法，颇能洞见肯綮。"1940年与帅铭初书："美国芝加哥大学教员德里斯珂君言美国人极喜简笔山水画，拙画亦寄。"1939年与黄居素书："日前有美国人德里斯珂君，系芝加哥大学教授中国画，转至鄙人一函，询谈画法至恳切，北平亦有类此人。"详见王中秀主编《黄宾虹文集全编·书信编·陆》，荣宝斋出版社2019年版，第109—271页。

人，莫不倾向东方文化，于士大夫画尤为留意，见中国画家必以纯粹国画劝勉，如有参合东西画派者，皆为彼邦人所轻视。"[1] "欧美近二十年研究国画理论，既深于线条，即用笔尤重视自悟。"[2] "近欧美人极能研究精深，不论粗与细也。"[3] "年来欧西文学之士，研求中国画法者渐多，咸能于用笔用墨上加讨论，因时有通函及造门求见者。"[4] 显然，黄氏关于欧美人之中国画认知的知识资源、信息渠道皆来自与"欧友"的交流，方式主要是"通函"或"造门求见"。身在北平搜罗明季画品的杜博思，登门求见黄氏，交谈甚欢，于是时相过从。黄氏从杜博思的中国画笔墨认知与眼光中，以"误读"的方式形塑了其东学西渐的世界画学观；杜氏亦从黄宾虹丰富的鉴定经验和笔墨知识中吸收营养，丰富、拓展了其自身对于明清以来中国画笔墨的认知与眼界。以长远的历史眼光来看，二人关于中国画特别是明清的中国画笔墨认知，直接影响了杜博思在 1949 年美国纽约威尔登斯坦因画廊举办的明清绘画展览，而杜氏为展览撰写的论文《认识中国绘画的新途径》被认为是西方研究中国绘画史进程中的重要里程碑。高居翰教授在文章中谈到这个里程碑时言："这是西方研究中国画的一个转折点。要理解这个转折，我们就必须知道在当时所盛行的观点。这只要想一下 20、30 年代的历史情形，道理就会很明白。当时日本人的学术眼光要比中国人的见解更容易为西方学者所接受，影响也更大。德国、法国、英国和美国初期的中国绘画研究都十分依赖于日本人的著作。在日本人看来，中国绘画只有宋元甚至更早的时代才真正值得引起学术上的重视，后来几个世纪是急剧衰落的时期……我们应感谢杜柏秋和席克门，因为他们为我们这些当时正进入中国绘画史领域的人开辟了

---

① 王中秀主编：《黄宾虹文集全编·书信编·陆》，荣宝斋出版社 2019 年版，第 14 页。
② 王中秀主编：《黄宾虹文集全编·书信编·陆》，荣宝斋出版社 2019 年版，第 15 页。
③ 王中秀主编：《黄宾虹文集全编·书信编·陆》，荣宝斋出版社 2019 年版，第 16 页。
④ 王中秀主编：《黄宾虹文集全编·书信编·陆》，荣宝斋出版社 2019 年版，第 14 页。

一个'新途径'。我们从宋以后绘画不值一提的老观点中解放出来。"① 从某种角度来说，正是以黄宾虹为首的所谓之"保守派"一以贯之的努力为中国传统绘画在国际的推广奠定了基础，同时也为西方的中国画史研究开辟了新的路径，具有一种范式转向的意义。

前述杜博思又名杜柏秋，两个名字，当然指向的是同一人，但名字背后所呈现的身份"差异"却耐人寻味。当以"杜博思"为关键词在"全国报刊索引数据库"及"中国历史文献总库·近代报纸数据库"中查询时，所获信息指向的都是古董商、法国驻华大使身份的杜博思，但是以"杜柏秋"查询时，"杜博思"摇身一变，成为中法汉学研究所的汉学家。② 实际上，略经考量便可释然，杜博思或杜柏秋，其身份之一便是伯希和的学生。据史料可知，杜柏秋以法国驻华大使馆华文秘书为名义，在中法汉学研究中主管行政事务。③ 那么，于此阐明杜博思的这一身份与黄宾虹有何种关联？前述黄宾虹于1938年隐秘的金华之行中曾得"欧友"协助，经过检讨，笔者认为有可能是福开森或杜博思，从即将陈述的一段"回忆"中，笔者更倾向于杜博思。这段"回忆"见于梅祖麟《高名凯先生在燕京大学（1931—1949）》一文。文中记载高名凯先生的一段难忘回忆：高氏于法国巴黎大学师从法国著名汉学家马伯乐学习语言学，毕业后辗转回到北平燕京大学，但北平此际早已沦陷。1941年12月太平洋战争爆发，燕大被封，其与同人皆在日本军警监视之下，三个月后，终于在法国朋友杜柏秋的帮助下，进入到中法汉学研究所任职，安全得以保障，而其老师马伯乐却因莫须有的罪名惨死在德意志的集中营。为此，高名凯极为感激杜柏秋，因为他不仅使自己在沦陷下的

---

① ［法］杜柏秋撰，张欣玮译，洪再辛校：《认识中国绘画的新途径》，转引自洪再辛选编《海外中国画研究文选（1950—1987）》，上海人民美术出版社1992年版，第136—137页。
② 《法汉学家杜柏秋日内可抵华》载："中法汉学研究所常务理事杜柏秋……即行来平，处理中法汉学研究所所务。"详见《益世报—北京》1946年12月30日。
③ 参见左芙蓉《北京对外文化交流史》，巴蜀书社2008年版，第259页。

北平中能得以安全生存，又为自己提供工作岗位，免得沦为"恶鬼"。[1] 杜柏秋帮助高名凯，亦存在基于二者背后关系的可能性[2]，但不可否认的是，沦陷中的北平，在日军的占领下，杜柏秋可以凭借其法国驻华大使馆的背景和身份，对受到日本军警监视的"对象"进行某种程度的"营救"，而这已经是第二次世界大战全面爆发之后了。如此而言，基于前面笔者对于黄宾虹与杜博思关系的检讨，那么在日军占领北平之初的 1938 年，协助黄宾虹逃离北平、南下金华的"欧友"最大的可能就是杜柏秋（即杜博思）——法国驻华大使馆华文秘书。行文至此，逻辑豁然：20 世纪 30 年代末，兼有法国驻华大使馆华文秘书，海外经营最大的古董商卢芹斋的女婿，法国著名汉学家、考古学家伯希和的弟子等多重身份的杜博思来到北平，搜罗明季画品，结识黄宾虹，开拓眼界，增长见识，黄宾虹亦从杜氏那里得知海外对中国画的认知，形塑了其自身的中西画学观，1938 年，基于现实困境中的"内忧外患"，黄宾虹决意逃离北平，另寻避地而居，于是在"欧友"杜柏秋的协助下南下金华，是为"隐秘"的金华之行。此处还有一个问题需要厘清，既然杜博思对黄氏南下金华有如此的帮助，何以黄宾虹在书信中遮遮掩掩、若有若无？审视黄氏与友人之通信，虽言及杜博思者甚多，但主要囿于杜氏搜罗书画及其关于中国画的认知观，对于金华之行的"备偿"，仅仅以"欧友"的称呼出现于 1938 年其与香港帅铭初的通信中。依笔者愚见，原因有三：其一，黄氏于 1938 年的金华之行，本身即为"逃离"日本人控制下的北平，因而此事不宜张扬，对于协助之人，更是不能提及，所以黄氏在书信

---

[1] 参见梅祖麟《高名凯先生在燕京大学（1931—1949）》，载北京大学中国语言学研究中心《语言学论丛》编委会编《语言学论丛（第 44 辑）》，商务印书馆 2011 年版，第 329 页。

[2] 高名凯的老师是马伯乐，杜柏秋的老师是伯希和。1918 年汉学大师沙畹谢世，法兰西学院的汉学讲席空缺，曾邀请伯希和加入，伯希和建议由他和马伯乐一起承担，但伯希和当时任法国使馆武官，最后讲席由马伯乐一人主持。详见葛夫平《伯希和与中国巴黎学院》，《汉学研究通讯》2007 年第 26 卷第 3 期，总第 103 期。

中虽提及金华之事，但对于通信之人亦是"选择性"言说，诸如顾飞、朱砚英为其门生，黄居素、陈柱则是笃实的至交，何以在与帅铭初的通信中言及"欧友"及南下金华之事呢？前述已然有所交代，帅铭初是引荐黄氏书画流向广东、香港的重要"中间人"，且远在千里之外的香港，想来避讳不是很大。其二，黄氏南下金华，本拟久居，但于种种因素下，终得北归，与其贵池、蜀行之"避地而居"的结果一样，都遭失败，因而黄氏慎言金华之事。其三，捃诸黄氏与杜博思之交往，一方面黄氏欣慰如杜博思之流的欧人对于中国画的认知已逐渐跳出写实之藩篱，能与其"商榷画家笔法""极能研究精深"，而渐悟笔墨之妙，并能"鉴别文、沈"；另一方面，却因"欧友"具备了鉴赏"纯粹国画"——士夫画的眼光，且资金雄厚，大肆搜罗，古画流失西洋，而此际国内时局动荡，内忧外患，无法从国家层面遏制古画出洋，以致"真迹日罕"，使其"惋惜久矣"。要之，黄宾虹对于杜博思，内心存有一种"爱恨交加"的复杂心情，其于书信中所呈现之若有若无，既是某种"策略化"的修辞方式，亦是其"失之东隅，收之桑榆"的矛盾、纠结心理之显现。

第三节 "归与不归": 北平沦陷结束后黄宾虹"南返"的心路考察

在北平沦陷的时空语境下, 黄宾虹亟图"南返"的"话语"与"行动", 既是其重新寻获"避地而居"得以安身立命的现实选择, 亦是其作为多重身份的主体在"沦陷", 即在军事占领下的非正常状态中, 基于政治、伦理困境的内在投射。但 1945 年 8 月"北平沦陷"结束之后, 黄氏与友人的通信中依然表达其"南返"的夙愿, 直至 1948 年夏黄氏离开北平, 前往上海。据石谷风回忆, 日军投降后, 黄宾虹自刻"冰上鸿飞馆"闲章, 并向其阐释意义:"印语中'冰鸿'两字是我的名字, 我羁居旧京困于沦陷区整整八个年头了, 现在日本国投降, 我重获自由, 可以像大雁一样南飞了。"[1] 由此可见黄氏急切南归之心。但事实上, 黄宾虹并没有立刻动身, 而是直到三年后, 才迁居其人生中最后的避居之地——杭州。于此, 问题憬然: 首先, 北平沦陷下, 黄氏不仅言语中亟图"南返", 甚至冒险行动——南下金华, 何以在抗战结束后没有立刻动身南归? 其次, 黄氏虽未展开南归的行动, 但"南返"的话语却"一以贯之", 那么, 作为话语的"南返"与现实的"不归"在作为主体的黄宾虹身上产生的"割裂"又意味着什么?

显然, 1946 年后的北平与沦陷期相比, 虽仍属于同一空间, 但历史语境却已然发生巨大变化。基于这一变化, 困居北平的读书人如黄宾虹, 亦会调整其自身的历史路向, 以建构相应的合法性。审视黄宾虹在沦陷结束后

---

[1] 王中秀编著:《黄宾虹年谱》, 上海书画出版社 2005 年版, 第 470 页。

与友人的通信，与之前相较而言，因特殊时空"北平沦陷"而产生的身份认同问题逐渐式微，成为"南返"的"副调"；而面对日益"险恶"的生存现状，"何以安身立命"成为横亘在黄宾虹心头的一道幽然深壑，亦构成了黄氏此际"南返"话语的"主调"。质言之，现实生存问题成为黄宾虹亟图"南返"的主要原因。何以言之？北平沦陷时期，关乎黄宾虹的真实生活状态，可以在黄氏与其门生朱砚英①的通信中捕获某些端倪。

1939 年与朱砚英书："明清古画，北方价高于南方常倍蓰。今汰其次者，得资可糊口。"②

1940 年与朱砚英书："拙画二十年来无润格，亦每尺方得二百元，即联币千元以上。今百货高昂，售画勉可度日。今年此间画家皆忙碌之至，而求者纷繁，因此拙笔亦不能拒绝人求，远道而来者，常住旅馆，待至完工而去。"③

1941 年与朱砚英书："时局到处维艰，生活不易。北平对于古书画搜求之人较多，价亦较昂，鄙人行箧携带清代古画，删其不惬心者售出，勉强支持。亦有酷嗜拙画者，鄙见尚不欲与人，虑酬应烦，易招尤耳。然每条幅辗转来索，可七八十元。"④

作为黄氏的得意门生，王中秀编著《黄宾虹文集全编·书信编·陆》中辑录朱砚英与黄氏通信多达 58 通，二人关系可见一斑。此三封通信，横跨 20 世纪三四十年代，虽然此际生活艰难，但信中"可糊口""可度

---

① 朱砚因，名端，字砚因，一字砚英，号武原女史、幽芳女史，室名幽芳簃，浙江嘉兴海盐人。朱恬斋孙女，南社社员，中国女子书画会成员。1928 年经高吹万介绍，师从黄宾虹学画，是黄氏得意门生，师生间常有书信往来讨论画理，山水得黄氏神韵。
② 王中秀主编：《黄宾虹文集全编·书信编·陆》，荣宝斋出版社 2019 年版，第 17 页。
③ 王中秀主编：《黄宾虹文集全编·书信编·陆》，荣宝斋出版社 2019 年版，第 19 页。
④ 王中秀主编：《黄宾虹文集全编·书信编·陆》，荣宝斋出版社 2019 年版，第 21—22 页。

日""勉强支持"的话语，表明以黄氏此际之收入是勉强可以维持五口^①之家的日常生活。这在其与门生顾飞 1943 年的通信中亦曾言明。^②但 1946 年之后，其现实生活却发生巨大变化：沦陷时期，尚可"勉强支持"，耐人寻味的是，沦陷结束后，却是"得值不能糊八口之家，其拙诚可笑人"^③。实际上，早在北平沦陷的末期，即 1945 年 3 月左右，黄氏于北平的困居生活已然是"自顾不暇"^④了。此际其与好友鲍君白的通信中言："旧京生活陡涨，几至千倍以上，住屋大多成问题……年来粤闽道路阻滞……鄙意甚愿于家乡桑梓之区多留笔墨……代为介绍……如有人可为收存者，当竭力应之。"^⑤是信道出了黄氏真实生活的一面：抗战临近最后，北平物价飞涨，生活成本急剧增加，其重要收入来源之一——流向粤、闽的书画润例，亦因道路阻滞而断裂，不得不向家乡好友求助，代为介绍，以应对日益紧张、窘迫的生活现状。审视黄氏与其他友人的通信，其于此际真实生活之轮廓逐渐清晰。1945 年 8 月 2 日其与黄树滋通信中言："此间百货缺乏，价值日涨……加之南北停汇，市价演变不止，经手烦琐，心更不安。"^⑥10 月 16 日通信又言：

---

① 揆诸书信可知，五口之家，除黄宾虹及宋若婴夫妇外，还包括黄氏次子黄映宇，三子黄映字，小女黄映家。

② 1943 年与门生顾飞亦言："目前鄙人旅况，尚够维持，南中诸友，多盼相叙，久思来沪，迟迟未果。"详见王中秀主编《黄宾虹文集全编·书信编·陆》，荣宝斋出版社 2019 年版，第 419 页。

③ 与鲍君白书，详见王中秀主编《黄宾虹文集全编·书信编·陆》，荣宝斋出版社 2019 年版，第 393 页。

④ 1945 年 3 月 21 日与鲍君白书："近今贱躯虽清顺，而目内生障，行动畏劳，加之百物高涨，生活增加千倍左右，前数年，八间房仅十三元，每月付租，今且增至一千元，尚不愿租，其余类此，自顾不暇，何敢争及是非。"详见王中秀主编《黄宾虹文集全编·书信编·陆》，荣宝斋出版社 2019 年版，第 381 页。

⑤ 详见王中秀主编《黄宾虹文集全编·书信编·陆》，荣宝斋出版社 2019 年版，第 383 页。

⑥ 详见王中秀主编《黄宾虹文集全编·书信编·陆》，荣宝斋出版社 2019 年版，第 319 页。

"近日敝处住房涨租，几过十倍，且须另觅租屋，更觉忙碌。"[①]11 月 30 日通信中言："敝寓迁移尚在纠纷中。居常衣食住行四者，较前已涨高百余倍，而住房尤不易觅得，谅时局到处相同……借此得润津贴孙儿女学费……"[②]12 月 8 日通信亦言："迁移住屋，今甚不易，前十年极低贱，每间买入不过百余元，今年即一二万元，俱为吃瓦片饭者收去，抬起高价，如做投机营业一般，故租房者又吃亏。"[③]与鲍君白、黄树滋的几封通信，都言及住房问题，从 1945 年 3 月至 12 月，仅仅住房问题就困扰黄宾虹近乎一年的时间，遑论其他。可见，"南返"对于黄宾虹而言已是迫切在即。

如此而言，新的问题便油然丛生。北平沦陷的历史语境下，黄宾虹亟图"南返"，至于选择何处"避地而居"，同彼时的严峻形势相较，就显得没那么重要，对于此际的黄氏而言，能逃离北平才是最重要、最在乎的。而北平沦陷结束后，基于现实生存的危机，黄宾虹亦亟图"南返"，在新的历史语境下，能否离开北平已然不是问题，更重要的是"到哪里去?""何以离开?"因而黄氏在与友人的通信中，除言及此际北平生活之艰难困苦，字里行间也流露出对于离开北平后新的"避居之地"的考量与彷徨。诸如其与黄树滋在 1945 年的通信中就有言及去往上海的打算，但因"航艇不易，稍迟再议"[④]。而 1946 年之后，北平生活的形势更加严峻，基本的"糊口"都成

---

① 详见王中秀主编《黄宾虹文集全编·书信编·陆》，荣宝斋出版社 2019 年版，第 319 页。

② 详见王中秀主编《黄宾虹文集全编·书信编·陆》，荣宝斋出版社 2019 年版，第 319 页。

③ 详见王中秀主编《黄宾虹文集全编·书信编·陆》，荣宝斋出版社 2019 年版，第 322 页。

④ 与黄树滋书，言有申友王雪帆招黄宾虹入沪，住其江湾花园住宅，但碍于海路不易，稍迟再议此事。详见王中秀主编《黄宾虹文集全编·书信编·陆》，荣宝斋出版社 2019 年版，第 320 页。

为问题①，不得不变卖"长物"，远近诸友介绍之画润，"仅敷日用"②。原本打算"南返"回上海，但上海如北平一般，物价飞涨，居家不易。③北平、上海既然如此，则全国同之。④于黄氏而言，即便离开北平，顺利南返，"避地而居"，路又在何方？揆诸黄宾虹往昔的避居之地，上海之外，还有贵池与老家潭渡，那么，黄氏南返后完全可以选择贵池或潭渡，何以在北平沦陷结束后迟迟没有动身？事实上，无论是潭渡还是贵池，在全国抗战的历史语境中，因道路阻隔，音讯不通，十多年间，早已物是人非。以黄氏老家潭渡而言，1944 年黄氏与其族侄黄树滋信中言："渠云闻家乡人说，鄙人近因卖画发，因特来告帮云云，岂不骇人听闻！且言龙章咸回里，即其村中人索借不遂之远因也。家乡人心险恶，早已思为多方感化而不可得，几乎身罹其害。至昂青一糊涂人，警吾与鄙人数年不通讯，有讯大半招股垦荒等事而已。前谈津贴贫寒，于此实知不易多事，奈何！只得竭力能多刻一二种著作，于愿已足。"⑤王中秀主编《黄宾虹文集全编·书信编·陆》中辑录黄氏与黄树滋通信达 85 通，居与友人书信之冠，通信时间从 20 世纪 20 年代一直到黄宾虹逝世的前三年，时间跨度几达 30 年，二人关系自然可见。对于暌隔已久

---

① 1946 年 5 月 21 日与鲍君白信："粤友索画最多，得值不能糊八口之家，其拙诚可笑人，而且累及至交，代为道路奔驰，书函往复，劳神耗财，不知如何报答也。"详见王中秀主编《黄宾虹文集全编·书信编·陆》，荣宝斋出版社 2019 年版，第 393 页。

② 1946 年 6 月 19 日与鲍君白书言："鄙人旅此月费二三十万，急思南归。所有长物弃之则可惜，斥鬻则假手商人，所余无几，远近诸友介绍画润仅敷日用。"详见王中秀主编《黄宾虹文集全编·书信编·陆》，荣宝斋出版社 2019 年版，第 394 页。

③ 1946 年与朱砚英书："北平现今房租每间，前六七年十元者，近日增至每间二三万元法币，其余类此，居家诚为不易。闻申江亦然，奈何！"详见王中秀主编《黄宾虹文集全编·书信编·陆》，荣宝斋出版社 2019 年版，第 30 页。

④ 1946 年 12 月 25 日与黄树滋信："物价近又陡涨，变化不测，居常之难，到处同之。"详见王中秀主编《黄宾虹文集全编·书信编·陆》，荣宝斋出版社 2019 年版，第 325 页。

⑤ 详见王中秀主编《黄宾虹文集全编·书信编·陆》，荣宝斋出版社 2019 年版，第 317 页。

的老家潭渡，黄宾虹此际的感受是"家乡人心险恶"，且"几乎身罹其害"，健存的几个亲人如黄昂青，黄氏言其为"一糊涂人"，黄警吾，则是音讯隔断数年，且有事也是招黄宾虹出资投钱。显然，此际的故乡潭渡，已非黄宾虹年轻时整修义田、亲力垦荒之地了，几十年的动荡变迁，伴随着乡村基层权势的转移，乡绅阶层也逐步冰消瓦解，物是人非，古风不再，对此，黄氏心灰意冷，然亦无可奈何，潭渡，亦不再是其"南返"之后心中理想的避居之地。实际上，黄宾虹一度确有南返贵池避地而居的打算，1946 年其与林散之的通信中言："因鄙人曾与前三江师范监督李瑞清（即清道人）诸君，爱池州齐山、秋浦之胜……将近十年中，南北隔绝，路通仍思隐居湖舍，与尊府百余里间交通，快晤亦增乐事。"[1] 贵池，作为黄宾虹"避地而居"的观念及心理机制的生成之地，时时萦绕在黄宾虹心头。无论是处于北平沦陷中还是结束后，贵池，亦是亟图"南返"的黄氏首选的避居之地。其与门生朱砚英在 1946 年的通信中亦有所表露，信云："鄙人于齐山、秋浦间，有田近二顷，湖舍自筑，已占一壑。今平寓置书十万卷，古画百轴，弃之可惜，留之不易。前拟作画得资作归计，今亦不能也。"[2] 黄氏当年选择经营贵池，虽有好友李瑞清、汪律本等之相邀，亦有"坐贾行商，不如垦荒"的经验支持，但贵池齐山、秋浦的山水胜景亦是重要因素，且时时出现在黄宾虹此际的山水画创作中。沪上已然物价飞涨，潭渡则人心不古，而贵池有"自筑湖舍"，且"占一壑"，自然是"避地而居"的上佳之所。但如此的"贵池"已是其基于早年生活经验的"想象"，现实中的贵池如同老家潭渡，亦难逃脱世事的动荡与冲击，数年间，道路隔绝，音讯不通，南返后是否能在此"避

---

① 详见王中秀主编《黄宾虹文集全编·书信编·陆》，荣宝斋出版社 2019 年版，第 105 页。

② 详见王中秀主编《黄宾虹文集全编·书信编·陆》，荣宝斋出版社 2019 年版，第 33 页。

地而居","情形"已然难辨。① 或许，北平沦陷结束后的黄宾虹虽亟图"南返"，但现实中对于"南返"后的避居之地诸如上海、潭渡、贵池一番考察后，却陷入选择的纠结、反复、彷徨中②，因而迟迟未能动身南下。但即便如此，后世之见，"南返"是必然的，或许只是契机未到。

1946 年，对于黄宾虹而言，确实"不平凡"。因生计着落，黄氏不得不联络闽、粤、皖、沪诸旧友介绍画润；亦因生计着落，亟图"南返"的黄氏纠结于避居之地的选择，彷徨无计。亦是在 1946 年，据现有史料可知，黄宾虹遭遇了其生平的第一个"官司"，因住房问题，被讼之法庭，索赔一百九十万元之多，且其书画金石被窃百余件。③ 诚如前述，实际上，在 1945 年春夏间，黄宾虹与友人的通信中就一直言及住房问题，因物价陡涨，房租亦高涨，一直到 12 月，住房问题亦未解决。审视 1946 年黄氏与友人通信，可知黄氏已经搬迁新居。④ 在与曹一尘的通信中亦言及搬迁之事，信云："鄙人因看故宫画而来，忽忽七八年，道路阻梗，无日不思南还，北方风土人情非吾辈所宜，亟拟脱去。今年虽居住亦不安，日日寻迁移，最近才

① 1946 年 3 月 28 日与黄树滋信云："现今轮船交通日渐恢复，尊处遇有大通商业之友，请代探访敝友吴玉成翁……前因战事阻隔，音讯不通。敝处有田数十亩，托其代为就近带收租粒，今屡去信，均退回，云无其人。"详见王中秀主编《黄宾虹文集全编·书信编·陆》，荣宝斋出版社 2019 年版，第 323 页。

② 黄氏在 1947 年时又有返回潭渡的打算，其与黄树滋的信中言："原拟结束返里，路途险阻，车舟无便，只得任其自然。闻怀德屋已破坏不全，是否属实？"可见，对于南返后的避居之地，基于现实种种因素，黄氏一直处于纠结、反复中。详见王中秀主编《黄宾虹文集全编·书信编·陆》，荣宝斋出版社 2019 年版，第 329 页。

③ 官司一事见于 1947 年黄氏与鲍君白书，详见王中秀主编《黄宾虹文集全编·书信编·陆》，荣宝斋出版社 2019 年版，第 401 页。

④ 1946 年与朱砚英书："近来北平日用生活陡涨，因住房忽高涨，索较前加万倍，敝寓亦迁移，由七号搬至卅五号，房租相同，而旧房东要自住，出不得已。"详见王中秀主编《黄宾虹文集全编·书信编·陆》，荣宝斋出版社 2019 年版，第 29 页。

得本后宅三十五号，移居之房价激增近万倍，不久当归。"①1936年春，彼时之黄宾虹因故宫鉴定古画之机由沪入平，其间交游旧友，宾朋宴乐，赏心惬目，再生"避地而居"的打算，1937年终于如愿以偿。而到此际，对于北平已是"亟拟脱去"，因"北方风土人情非吾辈所宜"。世事变幻莫测，即便是作为读书人的黄宾虹在决意"避地而居"之前，每每都进行考察，但处于变动时代的洪荒巨流中，作为时代中的个体亦难以摸清历史动脉的真正走向，不得不被裹挟在历史的洪流中随波浮沉，风雨如晦，鸡鸣不已。"风雨鸡鸣"，正是变动时代中读书人群体"安身立命"的精神投射，从某种角度而言，作为个体的黄宾虹，一生中不断追逐的"避地而居"，正是这一精神投射的镜像。

黄宾虹虽言亟图"南返"，但迟迟未能动身，真正的原因，如其信中所言，是基于"人事缠纠，种种因循""非为道路沮梗而然"②。如此而言，北平沦陷结束后，黄氏未能立刻动身，与友人书信中解释为"道路沮隔"，显然是黄氏基于此际未能言说的事件或隐曲心理的某种借口，也即所谓的"人事缠纠，种种因循"。搂诸此际黄氏的人生轨迹，所谓"人事缠纠"，具体为何意？审视黄宾虹此际与友人书信兼及报刊媒介，笔者认为"人事缠纠"主要包含三个事件：小女出嫁、故都文物研究会的展览及徐悲鸿重掌国立北平艺专之后的"新国画"事件。这三个事件贯穿于1946年至1947年，既有现实维度的考量，背后又暗藏着作为主体的黄宾虹内心的中国画认同与新国画之间的博弈。从某种角度而言，北平沦陷结束后，虽基于诸种因素的叠加，迫使黄宾虹亟图"南返"，但因徐氏之"新国画"事件而导致的对中国画认同的差异，成为黄氏最终决定离开北平、前往杭州艺专的"最后一根稻草"。

---

① 详见王中秀主编《黄宾虹文集全编·书信编·陆》，荣宝斋出版社2019年版，第228页。

② 1947年与朱砚英书，详见王中秀主编《黄宾虹文集全编·书信编·陆》，荣宝斋出版社2019年版，第35页。

关于黄宾虹小女出嫁之事,黄氏与友人的通信中都有所提及。如 1947 年与黄树滋信:"平寓亦以房租陡涨,增至万倍之多,不得已迁移本胡同乙三十五号。当迁移之际,遗失书籍文具不少,而物价日昂不止……小女映家许字赵姓,年二十余,金陵大学毕业生,今任沈阳抚顺煤矿农林场所长,人笃实老成……本月一日,内人偕小女送亲至沈阳,约有一二月筹备……此后愚之担负可减轻。"[①] 信中亦谈及房屋迁居之事,困扰黄宾虹长达一年的住房问题,终得落实,因住房产生的官司,亦可看作"人事缠纠"的一部分。信中所言"小女",即黄氏与宋若婴于上海所生之女黄映家(1929—2016),女婿即赵志钧,此际为沈阳抚顺煤矿农林场所长,后来成为"黄宾虹研究"的重要人物。[②] 信中言"内人"即宋若婴,偕小女送亲至沈阳,揆诸 1947 年的东北,据辽宁省档案馆之《1947 年辽宁大事记》显示,国共之间在此部署兵力,已然是战云密布,辽沈战役即于 1948 年爆发,而此际宋若婴能够偕黄映家赴东北完婚,亦可侧面证实黄宾虹书信中一直言说的"道路阻隔"具有借口之嫌疑。1947 年其与傅雷的通信中言:"近数月间,因旧友南来,为舍下儿女婚嫁,俗物缠绵,已将毕事。次、三两儿年二十余,正如陶渊明之子独不好纸笔,为友携至东北农矿诸局供职……从此鄙人可以减轻担负。大儿子随王云五君抗战往渝……亦可自顾生活。此俗物摆脱之后,将来拟以普通书籍寄存北方亲友之处,稍可观者转运南来图售,以充旅食,重至

---

① 王中秀主编:《黄宾虹文集全编·书信编·陆》,荣宝斋出版社 2019 年版,第 329 页。

② 赵志钧,陕西安康人,出身贫穷农家,金陵大学官费农科毕业,1946 年在北平接收日伪煤矿产业,此际认识宋若婴,进而结识黄宾虹,1947 年年初在抚顺矿务局任上与黄宾虹小女儿黄映家成亲。1948 年东北爆发辽沈大战,赵志钧回北平,住黄宾虹家中。详见朱文楚《民国人物风流录》,浙江大学出版社 2015 年版,第 17—20 页。黄宾虹逝世后,赵志钧开始整理黄氏资料,陆续编辑出版了《画家黄宾虹年谱》(人民美术出版社,1992)、《黄宾虹论画录》(浙江美术学院出版社,1993)、《黄宾虹书简续》(河北教育出版社,2005)等一系列著作,既是黄宾虹的亲历者,又是黄宾虹研究的重要人物。

春申江上畅叙，朋交在调查海航来往，起程至早于夏日矣。"① 是信呈现了关乎此际黄宾虹真实生活现状更为丰富的信息，小女婚嫁已毕，次子、三子因不好笔墨已赴东北工作，长子亦能自顾生活，如此，大大减轻了黄宾虹在北平的生活负担，但实际上，因物价陡涨，"日费仍然浩大"，所幸，"近日各方诸位索拙画者，来此守候，至十年来所存画稿及未完工者，尽行收去。鄙人虽不计润，而诸友体恤老人，皆得加倍相赠"②。如此，便可再支撑时日。是信还透露出黄宾虹决意南返后欲回沪上的计划，并付出行动——朋友协助查询海航时间，最早于夏季起程。黄宾虹原本一直纠结、彷徨于"南返"后的避居之地，至此看来已是做出抉择——重回上海，毕竟，黄氏曾于此惨淡经营达三十年，且形塑了黄氏自身多重身份的主体和"现代性"的生活方式。之前未能及早动身，亦因其所藏二十万书籍，"不忍轻弃"，至此，已"各有就绪"，遂拟返沪。

关于故都文物研究会的展览一事，基于黄宾虹此际之通信及报刊媒介的宣传，笔者试图勾勒出这一事件的主要轮廓，并以此窥探黄宾虹在这一事件中所呈现的心路轨迹。关于此次展览，黄氏与友人的数封通信中都有所提及，如 1946 年其与鲍君白书："故都文物今次携北平时人画幅至南京、上海展览，订价均每尺十万元售出。拙笔参加此会，闻有为欧美人购去数幅颇满意。"③ 信中的"北平时人"，显然是指齐白石与溥心畬④，实际上，此际

---

① 王中秀主编：《黄宾虹文集全编·书信编·陆》，荣宝斋出版社 2019 年版，第257 页。

② 1947 年与黄树滋书，详见王中秀主编《黄宾虹文集全编·书信编·陆》，荣宝斋出版社 2019 年版，第 331 页。

③ 王中秀主编：《黄宾虹文集全编·书信编·陆》，荣宝斋出版社 2019 年版，第397 页。

④ 1947 年 2 月 21 日黄宾虹与黄树滋的通信中言："赠润具比时人齐白石、溥心畬二君为率。"王中秀主编：《黄宾虹文集全编·书信编·陆》，荣宝斋出版社 2019 年版，第328 页。

张大千亦在此售画，"此间人取张大千每方尺订三五千元之多，可笑，而鄙人近十余年来无润格，不欲与时贤争胜也"[①]。1947 年，张大千作品"每张定价法币二十万元"，"齐白石每尺方四万元，皆甚忙碌"。[②]由此定价，亦可看出此际北平物价高涨到何种程度，几近"崩盘"。黄氏书信中提及的赴南京、上海的展览，见诸此际的报刊媒介，如《经世日报》载："北平故都文物研究会，昨（十一）日上午十时派员赴西郊颐和园接溥心畬入城，定十三日飞京，同行者该会副理事张畏苍，名画家齐白石、黄宾虹诸人。并携有各名家作品甚多，拟在京展览。"[③]文中所言之"北平故都文物研究会"，依史料可知成立于 1946 年 3 月 12 日[④]，宪兵司令部平津特派员张畏苍为临时主席，其宗旨在"阐扬故都文物，提倡艺术交流，协助文化建设，一方面并调查沦陷期间故都文物之损失，俾请政府向日索赔"[⑤]。1946 年黄宾虹与朱砚英信中言，故都文物研究会曾推其为美术馆馆长，但黄氏婉拒。[⑥]信中"美术馆"，实际上应为由陈半丁、齐白石、溥心畬、颜伯龙等共同筹划的"美术研究组"。[⑦]20 世纪 60 年代宋若婴撰写的回忆录中亦曾提及美术馆馆长

---

① 1947 年与黄树滋书，详见王中秀主编《黄宾虹文集全编·书信编·陆》，荣宝斋出版社 2019 年版，第 326 页。

② 1947 年与黄树滋书，详见王中秀主编《黄宾虹文集全编·书信编·陆》，荣宝斋出版社 2019 年版，第 327 页。

③ 《溥心畬齐白石等明日联袂飞京 携有作品多件拟在首都展览》，《经世日报》1946 年 10 月 12 日。

④ 《中国故都文物研究会今日成立》，《益世报—北京》1946 年 3 月 12 日。

⑤ 《故都文物研究会开成立会》，《市民日报》1946 年 3 月 21 日。

⑥ 1946 年与朱砚英信："北平有一故都文物研究会，由张巡抚使继、张委员畏苍领衔，由会员推鄙人为美术馆馆长，意不欲就。拙画由会中取去展览，日内闻到申矣。"详见王中秀主编《黄宾虹文集全编·书信编·陆》，荣宝斋出版社 2019 年版，第 30 页。

⑦ 参见朱明《故都文物研究会之经过及未来展望》，《故都旬刊》1946 年第 1 卷第 3 期。

之事，称为"北平文物研究所美术馆"，应是回忆有误，且时间亦有出入。①
黄宾虹虽婉拒出任馆长一事，但对于美术馆之"筹备"却是认同的，且"急
不容缓"②，因而参加故都文物研究会的活动。1946 年 9 月 27 日，故都文物
研究会在米市大街举办书画金石展览③，黄宾虹不仅出席、合影，且将珍藏
的"贰拾叁件"长物借出参加展览。④ 此次故都文物研究会欲在南京举办的
展览，黄宾虹亦出品参加，10 月 12 日的报道中称其将与齐白石、溥心畬等
联袂"飞京"。但 10 月 14 日的报道中发现，"飞沪转京"的名单中并未出
现黄宾虹的名字。⑤《益世报—北京》之报道亦可证实，黄宾虹仅是作品跟随
"飞沪转京"，而本人却滞留北平。⑥ 行文至此，逻辑断裂的缝隙突现，亟图
"南返"的黄宾虹何以未能趁此良机，重至春申江上与旧友畅叙？或许，我
们可以于此展览的"起始"处寻获答案的一丝端倪。关乎此次展览的始末，
故都文物研究会张副理事长即张半陶在北平电台广播讲演、朱明整理的《故
都文物研究会之经过及未来展望》一文有详细的交代。⑦ 是文除对故都文物
研究会创办之动机、历程、一年来之动态及欲创办之各类艺术研究所均详细

---

① 　根据宋若婴之回忆描述，此事应发生在北平沦陷时期，但根据黄宾虹之书信，结合
报刊信息，应是 1946 年，所以宋若婴回忆有误。详见宋若婴《黄宾虹回忆录》，载浙江
省博物馆编《金石书画·第一卷》，西泠印社出版社 2016 年版，第 195 页。
② 　黄宾虹认为："古物出土，前所未见，书难尽信，忆说非凭，董而理之，学者之责，
急不容缓，固其宜也。"详见黄宾虹撰写于 1946 年的《美术馆之我见》一文。原稿为残
件，仅有六百余言，以"客问余答"的对话形式呈现，今辑录于王中秀主编《黄宾虹文
集全编·书画编·下·贰》，荣宝斋出版社 2019 年版，第 871—872 页。
③ 　参见《故都文物研究会展览金石书画》，《经世日报》1946 年 9 月 28 日。
④ 　参见王中秀编著《黄宾虹年谱》，上海书画出版社 2005 年版，第 475 页。
⑤ 　《齐白石溥心畬等昨同机飞沪转京　除私人游览外或将展览作品》载："现该理事齐
白石、溥心畬、张半陶三氏，为作南游旅行，定于昨（十三）日同机飞沪转京。"《经世
日报》1946 年 10 月 14 日。
⑥ 　参见《齐白石溥心畬改今明飞沪》，《益世报—北京》1946 年 10 月 14 日。
⑦ 　参见朱明《故都文物研究会之经过及未来展望》，《故都旬刊》1946 年第 1 卷第
3 期。

阐述外，文章尾部专门阐释了关于齐白石、溥心畬南游沪京的展览，认为此次南北艺术之交流，足称"中国艺术史上划时代之事件"。何以有此展览？是文亦细细阐明，两大画师携手远游，为我国艺术界前所未有之举动，齐白石在中国画界年龄最高，声望最大；溥心畬则是"清高自守"的"旧王孙"。此次展览除能提高艺术家的社会地位、促进南北艺术交流外，还是帮助"二公"完成一些"个人的理想"。何以？自北平沦陷后，齐白石闭门未出，溥心畬隐居万寿山，二公操守值得学习。抗战胜利后，齐白石是想念南方阔别已久的亲友，欲图良晤；溥心畬此次收获甚大，据称还收回了北平沦陷时期因生计维艰售于日本人的"巨宅"，远较获得参政即国大代表高兴，如溥氏者，可谓双喜临门矣。[①] 关于沪京展览的收入问题，张副理事长亦进行了说明，二公此次带来若干件作品，以故都文物研究会的名义进行展览，所得画款除二人应得利润外，其余悉数捐助本会充作基金，并再次"声明"，此次展览目的是提高二公声望，沟通南北艺术，非为出售画件，因而并不是如外面传说售款若干。事实果真如此吗？时过境迁，虽真相难觅，但此际相关报刊媒介的报道亦可作为"辅料"，使得我们可以多角度地观看这一事件。诸如展览对于溥氏而言，有报道称其南来之本意是想"捞一笔大财"，因此带来画件很多，但标价过高，致使展览时少有问津，在上海时不得不托出杜月笙、黄金荣来"拉面子"，在南京时亦因"最高峰"的介绍，多少应酬画件。[②] 且另有报道称，二公的展览，因南方人较熟悉齐白石，更因齐白石有些怪脾气的传说，加之受到蒋介石的褒扬，所以齐白石的画大卖，溥心畬之作购者少，相形之下，极为难堪。溥氏因而不快，遂让齐氏动用人脉为其捧场，而齐白石表面答应，但未出实力，于是传闻溥氏将与齐白石分道扬镳。[③] 凡此种种，时至今日，虽已难辨真假，但想必也绝非空穴来风，多少

① 参见罗天《溥心畬收回北平巨宅！》，《新上海》1947 年第 59 期。
② 参见奇虫《溥心畬要南下拍卖画件》，《新上海》1947 年第 57 期。
③ 参见汪洞之《溥心畬齐白石的吃斗！》，《上海滩（上海 1946）》1946 年第 25 期。

都含有一丝真实，对后世而言，更重要的是，通过这些"辅料"，可以为我们在透视这一事件时提供一个较为立体化的视角。①

要之，基于上述笔者对展览之相关细节进行的检讨，可见故都文物研究会举办的溥齐二公沪京南游展，并非一个"动机单纯"的展览，浮现出诸种权力、话语之间的博弈。故都文物研究会展览的话语主旨——提高展览艺术家的声望，促进南北艺术交流，对于黄宾虹而言并非有效，直白言之，黄宾虹即"成名"于上海，有良好的"人气资本"和笃实的人脉资源。对于困居在物价高涨的北平之黄宾虹而言，最紧要的问题是生计着落，因而对于展览，黄宾虹并没有同行，而是只出品作品相随。个中原因，我们可在其与友人的通信中寻获某些线索。黄氏何以要出品作品参加展览？实际上这与黄氏对画展的认知态度密切相关。揆诸黄宾虹在新中国成立前的几次展览，仅有1943年顾飞、傅雷等为贺其80寿辰在上海举办的个展是其看重和承认的。而1936年10月间，北平围棋社展览其个人作品数十件，在黄宾虹看来并非展览，因而黄氏未曾到场。② 黄宾虹对于展览的态度，曾言："以为文艺研究，不在声华，能得时时作品往还观摩，不负所学，即是踌躇满志。"③对黄氏而言，展览是增益学问的一种方法，因而其在与朱砚英信中言："鄙志以不卖画、不开展览会，于学问方有进益。友好中索取者情不可却，均应

---

① 1947年1月17日黄宾虹与黄树滋通信中言，溥心畬此际住在西郊外数十里颐和园，与之不常见面。"其前有老仆五十余人皆散去，今闻婢女侍侧已阙如，时局中困难同慨也。"信中谈及此际溥心畬之生活现状，由此亦可窥探溥氏1946年沪京展览之真实动机。如此而言，报刊之报道，并非完全的空穴来风。详见王中秀主编《黄宾虹文集全编·书信编·陆》，荣宝斋出版社2019年版，第327页。

② 1943年其与顾飞书言："鄙人从未开个人画展，及随意赠人者。"彼时写作此信的黄宾虹不会不记得其在1936年北平围棋社举办的画展。其于信中言从未开个人画展，可见他对北平画展的态度。详见王中秀主编《黄宾虹文集全编·书信编·陆》，荣宝斋出版社2019年版，第420页。

③ 王中秀主编：《黄宾虹文集全编·书信编·陆》，荣宝斋出版社2019年版，第421页。

之，能多留传亦一佳事。"①但北平沦陷结束后，基于窘迫的生存现状，黄宾虹亦不得不多方谋取收入以糊口，因而对于展览会，态度有所转变。1946年其与门生朱砚英信中言："时局如此，难有把握。最好集会三五同志，各出精品数十件，以售出之数，扣除开销，以为公平，易于为中。"②如其信中所述，故都文物研究会之展览较符合黄宾虹此际对展览的构想，进而出品参加。且若独立开一展览会，在黄氏看来，"此事恐多麻烦，照应料理，在在需精心留意"。1943年的上海个展，黄氏虽然缺席，但因与顾飞、傅雷等关乎展览的诸多细节进行商讨，宛如在场。揆诸此际的黄宾虹已是耄耋之年，亦自言："鄙人衰老，不若前之精神气力猛勇耳。"如若独立开展览会，如何能"在在需精心留意"？那么既然黄氏出品作品参加展览，何以不同行？笔者愚见，亦是基于现实的考量。1946年其与朱砚英信中云："故都展览有齐白石、溥心畬二君及拙作，均有该会在各处收购，预先已筹备消受主顾，在京沪宣传，尚有杂志刊物及文献馆、美术馆之组织。闻此次开消甚巨，约已去数千万元矣。拙画本无润例，均由熟人介绍而来，京津每尺方壹万元，不足尺者以尺计，宽广者照加。"③花销如此巨大，断非"本无润例"的黄宾虹所能承受，且展览售款，除画家润例外，其余皆要捐赠故都文物研究会充作基金，此亦非"不与时贤争胜"的黄宾虹所愿，黄氏对于展览得款的态度是"扣除开销，以为公平，易于为中"。因为困居北平的黄宾虹，在物价陡涨的现实情形下，不得不为养家糊口多作考量，"虽王冕梅花当为乞米，此古

---

① 王中秀主编：《黄宾虹文集全编·书信编·陆》，荣宝斋出版社2019年版，第31页。
② 王中秀主编：《黄宾虹文集全编·书信编·陆》，荣宝斋出版社2019年版，第29页。
③ 王中秀主编：《黄宾虹文集全编·书信编·陆》，荣宝斋出版社2019年版，第31页。

今文艺家所不免"①，其至还要筹资为南返做准备。因而，黄氏仅出品作品，未能同行，除笔者检讨展览之"动机不纯"之外，亦有其现实的考量和抉择。溥、齐在上海展览时，傅雷亦曾关注，并致信黄宾虹，云："迩来沪上展览会甚盛，白石老人及溥心畬二氏未有成就，出品大多草率。大千画会售款得一亿余……鄙见于大千素不钦佩，观其所临敦煌古迹，多以外形为重，至唐人精神全未梦见……仿佛巨额定价即可抬高艺术品本身价值者，江湖习气可慨可憎。"②傅雷之于黄宾虹，犹如高山流水，是黄氏生前即非常认同的"知音"，据称，黄氏病危之际还念及傅雷的名字③，可见这一忘年交的笃实情谊。傅雷对于黄氏作品的认知与解读，早在1943年9月其所撰《观画答客问》一文中就已呈现，以笔者愚见，傅雷以学贯中西之深厚学养，对黄氏作品认知之精当，时至今日而言，仍振聋发聩，不失为后世学人探究黄氏画风、画学的最佳文选。是信中，傅雷因张大千售画而发出的感慨："仿佛巨额定价即可抬高艺术品本身价值者，江湖习气可慨可憎。"即便是对当今画坛之现状亦有惊雷、棒喝之效。对溥心畬、齐白石展出之作品，断言"未有成就，出品大多草率"，傅雷一生疾恶如仇，直率敢言，不畏将来④，其评画亦如此，往往一针见血，不留情面，譬如其1944年对吴湖帆及门人画展

---

① 王中秀主编：《黄宾虹文集全编·书信编·陆》，荣宝斋出版社2019年版，第256页。

② 上海教育学院古籍整理研究室编：《傅雷书信集》，上海古籍出版社1992年版，第224—225页。

③ 详见1955年3月26日傅雷致宋若婴书，载傅雷《傅雷书信集》，生活·读书·新知三联书店2009年版，第194页。

④ 傅雷在为汪己文编著《宾虹书简》的前言中谈及黄宾虹，言其"一以探求真理为依归，从无入主出奴之见羼杂其间。平生效忠艺术，热爱祖国文化……"以当下之语境阅读，无有出入，但此文写作的时间是1962年11月，揆诸当时之语境，对这番话语当有不同的理解（傅雷逝世于1966年），亦可显现傅雷性格之一斑。详见汪己文编《宾虹书简》"前言"，上海人民美术出版社1988年版，第1页。

的评价，即是如此。① 傅雷在与黄宾虹的书信中，言及他对齐、溥作品之判断，断非讨好之举，亦是基于一定的事实。齐、溥二公在上海宁波同乡会五楼的画展，此际诸多报刊进行报道，亦给我们提供了观看展览的多维视角。如上海戏曲类小报《罗宾汉》刊载《齐溥画展观后》一文，呈现出较为丰富的展览作品的细节："齐画亦有数小疵，如用同一稿复画达五六张者，其中有七八种之多，而竟同时陈列一室，实为沪上不经见者。又绘风烛、火势向左，而烛泪却在右向流下。又福自□来大幅，写苍京华第二年作，按之系四十三年前之作品，然尚单张完好，而款体与印章，皆与写苍京华四十五年作者相同，故群疑该幅乃旧作。至其题款字体格式之极少变化，犹属小疵中之小疵。"② 对于溥心畲，则言："有似南田翁，淡逸无比，洵是妙品，惟略见其薄耳。"该文作者署名为"石"，想必是化名，难以考证出其真实身份，但通过是文，可知作者亦非一般之观众，其眼光独到，定是懂画之人。是文中作者对齐、溥二公之批评，以"小疵"表述，显然是极委婉之词，但如此的"小疵"定然难逃傅雷的"法眼"，一向直言的傅雷做出"未有成就，出品大多草率"的判断，就不足为怪了。傅雷致黄宾虹书，言及对时人画诸如吴湖帆、张大千、齐白石、溥心畲等之评判，审视现存的黄宾虹致傅雷书，发现黄氏均未在书信中予以正面回复，何以？或为避画坛江湖，不便回复？或为碍于朋友情面，不好评判？抑或为书信散失之缘故？黄宾虹视傅雷为知己，喜欢这个敢于直言的年轻后生，源于黄氏认同傅雷对其作品的认知③，

---

① 1944 年 7 月 16 日傅雷致书黄宾虹言："又吴湖帆君近方率其门人一二十辈大开画会，作品类多，甜熟趋时，上焉者整齐精工，模仿形似，下焉者五色杂陈，难免恶俗矣。如此教授为生徒鬻画，计固良得，但去艺术则远矣。"对于同在上海画坛的吴湖帆而言，傅雷的评语相当直接，亦可看出傅雷之性格。详见傅雷《傅雷书信集》，生活·读书·新知三联书店 2009 年版，第 187 页。

② 石：《齐溥画展观后》，《罗宾汉》1946 年 11 月 16 日。

③ 1946 年与朱砚英书云："沪上近年唯有傅雷君知我之画，且评论得当……"详见王中秀主编《黄宾虹文集全编·书信编·陆》，荣宝斋出版社 2019 年版，第 32 页。

而黄氏对于傅雷书中关于时人绘画的评判所采取的"态度",揆诸种种,恐怕是出于某种策略化的"默认",亦向后世委婉地道出其未能"同行"的内因——基于相类的知识系统但不同的认知经验所建构的中国画认同的差异性。

实际上,前述《齐溥画展观后》一文中亦包含对黄氏作品的评价:"黄宾虹论画诗文俱上乘,惜作品信笔乱涂,黑色重而太病,岂眼高手低之□耶!"[①] 无独有偶,刊载于《上海特写》之《齐溥画展观赏记》一文亦有类似的话语:"二二零号之黄山一角,黄宾虹作,大青绿写壁立石嶂幽瀑飞流,殊能写出黄山本来面目,惜笔理过稠层次太密,然瑜中微暇(瑕),不足为病也能。"[②] 然而,批评最为"尖锐"的是名为"翀鹏"[③]者撰写之《白蕉·黄宾虹》一文:皴法太乱,层次不很清楚,用笔虽有书法意味,但魄力太小,树法亦支离破碎,画展之山水,一团漆黑,毫无层次,并依此言很多老画家"主观很深",总是"自以为是",整个中国绘画没有进步,原因或许在此。[④] 这三篇文章,呈现出黄氏此际作品的视觉面貌及其在社会中的接受程度。三篇文章的作者,除"翀鹏"的身份已经明确外,其余两位皆难以考证,但不可否认的是,三位作者对于中国画皆有一定深度的眼光和知识经验,绝非一般的普罗大众可比,因而,三人于文中对黄氏画风的批评,可视为彼时画界对于黄氏画风的认知程度与真实接受度,极具代表性。但若把三人的"批评"置于"黄宾虹研究"的历史向度中来考察,那么,这一批评是否准确、效果如何就不重要,更重要的是,这一批评作为历史中的存在维度而呈现出的意义:它委婉地向后世传达出今天我们普遍认可的"大师"黄宾虹在彼时

① 石:《齐溥画展观后》,《罗宾汉》1946 年 11 月 16 日。
② 鄂不:《齐溥画展观赏记》,《上海特写》1946 年第 25 期。
③ 即施翀鹏(1908—2003),1928 年毕业于上海美术专科学校艺术教育系,此际为全国美展编辑,上海市美术馆筹备主任,曾撰有《中国名画观摩记》。详见王中秀编著《黄宾虹年谱》,上海书画出版社 2005 年版,第 477 页。
④ 参见翀鹏:《白蕉·黄宾虹》,《艺术论坛》1947 年第 1 卷第 1 期。

画坛的真实境遇——一度被质疑甚至是被否定，并由此"裂缝"得以透视无论是作为真实历史中的黄宾虹抑或研究话语中的黄宾虹是如何被作为他者的"历史之手"步步建构，而还诸黄宾虹本身，亦可窥探作为主体的黄宾虹基于"真实境遇"，在之后的历史行动中逐步确认自身的历程。宏观言之，借由黄宾虹的个案——作为个人主体的建构和确认之路，亦可触摸彼时画坛之真实历史之一隅，进而试图勾勒、还原或重建民国画坛的整体风貌。

实际上，鉴于笔者所探讨的课题，文中对于黄氏画风涉猎较少，但依据史料而言，黄氏困居北平期间，画风亦不断嬗变，直至生成自家面貌。[①]搋诸黄氏画风流变之动因，虽亦有诸如传统画家"外师造化、中得心源"或"搜尽奇峰打草稿"之经历，但更主要的是黄氏基于"金石"的研究而转向笔墨所塑造的"内美"，并借由"笔墨"上溯中国古典绘画的传统，一方面转化成文本，构成了其独特的画学思想，另一方面诉之于画面，生成"浑厚华滋"的自家面貌。从"生成"的角度而言，其所追求之浑厚华滋的画境更大程度上是筑基于其长时段、全面性的知识沉淀[②]，迥异于一般职业画家的塑造方式，因而对于黄氏画风的认知与解读，接受者须具备一定的学术素

---

① 黄氏画风的转变，除可以从画面本身的视觉阅读得到直观感受外，其与友人的通信中亦时常言及，诸如 1944 年其与朱砚英的通信中言："近悟于古迹与游山写稿融会一片，自立面目，渐觉成就可期，然全以笔墨用功为要。此中正轨，寰宇中认识之者已不乏人，共勉之可也。"详见王中秀主编《黄宾虹文集全编·书信编·陆》，荣宝斋出版社2019 年版，第 28 页。另，石谷风在《竹北栘问学录：师从黄宾虹先生学习书画鉴定的回忆》一文中呈现黄氏变法的"现场"，据石谷风追忆黄氏对其言道："我也正在笔法上下功夫，我现在行年七十三岁，除去六十转甲子，仅有十三岁，正是开始用功时候，练笔法三年，练墨法三年，补前人未做过的工夫，然后作画十余年还不算迟。故此，我的画三十年后才能传世。"详见石谷风《古风堂艺谈》，天津古籍出版社 1994 年版，第 28 页。

② 1946 年黄氏与傅雷通信中言："近十年来，齐鲁晋豫诸收藏家之留故都者，发现不少，为假临摹，玩其趣味，已觉改变前所作品，然思跳出前人窠臼犹有未能。"详见王中秀主编《黄宾虹文集全编·书信编·陆》，荣宝斋出版社 2019 年版，第 225 页。

养，否则，即便是如"翀鹏"者流面对黄氏画作，只能做出"一团漆黑，毫无层次"的批评，遑论一般的观众。事实上，"翀鹏"者流所做出的批评，是基于其掌握的传统绘画的知识经验而建构的认知眼光，关注点亦是"用笔与墨法"，与黄氏画学思想的重"笔墨"是一致的，也即无论是"翀鹏"者流还是黄宾虹，其笔墨知识经验的建构都源自"传统"，在求知的方向上具有一致性，但对于传统的认知却存在差异性，或言，双方虽都面对一个"大写"的传统，但"大写"的传统又分化出各种各样的"小写"的传统，因而，选择借鉴的传统资源不同，自然所生成的认知眼光就存在差异。从某种角度而言，传统犹如考古学中的"地层"，不同历史时期便会产生不同的"文化断层"，基于不同的"文化层"产生不同的文化认知。或扩大而言之，中、西绘画传统是否亦可看作某种"地层"关系？20世纪以来，我们对西方传统资源的借鉴是否亦应该进行类似"考古地层学"的区分，而非一个同质性的整体？譬如20世纪二三十年代诸多学人赴欧洲留学，那么，揆诸他们所接触的"西方传统"，是19世纪的"古典写实"传统还是20世纪"现代艺术"传统？即便是有学者以20世纪上半叶的法国巴黎为例，指出彼时的写实主义与现代主义之间并非如"柏林墙"般完全的对立状态[①]，而是可以"自由呼吸"的接界，如同有机体的"膜"。但是于历史效果而言，他们学成归来后，基于中国的现实性这一参照体系而对于所借鉴的西方传统作出最后的选择却成为架构历史发生的幽暗因子。如此而言，反观20世纪以来关于国画的诸种论争，其背后的根源正是基于所借鉴的中西传统资源的差异性而生成的认知差异。诸如黄宾虹与"翀鹏"者流之间，虽然都是面对同一个传统——精研"古法"，但基于回溯传统的维度不同，当借助笔墨诉诸画面时，自然产生不同的认知眼光，生成了"翀鹏"者流的尖锐批评。事实

---

① 参见杨肖《现实性的两副"面孔"：略论20世纪上半叶留法中国艺术家的"写实主义"和"现代主义"探索》，《文艺理论与批评》2019年第3期。

上，因为精研的古法不同，在对博采的新知的态度上亦会产生差异。20 世纪画坛中诸如金城、黄宾虹等往往被视为文化上的保守派，但事实上正如杭春晓所指出，所谓的保守派并不封闭，他们以超越中西二元对立的视角，在深入传统内部的同时，又"整合异域文化因素，以温和渐进的方式寻求文化之演进与发展"[①]。相对于黄宾虹而言，值得注意的是："博采新知"是筑基于"精研古法"的基础之上，也即，黄氏始终坚持的是"中国文化的主体认同"。某种角度而言，黄氏所坚守的中国文化的主体性，根源于其传统文人兼现代知识人这一过渡时代的"过渡身份"所生成的文化认同的兼容性，反过来，这一文化认同的兼容性又形塑了其过渡身份。黄宾虹的个人选择"中国文化的主体认同"而生成的画学思想与实践，于价值而言，无疑为 20 世纪中国画现代转型这一宏大叙事提供了新的路径与尝试。

---

① 杭春晓：《温和的渐进之路——以民初北京地区中国画传统派画家为中心的考察》，博士学位论文，中国艺术研究院，2006 年。

第四节 "在场"与"缺席"：新国画事件中的黄宾虹

承接前述，"翀鹏"者流对"齐溥画展"中之黄宾虹的作品提出批评，认为是"一团漆黑，毫无层次"，并断言中国画没有进步或许就是因为如黄宾虹这样"自以为是"的老画家。除此之外，还言及黄宾虹在上海时期的"丑闻"，诸如出售"赝鼎"；指出其在北平时担任伪国立艺专的教授，甚为"可惜"，于画家品格而言，有些"瑕疵"。① 文章发表的时间为 1947 年年初，距离抗战结束还不到一年半，于此语境中，作者在对黄氏画风进行批评之外，又对其"品格"进行质疑，因时过境迁，对于作者与黄氏之间的交往史料已经无法考证，因而，文章中对黄氏品格的质疑，不知作者怀有何种动机。耐人寻味的是，此际报刊中对于溥心畬、齐白石二公却大加褒扬，赞赏他们于北平沦陷时仍不失民族气节。② 但事实上，溥心畬、齐白石二公与黄宾虹有着相同的经历：他们都是北平沦陷期间王石之执掌国立艺专时的教授③，亦在新民会策划之"兴亚美展"的审查委员名单之列④，不仅如

---

① 参见翀鹏《白蕉·黄宾虹》，《艺术论坛》1947 年第 1 卷第 1 期。
② 肃吾在《齐溥画展》一文中载"抗战这许多年，此老（齐白石）蛰居故都，深居简出，埋首作画，真不愧一代艺人"，而对于溥心畬的记载则言："心畬先生是真正的旧王孙……九一八事变后，溥仪及其他几个弟兄，都先后下了水，只有溥儒不献身与艺术，不为敌伪所动，因此乃有今天的尊荣。"详见《民铎日报》1946 年 12 月 7 日。
③ 参见《国立艺专学校迁移新址　王石之昨对记者谈今后教育方针》，《晨报》1938 年 5 月 9 日。
④ 参见《新民会中央指导部主办兴亚美术展览大会　网罗中日美术专家之作品　定期在中央公园举行一周　全部职员业已聘定》，《晨报》1939 年 8 月 4 日。

此，若依据笔者掌握的报刊史料而言，齐、溥二公在北平沦陷时期的活动较为"频繁"①，并非此际报道中所言之"闭门不出"或"隐居万寿山"，相较而言，黄宾虹反而显得较为"低调"了。可见，"如此"的报道是基于背后更复杂多重的历史面向下"有意"进行的"编辑"，但对于黄宾虹确是"如实"报道，个中原因，鉴于史料阙如，已难以澄清，但于"结果"而言，两相比较之下，显然，被塑造的"品格"之"高下"，则泾渭分明，黄宾虹此际之真实境遇，可想而知。实际上，如若一直纠缠沦陷语境的品格问题，往往会使得学术问题悄然转向政治话语的"罗生门"，势必对历史人物的研究产生某种遮蔽性。但是，如若我们跳出报道中基于"沦陷"语境所塑造的关乎品格的"藩篱"，直面对于黄氏画风的批评，显然，它向我们传达了此际黄氏画作基于"变法"后呈现的新面貌。1946 年黄宾虹与傅雷的通信，解释了此际其正在进行的变法尝试："近来拟法唐敦煌发见，及宋元西北收藏名迹，稍稍受其缚束，兼时事心绪不宁，胸臆郁塞，每作一画，竣工之后总觉不够，愈加愈多，什居其九。"② 但黄氏亦在古人那里找到"变法"的合法性，又言："及观吴东发、巴慰祖画亦类此，欲简不简。简是求脱，求脱太早，虽新罗为论画者诟病。今悟出作画须候兴会，略存敷衍即繁杂，自觉讨

---

① 关于溥心畬、齐白石在北平沦陷时期的活动较多，笔者在此难以全部列出，仅各举一例来说明。关于齐白石，如 1942 年 1 月 16 日《戏剧报》第 1 版载文《冬振书画陈列在长安楼头，会场盛况观后记》，言及这次书画展的主办方是"北京新闻协会"，展览的目的是为"大东亚战争献金"而举行合作戏，其中征求的书画名家有周肇祥、齐白石等，"齐白石先生的《延年酒》，绘菊花酒坛"。1942 年 1 月 20 日之《电影报》第 1 版亦载文《新闻协会献金合作戏颁奖名贵书画》报道此事，1942 年 1 月 20 日之《戏剧报》第 4 版也有记载此事。关于溥心畬，如 1938 年 6 月 10 日《晨报》第 5 版载"北京同业新闻协会"（会长武田南阳，副会长欧大庆）举办的赈灾书画展中，溥心畬所绘中堂亦售出。

② 王中秀主编：《黄宾虹文集全编·书信编·陆》，荣宝斋出版社 2019 年版，第256 页。

厌。惟先静思结构，一切成竹在胸，而后以笔追之。"① 吴东发、巴慰祖皆为乾嘉年间以金石入画的大家，黄宾虹极为推崇，其后言及的"兴会"之说直至北宋苏轼画竹的典故，此际黄氏变法的知识系统上溯之北宋，这一指向在1947 年与傅雷信中已然十分明确："又以北来搜求唐宋画迹，窃以北宋人多画阴面山，且用重墨，如夜行岩壑间，层层渲润，必待多次点染，须待岁月而后了，虽未免沾滞重浊，然于实后求虚，亦习画必由之径。"② 其早年蜀行中"夜山行"的造化体悟与对宋画的"心源"至此融会于笔墨，诉诸画面，生成浑厚华滋的自家面貌。牛克诚认为，黄宾虹的画史排行榜上，北宋画排第一，进而指出黄氏画史观的"北宋为归"③，从黄宾虹变法的经历而言，切中肯綮。

当困居北平的黄宾虹一边与傅雷在书信中探讨画史、画学思想，一边正实施以"北宋为归"的中国画变法时，一位即将在北平画界掀起滔天巨浪的风云人物——徐悲鸿，携夫人廖静文及吴作人等于 1946 年 7 月 24 日由沪上北来，7 月 31 日下午 8 时至北平，而其"先行官"宋步云教授早已先期抵平，并代表国立艺专的新掌门人徐氏接洽一切。④ 徐悲鸿重掌国立北平艺专后，8 月即刻聘请黄宾虹出任国立北平艺专的国画理论教授。⑤ 耐人寻味的是，这已经是徐悲鸿第二次邀请黄宾虹任职国立北平艺专⑥，这一次，

① 王中秀主编:《黄宾虹文集全编·书信编·陆》，荣宝斋出版社 2019 年版，第256 页。

② 王中秀主编:《黄宾虹文集全编·书信编·陆》，荣宝斋出版社 2019 年版，第257 页。

③ 参见牛克诚《北宋为归——黄宾虹画史观初探》，载中国艺术研究院美术研究所编《黄宾虹研究文集》，山东美术出版社、浙江人民美术出版社 2008 年版，第 412—413 页。

④ 参见《徐悲鸿今由沪北上办理艺专复员》，《益世报—北京》1946 年 7 月 24 日;《徐悲鸿已抵平　昨接收艺专　定十月上课》，《经世日报》1946 年 8 月 2 日。

⑤ 详见王中秀编著《黄宾虹年谱》，上海书画出版社 2005 年版，第 475 页。

⑥ 1928 年秋，徐悲鸿因李石曾之招，出任北京艺专校长，并来沪约黄宾虹为国画系主任，因神州国光社接手，婉谢。详见王中秀编著《黄宾虹年谱》，上海书画出版社2005 年版，第 201 页。

据黄氏在信中对友人言称："适以南来旧友接长艺校……约有担任理论，坚不能辞……勉为应之。"[1] 信中的"旧友"，即徐悲鸿。何以称其为旧友？原来二人早在 20 世纪初便结识于上海哈同花园，黄氏在上海得到的第一份教职——暨南大学中国画史教授，源自徐悲鸿之函荐，而且徐悲鸿亦曾出任黄宾虹为校长的中国文艺学院教授，黄氏亦曾与之合作绘画等[2]，也即，二人在上海交往多年，对于黄氏而言，徐悲鸿确为其"南来旧友"，因而对于徐氏之邀，且"坚不能辞"，黄氏只能"勉为应之"。两年后，也即 1948 年 7 月 23 日，黄宾虹悄然"南返"，离平飞沪[3]，后经沪入杭，开启了黄氏人生中最后的"杭州时段"。自此，除 1951 年 10 月因参加中国人民政治协商会议第一届全国委员会第三次会议赴京外[4]，再也没有踏上这方他曾经"赏心惬目"过，亦亟图"南返"的"避居之地"。

对于徐氏"坚不能辞"的力邀，黄氏揆诸之后，"勉为应之"，个中原因，基于笔者前文中之检讨，显然是因为黄氏此际"南返"之心已定。据黄宾虹的女婿赵志钧在《裘柱常〈黄宾虹传记年谱合编〉考辨》一文中阐释，黄宾虹南归是因为接受了杭州艺专之聘，且早于黄氏南归前一年，也即 1947 年，后几经函催，才于 1948 年成行。[5]1947 年黄宾虹小女黄映家与赵志钧在东北完婚，但 1948 年因东北爆发辽沈战役，赵志钧返回北平，住在黄宾虹家中。[6]1948 年 7 月黄氏南返沪上，亦是赵志钧陪同，携带黄氏千方

---

[1] 1948 年黄宾虹与黄居素书，详见王中秀主编《黄宾虹文集全编·书信编·陆》，荣宝斋出版社 2019 年版，第 285 页。

[2] 详见王中秀编著《黄宾虹年谱》，上海书画出版社 2005 年版，第 132、189、246、365 页。

[3] 参见赵志钧编著《画家黄宾虹年谱》，北京人民美术出版社 1992 年版，第 168 页。

[4] 参见赵志钧编著《画家黄宾虹年谱》，北京人民美术出版社 1992 年版，第 174 页。

[5] 参见赵志钧编著《画家黄宾虹年谱》，北京人民美术出版社 1992 年版，第 217 页。

[6] 参见朱文楚《民国人物风流录》，浙江大学出版社 2015 年版，第 17—20 页。

古印石与古画，乘飞机抵沪，借住姻亲江松如家中。[①] 如此而言，赵志钧言黄氏早在 1947 年便已接受杭州艺专的聘职，结合其在北平的现实生计，应是可信的。由此可知，对于徐氏的力邀，黄宾虹的确"勉为应之"。那么，除此之外，是否另有隐情？实际上，黄宾虹与这位重掌国立艺专的"南来旧友"徐悲鸿曾在上海交往颇多，对其"知根知底"。青年时期的徐悲鸿受岭南高氏的"折衷理论"影响颇深，1920 年徐悲鸿在《绘学杂志》发表《中国画改良论》一文中提出"西方画之可采入者，融之"[②] 的观点，显然有高氏的画学思想"基因"。对于高氏之"折衷"、徐氏之"融合"，基于笔者前论，黄宾虹一直坚守并践行的是"中国文化的主体认同"，其对于中西画学之"取舍"的态度与中国画学会金城等提倡的"精研古法，博采新知"，在观念逻辑上具有一致性。[③] 对于高氏，也即高剑父，黄宾虹对其折衷的画学思想虽没有正面提出"异议"，但洪再新撰文指出，黄宾虹因与张虹、高剑父的交往，直接介入了 20 世纪 20 年代广东国画研究会"理论交锋"，且张虹与黄氏的联手，实质是"折衷派"面临危机。[④] 1925 年黄氏撰写《中国画学谈——时习趋向之近因》一文发表于《华南新业特刊》，文中对日本美术的现状有一番评论："明治维新，文教改行西法，然日本学术，大都来自诸邦，学校尚欧洲之风，民间兼习中国之画，国家权衡文艺，二者并取，汇为程式。其习中国画者，囿于闻见，日即浇漓，鉴别收藏之家，仅专精于中国明代之画，唐宋及元，非其所尚。近染欧化，又事精能，而笔墨之道，去古

---

① 参见朱文楚《民国人物风流录》，浙江大学出版社 2015 年版，第 21 页。

② 徐悲鸿：《中国画改良论》，原刊于《绘学杂志》第 1 期，转引自郎绍君、水中天编《二十世纪中国美术文选（上卷）》，上海书画出版社 1999 年版，第 39 页。

③ 参见杭春晓《温和的渐进之路——以民初北京地区中国画传统派画家为中心的考察》，博士学位论文，中国艺术研究院，2006 年。

④ 参见洪再新《学术与市场：从黄宾虹与张虹的交往看广东人的艺术实验（上）》，《荣宝斋》2004 年第 3 期。

益远。"①高氏的折衷思想即源自日本,而黄氏认为近代日本绘画,"笔墨之道,去古益远",对于借鉴日本绘画资源来改良中国画者,黄氏显然是不赞同的,因而,又言:"学者自为兼收东西画法之长,称曰折中之派。夫艺事之成,原不相袭,各国之画,有其特色,不能浑而同之。此调停之说,似无容其置喙也。"②之后,黄氏亦在1944年撰写的《改良国画问题之检讨》一文中,通过诉说二人交往的一段秘事,极委婉地重申了其关于中国画的本位观。③黄宾虹与高剑父基于不同的知识系统而建构的中国画认知具有极大的差异性,但这并不影响二人的交往,实际上,黄氏对于高剑父之"艺术救国"的思想是极为认同的④,并成为黄氏一生津津乐道的理想,即使是在北平沦陷期间,亦是一种"不虚己"的认同。高剑父在辛亥革命后毅然弃官跑到上海从事"艺术救国"的举动,与黄宾虹当年谢绝进入安徽政府、坚持在上海研究画学的决定可以说是不谋而合,有异曲同工之妙。尽管两人在中国画的道路选择上大相径庭,但对于"艺术救国"这一终极关怀却是殊途同

---

① 黄宾虹:《中国画学谈——时习趋向之近因》,转引自王中秀主编《黄宾虹文集全编·书画编·上·壹》,荣宝斋出版社2019年版,第174页。
② 黄宾虹:《中国画学谈——时习趋向之近因》,转引自王中秀主编《黄宾虹文集全编·书画编·上·壹》,荣宝斋出版社2019年版,第174页。
③ 黄宾虹《改良国画问题之检讨》文中载高剑父自广东入沪会晤黄宾虹,言去日本精求画境,需年余,然数旬即归,问之,则言:而今知专心研求中国古画矣!何也?高剑父言去日本拜访旧友,表明来日本学画之意,然日本友人引他登楼观中国古名画,皆中国明代李流芳、查士标真迹,并一一为之指导,并且日本友人告诉他:我辈略师其法,已得盛名,子尽归而求之,当有胜于此者。详见王中秀主编《黄宾虹文集全编·书画编·下·贰》,荣宝斋出版社2019年版,第865—867页。由此表明,以高剑父为首的中西融合折衷派的画风,其盛也日本,衰也日本。其后,高剑父画风有复古之意当是受此影响。另外,从这段文字也可以反衬黄宾虹自始以来所坚持的中国文化的本位观在当时的多重路径中是有着积极意义的。
④ 黄宾虹与友人的书信中多次提及高氏艺术救国的思想,与友人释理严的书信中,又提到了广州高剑父的"以画救国"(应为"艺术救国");在题张虹画草稿中言:"今谷雏先生,缅想古人,诱掖后彦,将以振兴文化,建治隆平,艺术救国,为不虚已。"

归。1948 年 10 月 9 日之《民报》上刊发了《宾虹老人在西湖》一文，黄氏倡言："应该在文化及艺术的领域上努力做去，要信仰艺术救国。"耄耋之年的黄宾虹仍然难忘"艺术救国"，可见，"艺术救国"早已成为一种"信仰"熔铸、贯穿于其整个生涯中了。

基于黄宾虹与高剑父画学观之检讨，对于比高氏还晚一辈的徐悲鸿之中国画学观，黄氏显然是"知根知底"。徐悲鸿深受高氏画学观之影响，事实上，徐悲鸿在留法之前，亦曾有日本之行，虽仅有半年，但此行对于徐氏之"艺术观"产生强有力的影响，以至于有学者指出：徐氏的半年日本之旅不亚于其八年的法国之行。[①] 如此而言，徐氏之"中国画改良论"的知识基因亦并非单一向度，日本因素亦嵌合其中。黄氏对徐氏知根知底，反过来，徐氏对于黄氏呢？或言之，在徐悲鸿的认知中，黄宾虹扮演了一个怎样的角色？徐悲鸿重掌国立北平艺专后，力邀黄氏出任的是国画理论教授；1928 年，徐氏函荐黄宾虹获得暨南大学的教职亦是中国画史教授；黄氏任职上海美专时亦教授国画理论，至刘海粟重掌美专，进行人事调整，国画理论工作方由潘天寿负责。依据笔者整理的《1928—1936 黄宾虹上海教职工作一览表》可知，黄氏的教职生涯，几乎都是以教授中国画理论为主，由此可知，在彼时的语境中，时人对于黄氏的身份认知，很大程度上是一位德高望重的美术理论家，画家的身份显然是"附属"于这一身份之后了。行文至此，揆诸在本书前文中关于"汪亚尘公宴事件"的检讨，同一事件，却是不同的报道，亦是基于京、津艺术圈对黄氏身份认知的差异而造成的。前述翀鹏撰文对黄氏画风的尖锐批评，在谈及画风前，首先肯定的是其"画史烂熟""精于鉴赏""书读的比较多"。而署名为"石"的作者在《齐溥画展观后》一文中亦阐明"黄宾虹论画诗文俱上乘，惜作品信笔乱涂，墨色重而太

① 参见华天雪《徐悲鸿与日本美术的关系——以对徐悲鸿〈日本文展〉的解读为中心》，2018 年 4 月 12 日晚六点半，中国艺术研究院美术研究所研究员华天雪在中央美术学院美术馆学术报告厅举办的讲座，笔者时在现场。

病",称其眼高手低。可见,黄氏在彼时艺术圈中所扮演的"中国画理论教授"之角色远比"著名画家"更为人熟知和接受。那么,于徐悲鸿而言呢?徐氏于1950年撰写的《四十年来北京绘画略述》①一文,将民初、北平沦陷前后的北平画坛重要画家都简要进行了阐述,不仅有溥心畬、齐白石、周肇祥,亦有弟子辈的田世光等,但对于困居北京长达十多年的黄宾虹却只字未提,何以?显然,黄宾虹在徐氏眼中,只不过是德高望重、知识渊博的国画理论教授,其著名画家的身份并未得到以徐悲鸿为首的北平画界的认同。其实,这并不是徐悲鸿一个人的眼光。1947年7月25日,北京成立美术作家协会,徐悲鸿为名誉会长,齐白石、溥心畬为名誉会员,时黄宾虹亦在京,但未被邀请出席。②实际上早在1946年12月22日召开的美术作家座谈中,黄氏亦未曾被邀出席。③可见黄氏在北平画界之真实际遇。在王扆昌等主编之《中华民国三十六年中国美术年鉴》中亦有黄宾虹小传:"精于书法,又善画艺,尤擅诗文,考古鉴藏,博学多才,艺友门生遍及中外,名重士林,著有《中国画史》《古画微》等书问世。"④由此更可确定,在彼时画坛,黄宾虹被认同的真实身份是博学多才的美术理论家,远非今天拍卖市场中作品动辄上亿元的绘画"大师"的形象。书中介绍黄氏的文字竟不到百字,所占篇幅与齐白石、溥心畬等难以相较,甚至在今天看来很多"名不见经传"的画家,其小传无论是文字数量还是所占版面都远远超过黄宾虹,揆诸黄氏在今天的身份与形象,确实难以想象,而这也足以证实,黄宾虹在彼时之真实身份及境遇,远非当下普遍认同的"大师"形象,由此亦可以发出一系列追问:黄宾虹在今天的形象是何时以何种方式被步步建构、形塑生成的?在被

---

① 参见王震编《徐悲鸿文集》,上海画报出版社2005年版,第149—150页。
② 参见《美术作家协会,昨开成立大会》,《华北日报》,1947年7月25日,第5版。
③ 参见《美术作家座谈推进艺术工作》,《华北日报》,1946年12月22日,第3版。
④ 王扆昌等主编:《中华民国三十六年中国美术年鉴》"传",上海市文化运动委员会、中国图书杂志公司1948年版,第90页。该书被誉为有史以来第一部有关中国美术学科的年鉴,内容宏富,资料翔实,有着重要的史料价值。

建构的历程中也导致当下黄宾虹研究多聚焦于其笔墨话语的探讨，揆诸其在彼时的真实身份与成就，是否有"顾此失彼"的嫌疑？更为重要的是，在当下艺术史研究呈现开放性的"场域化"特征时，面对历史中的黄宾虹，我们又能生发出何种提问方式？提出怎样的问题？

基于对黄宾虹的身份认知，徐悲鸿重掌国立北平艺专后，即刻力邀这位"沪上旧友"入职艺专，出任国画理论教授。毕竟，对于徐悲鸿而言，黄氏作为其沪上旧友，此际入职以徐氏为掌门人的国立北平艺专，从某种角度而言，便成为徐氏率领下的"新人"。徐悲鸿曾有出任国立北平艺专的经历和经验[①]，1946 年再次出任国立北平艺专校长后，立刻在系别设置、学生学制、教学管理、教员应聘等方面进行大刀阔斧的整改，诸如将陶瓷科拟并入图案系[②]，学制改五年制，录取学生考试科目中，素描占百分之三十五，等等[③]，人事问题上，则辞退溥雪斋、胡佩衡、吴镜汀、溥松窗等教员，重聘教员如黄宾虹等，教学改革方面则是逐步实施其以素描为核心、改造中国画的"新国画"之方案。[④] 关于徐氏力倡的"新国画"，其撰文《新国画建立之步骤》予以阐释："新中国画至少人物必具神情，山水须辨地域，而宗派门户，则在其次也。所谓物有本末，事有终始，知所先后者，理宜如是也。"[⑤] 是文中，对于新中国画的山水画的标准是"辨地域"，"宗派门户"为次要，

---

① 徐悲鸿在 1928 年 11 月—1929 年 2 月任北平大学艺术学院即后来的国立北平艺术专门学校的校长。详见《北平大学各院长人选已定 五十万经费业已筹妥 于最短期间正式上课 李书华谈话》，《益世报—北京》1928 年 11 月 5 日；《徐悲鸿已□卸呈报备案》，《新晨报》1929 年 2 月 7 日。

② 参见《徐悲鸿谈接收后之艺专仍设中西画雕塑图案四系 当前工作为校舍问题》，《华北日报》1946 年 8 月 3 日。

③ 参见《国立艺专改五年制 徐悲鸿谈改制原因》，《华北日报》1946 年 9 月 14 日。

④ 参见《徐悲鸿招待记者为摧残国画事声辩 著发〈新国画建立之步骤〉文》，《经世日报》1947 年 10 月 16 日。

⑤ 徐悲鸿：《新中国画建立之步骤：新中国画之建立既非改良，亦非中西合璧，仅直接师法造化而已》，《雍华图文杂志》1948 年第 8 期。

这一认知标准恰是黄宾虹山水画被诟病最多处①，黄氏画风追求的是由金石笔法建构的"浑厚华滋"，笔墨的趣味最重要。文中最紧要处徐氏强调："素描为一切造型艺术之基础……中国罕能有象物极精之素描家，中国绘画之进步，乃二十年以来之事。故建立新中国画，既非改良，亦非中西合璧，仅直接师法造化而已。"此论调一出，立刻震动北平画坛，继而出现"国画教授罢职事件"，不断酝酿，最终引发了几乎长达一年的"国画论战"风波。②关于国画论争之议题，已有学者做出相关的阐释③，笔者在此不作赘述。鉴于本文的研究对象，笔者更加关注的是在这场论争中黄宾虹扮演的角色及对于黄宾虹而言可能产生的影响。值得玩味的是，在这场"国画论争"值"白热化"之际，黄宾虹除积极参加中国画学研究会于 10 月 26 日在中山公园董事会举办的第二十五届展览会及 10 月 31 日举办的合作画大会外④，现有史料中未发现此际黄氏对于国画论争的只言片语，也即，其身为国立北平艺专的教员，可谓是"在场"，但于经过和结果而言，犹如"缺席"，何以如此？显然，黄氏对于其在北平画界的身份和地位定然是十分清楚的，且黄氏"自甘退让"之性格，或许使其在论争的场域中处于沉默状态，但更真实的原因或许为徐悲鸿所力倡之"新国画"对于黄宾虹而言却是一个"老话题"，或言，20 世纪上半叶，黄宾虹经历了太多类似打着"新旗号"的各式

---

① 建公在《为"黄宾虹热"降温——浅淡山水画的传承与时弊》一文中阐释：山水画过于重视笔墨的传统，因而导致在山水画创作中对于山水真实形象的造型的忽视，这一弱势其实在清末、民国时就已经显现出来，一直影响到现在。亦指出黄宾虹山水画中的不足即造型的缺失，"我认为黄老疏于造型，画的黄山、雁荡山和桂林都差不多，没能表现出地貌特征"。详见《中国书画》2005 年第 1 期。

② 这场论战，虽主要集中于 1947 年 10 月间，但在 1946 年 9 月就出现端绪，直到 1947 年的 12 月，仍有论战的信息见诸报端。参见《国画论战风波再起 美术界反对徐悲鸿》，《民强报》1947 年 12 月 8 日。

③ 参见朱京生《被颠倒的历史——国立北平艺专三教授罢教与国画争论事件考察与研究》，《中国美术》2016 年第 6 期。

④ 参见王中秀编著《黄宾虹年谱》，上海书画出版社 2005 年版，第 485 页。

运动。黄氏关于中西画学的"新旧观"，早在 1914 年其于《真相画报》为陈树人《新画法》所撰写的序言中就已"成型"，并一以贯之。黄氏认为："今者西学东渐，中华文艺，因亦远输欧亚，为其邦人所研几，唐宋古画，益见宝贵，茫茫世宙，艺术变通，当有非邦域所可限者……画法常新，而尤不废旧。西人有言：历史者，反复同一之事实。语曰：'There is no new thing under the sun.'即世界无新事物之义。"① 揆诸此文写作的时间，正是西学东渐的风盛之时，黄氏不仅看到这一点，更辩证地指出，在西学东渐的强势外表下，亦包含着东学西渐的悄然发生。黄氏言中西之学，非二元对立的逻辑，而是基于"世界主义"的视角，诚然，这一"世界主义"更大程度上指示的是"西方"。正是基于超越中西二元对立的视角，黄氏认为艺术沟通是跨区域的，此种观点，至今仍有启示意义。对于"新旧观"，黄氏亦持辩证态度，"画法常新，而犹不废旧"，新画法脱胎于旧画法，新旧之间并非对立的关系，是"一而二，二而一"，因而，"虽万古常新可也"。黄氏的"新旧观"于彼时的历史语境中具有发人深省的警示意义，因为 20 世纪进化论思潮风靡一时，一旦陷入，犹不自知，更难以拔除。在进化论的作用下，对于新旧容易产生"进步"与"保守"之价值判断，进而产生"激进"之革命行为，对可能存在的"选择"造成极大的遮蔽，以至于滑向历史的另一端。北平沦陷时期，王石之执掌国立艺专时的日本西洋画教授伊东哲，亦提倡"新的国画"，黄氏在与门生朱砚英的信中予以辩驳："学画舍中国原有最高之学识，而务求貌似他人之幼稚行为，是无真知者。云非循环复古，是学古知新，乃为真知。"② 如此而言，重掌国立艺专的徐悲鸿在 1947 年所力倡的"新国画"对于黄氏而言，当然是老话题了，揆诸徐氏之新国画理论，其言中国画近二十年来之进步，是因为素描的缘故。显然，徐氏之"新"仍然

---

① 黄宾虹：《新画法序》，转引自王中秀主编《黄宾虹文集全编·书画编·上·壹》，荣宝斋出版社 2019 年版，第 79 页。

② 王中秀编著：《黄宾虹年谱》，上海书画出版社 2005 年版，第 416 页。

囿于新旧二元对立之藩篱,单纯以写实能力的提高来谈中国画之进步,并用西洋素描之写实来改造中国画,必然引起北京国画界之强烈反对,在黄氏看来,这是"无真知者",学古知新,乃为真知。徐氏又强调,"新国画仅是直接师造化",对于师造化与临摹的关系,1944年黄氏在刊于《华北新报》的文章《改良国画问题之检讨》中就已经言明:"艺专学校,画重写生。虽是油画,法应如此。中国画论:师古人不若师造化。换言之,临摹古人不如写生之高品。然非谓写生可以推翻古人。舍临摹而不为,妄意写生,非成邪魔不可。"[1] 又言"空谈写生,必无实效",这段话,可以看作黄氏对徐氏之新国画"无声"的反驳。

即便是黄宾虹、徐悲鸿之间对于中国画的认同有霄壤之别,但徐悲鸿才是"掌权者",显然,"掌权者"的认知预示了北平国画未来的历史走向。而揆诸后来的历史,徐氏因"新国画"之"进步"与共产党的文艺政策具有一致性[2],因而成为新中国成立后中国画发展的"主调",如黄宾虹之类的艺术家需要"改造"后才能汇入这一主流,成为"中国人民优秀画家"[3]。当然,这是此际黄宾虹所预料不到的。那么,在徐悲鸿执掌下的国立北平艺专任职,尤其是二人之间关于中国画认同的巨大差异性,黄宾虹的心情可想而知。据宋若婴《黄宾虹回忆录》中所述,在北平期间,黄宾虹生活很不如意,学校重视西画,轻视国画,以及当地画风恶劣,门户之见很深,都导致黄宾虹心境沉闷,加上思乡之情,使得黄宾虹迫切希望南归。[4] 揆诸黄宾虹

---

① 王中秀主编:《黄宾虹文集全编·书画编·下·贰》,荣宝斋出版社 2019 年版,第 865—866 页。

② 徐悲鸿在 1950 年撰写的《四十年来北京绘画略述》一文中言:"迨去年解放,接触到毛主席一九四二年在延安文艺座谈会上讲文艺为工农兵服务,始相顾失色,急起谋改造学习。"详见王震编《徐悲鸿文集》,上海画报出版社 2005 年版,第 150 页。

③ 详见王中秀编著《黄宾虹年谱》,上海书画出版社 2005 年版,第 536 页。

④ 详见宋若婴《黄宾虹回忆录》,载浙江省博物馆编《金石书画·第一卷》,西泠印社出版社 2016 年版,第 195 页。

一生所展开的"避地而居",或基于战争危机,或迫于生计维艰,现实动因往往是迁居的主调,精神危机抑或文化认同的差异往往是副调,但实际上,几种动因之间,何为主调,何为副调,即便是历尽层层检讨,亦难以论证"绝对化",主调与副调,基于不同的情境可以互换。主调、副调之表述与建构,依赖于研究主体对于史料的把握与玩味,因而具有极强的主观性,如何使得研究主体的主观性尽量客观化,以迫近历史之真,须依赖研究主体能否在"共情"的基础上,依据真实的历史语境,兼之研究主体自身对于人生的真情实意展开想象,或许这才是"一切历史皆是当代史"的真正含义。揆诸此际的黄宾虹,虽然现实生活窘迫贫苦,生计艰难,但犹能忍受,因而,即便是黄氏早于 1947 年便接受了杭州艺专之教职,却一直未能南返。但因文化认同之间所造成的鸿沟恐怕是黄氏真正决心南返的内因。黄氏曾自言:"不患莫己知者,求其所可知。"[1] 但此际"北平天时人事已非昔比,且货物高抬,生活陡增百倍,日涨不已,有不止报章所述者"[2]。在文化认同危机和现实生活危机的双重交织中,北平对于黄宾虹而言,"避地而居"的意义不仅早已荡然无存,而且成为黄宾虹真实意义上亟图南返的是非之地。[3]1948年 7 月 23 日,在赵志钧的陪同下,黄氏"携带一捆约数十幅最珍爱的古画,一袋近千方古印",离开了困居多年的北平,飞抵沪上,中国画会在大观园为其举行盛大的欢迎会,黄氏即行演讲《养生之道》。[4] 一月之后,黄宾虹携全家迁居杭州,由此开启了黄氏新的"避地而居"。

---

① 黄宾虹:《改良国画问题之检讨》,详见王中秀主编《黄宾虹文集全编·书画编·下·贰》,荣宝斋出版社 2019 年版,第 867 页。

② 1948 年与张谷雏书,详见王中秀主编《黄宾虹文集全编·书信编·陆》,荣宝斋出版社 2019 年版,第 217 页。

③ 此处所谓的"真实意义",是相对于黄宾虹以"南返"作为借口而生成的某种话语维度进行的比较而言。

④ 参见《中国画会欢迎黄宾虹》,《新闻报》1948 年 7 月 27 日。

第五节　永远的桃花源：黄宾虹在杭州的避地而居

困居北平的黄宾虹，时时刻刻亟图"南返"，基于种种机缘，终获成功，定居杭州。然而，令他意想不到的是，杭州亦并非理想中的乐土，或言之，变动时代，没有一方水土可以"逃离"。居于杭州的黄宾虹，亦是受到现实窘迫生活的煎逼，此种情形见于此际黄氏与友人的通信中。诸如1949年其与黄树滋书中言："时局艰危，到处民生困苦，虽纷纷迁居粤闽，而生活高涨，不可思议"，"杭州货物昂贵过于申江，家乡亦不易住。"[1] 黄宾虹因从北平"南返"、旅途运输，兼及家人生病住院、陡涨的物价，迫使黄宾虹甚至售画易米。[2] 揆诸黄氏一生，几乎都处于现实生活的窘迫中，作为一种日常生活的磨炼，其志历久弥坚，因而，并不能成为黄氏真正的"对手"，迫使其产生"避地而居"的念头。对于黄宾虹而言，最大的危机是文化认同的问题，质言之，其所处文化场中的中国画的认知问题。从某种角度而言，黄宾虹与徐悲鸿之间关于中国画认知问题的差异鸿沟，成为黄氏决意离开北平、迁居杭州的最后一根稻草。但历史的走向，即便是有强烈前瞻意识的黄宾虹也难以摸清，新中国成立之初，文艺"改造"方针以迅雷不及掩耳之势

---

① 王中秀主编：《黄宾虹文集全编·书信编·陆》，荣宝斋出版社2019年版，第335页。

② 此际黄宾虹与上海的友人苏乾英之通信，商讨关于忍痛割爱倪云林画轴之事。1949年黄氏致苏乾英书，详见王中秀主编《黄宾虹文集全编·书信编·陆》，荣宝斋出版社2019年版，第409页。苏乾英致黄宾虹书，详见王中秀编著《黄宾虹年谱》，上海书画出版社2005年版，第508页。

席卷全国各大院校，杭州艺专显然也波及其中，据 1949 年 10 月 14 日《浙江日报》载，杭州艺专推行教育改革，将国画系与西画组合并，采用集体教育的方式，培养学生掌握一切绘画工具以描绘工农兵的斗争与生活。[①] 以黄宾虹为首的传统派老画家自然是"改造"的重点对象。1950 年，虽然黄氏被续聘为艺专教员，但是列入"暂不任课之教员"之列，何以？目的是让这位老画家按照学校所订办法，以更多的时间来进行业务研究与政治学习。[②] 在此情境下，是年夏天，黄氏有北行的打算，其与卓子浩的通信中言："鄙人原拟北行……在宁有西医旧友实验贱躯血压过高，不宜劳顿烦冗……家中亦极禁近笔墨，收藏赏鉴早已置之脑后，现今普及教育，斯道见遗。"[③] 是信透露黄氏此际更真实丰富的细节，其因身体抱恙北行未果，不任课以来，便流览林壑，到处山居僻壤，且家中已禁笔墨，普及"教育"的情形下，其所坚守的中国画之"道"早已被"遗"，揆诸北行的内在动因，显然是"避地而居"的心理机制重新运作的结果。1951 年，黄宾虹向好友咨询老家潭渡的情形，已经开始为迁回老家做前期准备了。何以？因为中国山水画、花鸟画不适宜反映工农兵的新生活，所以美院禁止学生观摩、研习传统旧画，如此，像黄宾虹这样重笔墨趣味的老画家之处境可想而知。据石谷风回忆，面对如此的情形，黄宾虹神情黯然，言道："现在他们不需要我们这套了，还不如回乡种地。"[④] 此际其心境之悲凉，似乎溢出文字，可感可听。此情此景，远非其在徐悲鸿掌控的国立北平艺专时的境遇所能比拟。对于黄宾虹，何处才是能够真正"避地而居"的桃花源？或许，处于变动时代的语境中，避地而居的桃花源永远是一个"坦塔罗斯的苦恼"，可望而不可即的海市蜃楼。当黄宾虹孤零零地立于走廊，看到挂在阴暗角落里的山水画，被风吹得

---

① 详见王中秀编著《黄宾虹年谱》，上海书画出版社 2005 年版，第 514 页。

② 详见王中秀编著《黄宾虹年谱》，上海书画出版社 2005 年版，第 518 页。

③ 王中秀编著：《黄宾虹年谱》，上海书画出版社 2005 年版，第 518 页。

④ 王中秀编著：《黄宾虹年谱》，上海书画出版社 2005 年版，第 525 页。

飘曳不定，发出泼剌剌的声响时，内心不知又有怎样的波澜。诚然，自黄宾虹当选为全国委员并进京参加中国人民政治协商会议第一届全国委员会之后，直至逝世前都享受到了新政府下人生中莫大的荣誉[①]，但与其逝世后家属在遗物捐献过程中遭"冷遇"之间所形成的巨大落差相较[②]，黄宾虹在当时的真实之境遇可见一斑。民国时期，黄宾虹虽集多重身份于一身，但于画界被广泛认同的还是其国画理论教授的身份，其画家身份实依附于国画理论教授的身份之上，加之其晚年"变法"形成的自家面貌，虽亦有认同者，但与齐白石、溥心畬、张大千等著名画家仍难以相比肩，这是黄宾虹在民国时期的真实身份和地位；新中国成立时，黄氏已进入耄耋之年，画风虽早已成熟，且极具创造性，但与新中国成立之初具有极强"政治话语"色彩的文艺

---

① 莫大的荣誉，包括 1952 年被推为浙江省第二届全国人大代表；1953 年中华全国美术工作者协会杭州分会及中央美术学院华东分院为其联合举行隆重之九十寿辰庆祝会，授予其"中国人民优秀画家"奖状，并被聘为中央美术学院民族美术研究所第一任所长；1953 年 9 月被选为中国文学艺术界联合会第二届全国委员；被推为中国美术家协会理事；1953 年冬为毛泽东主席作《南岳山水图》；1954 年被推为华东美术家协会副主席；被推为浙江省人民代表大会代表、浙江省文学艺术工作者大会主席团成员；华东美术家协会为其主办黄宾虹作品观摩展；当选为政协第二届全国委员会委员。参见王中秀编著《黄宾虹年谱》，上海书画出版社 2005 年版，第 534—557 页。

② 据徐聚一在书中言：按照黄宾虹之遗愿，其遗作遗物，全部捐给国家，但黄氏逝世后，却一直存放于黄家，时间达几年之长，政府迟迟未正式接收。宋若婴女士为此很是焦急，因为东西捐出已算公物，但却仍要其看守，责任未免重大。因此宋若婴曾数次上书政府，却无回复。直至 1958 年 5 月，黄宾虹的遗作遗物，才由浙江省博物馆入藏。详见徐聚一《视而觉之言》，四川美术出版社 2008 年版，第 262 页。另，笔者手中有一本当年宋若婴及家人捐赠遗物的小册子，是原本的复印本，详细记载了黄氏所捐献的所有遗物，册子最后附录浙江省文化局所开之《黄宾虹先生遗物捐献书》，书中言："黄氏家属秉承先生遗志，数度提出将其遗物全部捐献给国家，浙江省文化局经中央文化部指示，于一九五八年三月会同中央美术学院华东分院将黄氏遗物进行清点。"附录中还包括中央文化部及浙江省人民委员会文化部共同所拟之《奖状》，时间亦是 1958 年 3 月。可见，徐聚一书中所言确实可靠。此册承蒙中国美术学院王犁教授相赠，亦在此表示感谢。

政策不符，但鉴于其德高望重的身份，生前被给予"国宝级"的荣誉，但逝世后却遭冷落，遗物捐赠一波三折，足证其真实际遇。据宋若婴回忆，当黄宾虹弥留之际，呻吟中断断续续地念出："呸！何物羡人？二月杏花八月桂；呸！有谁催我，三更灯火五更鸡。"① 乾隆年间的进士彭元瑞亦有自题诗一首："何物动人，二月杏花八月桂；有谁催我，三更灯火五更鸡。"诗中"二月杏花八月桂"是科举时代乡试和会试的隐喻。可见，临终之际的黄宾虹，神思早已回到自己青年时代在金华、潭渡苦读诗书、求取功名的时光中。换句话说，弥留之际的黄宾虹，开始回溯原初创伤之地——"避地而居"观念和机制的生成之地。直白而言，仅仅存在于记忆场域中、现实早已物是人非的"故乡"才是作为主体的黄宾虹真正想要"避地而居"的地方。

---

① 王中秀编著：《黄宾虹年谱》，上海书画出版社 2005 年版，第 560 页。

小结

揆诸黄宾虹在北平的"避地而居",从 1937 年到 1948 年,表面上看,即黄宾虹在同一时空——北平,居住长达 11 年。但在历史时间中却迥然有异,因为在 11 年中存在两种不同的历史时间,也即两种不同的历史语境。因而探讨黄宾虹在北平的避地而居,就必须考虑到,作为主体的黄宾虹基于不同历史语境下的影响和建构,其"避地而居"的合法性问题。1937 年至 1948 年,显然,我们可以把它分为北平沦陷时期和北平沦陷结束后两种不同但又真实存在过的历史语境。基于不同的历史语境,作为历史中存在的主体的黄宾虹,自然作出不同的反应。尽管无论是在北平沦陷时期还是北平沦陷后,黄宾虹都亟图"南返",但不同的语境中,作为话语的"南返"背后显现的意义迥然,因而,应该进行甄辨、厘清。

北平沦陷的语境中,黄宾虹亟图"南返",因为这是一个"丧失合法性"的伦理空间,还诸黄宾虹本身,一个具有传统文人和现代知识人混融的身份——过渡时代的过渡身份——的主体身上,我们发现,黄宾虹在认同的"归属"问题上具有矛盾性,或言是游离的不确定性。黄氏在此际对遗民画家的研究、其"竹北簃"[①] 的印章中所呈现出的"隐微修辞",都鲜明地隐喻

---

① 竹北簃,是黄宾虹在北平沦陷时期的一方印章,根据石谷风的回忆,在 1937 年冬其在黄氏的北平家中见到。详见石谷风《古风堂艺谈》,天津古籍出版社 1994 年版,第 11 页。另外,据笔者对竹北簃这方印章中"簃"的考证,除表示植物的含义外,还是汉代的官名"簃中厩监",据《汉书·昭帝纪》载:"簃中监苏武前使匈奴,留单于庭十九岁乃还。"如此而言,黄宾虹的竹北簃印章,假借"簃"字,隐喻对苏武的认同,苏武被滞留在匈奴统治的时空中,黄宾虹彼时亦有此感。

了其假借遗民而进行的身份想象与认同。"遗民"话语是文人于鼎革之际对"故去之国"的怀念而形成的一种特殊的身份确认，北平沦陷的语境中，溥心畲是前朝旧王孙，是典型的遗民身份，而且是"三度遗民"①，但黄宾虹不是，黄氏虽然参加科举考试，但最终未能取得入朝做官的功名，那么其假借遗民身份的想象与认同，认同的是谁？在认同的归属问题上，黄氏身上并没有明显的确认，事实上，黄宾虹比较有明确的国家认同的言说，是 1948 年其在上海美术茶会的演讲《国画之民学》，文章开篇第一句即："我国号称中华民国，现在又为民主时代，所以说：'民为邦本。'"②但在北平沦陷时期，却难有如此明确的话语阐释，沦陷中的话语，对于黄宾虹一般的读书人而言都是为取得合法性的"隐微修辞"。③因而，其在沦陷中的"言说"与"历史行动"，很难纳入 20 世纪民族国家建构的宏大叙事中来，只能是黄宾虹基于个体的、游离的不确定性的叙事，而遗民话语，作为一种可以假借的资源，正好可以表现这种基于个体的、无序的经验碎片。从某种角度而言，这种零散的、个人化的经验反而能够更加真实地呈现出作为主体的黄宾虹在彼时的心路历程。黄宾虹在沦陷时期与友人的书信中，对于"北来动因"的主动编辑和"南返"的不断诉说，建构了其在沦陷时期生存的合法性。但沦陷结束后，黄宾虹仍然不断言说南返，但语境不同，南返背后的真实意图也随之改变，需要进行甄辨、厘清。

北平沦陷结束后，沦陷时期"合法性"的意义建构便不存在，黄氏虽仍然亟图南返，但却迟迟未能动身，因而其书信中不断言说的真实生活的窘

① 杭春晓所指出的三度遗民，即王朝遗民、民族化遗民和乡土遗民。详见张楠《松窗采薇——北京画院溥心畲绘画作品展研讨会》，载王明明主编《大匠之门 2》，广西美术出版社 2014 年版，第 209 页。

② 王中秀主编：《黄宾虹文集全编·书画编·下·贰》，荣宝斋出版社 2019 年版，第 923 页。

③ 参见袁一丹《隐微修辞：北平沦陷时期文人学者的表达策略》，《中国现代文学研究丛刊》2014 年第 1 期。

迫，成为其"归与不归"之间未能立刻动身的合法性意义建构的动因，揆诸黄宾虹后来经历的人事纠缠诸如故都文物研究会的展览、小女出嫁、徐悲鸿的新国画改良事件，等等，可见，黄氏迁居杭州以作"避地而居"的内部动因，是基于与徐悲鸿之间的对中国画认同的巨大差异。但是迁居杭州之后的历史走向是黄氏无法预料的，其在北平遭遇的文化认同危机在杭州更是如疾风暴雨般涌现，因而在现实、理想的双重矛盾交织中，避地而居的心理机制重新运作，黄氏又开始寻找新的避居之地。因而从某种角度而言，黄宾虹的"避地而居"，实际上是作为一个被建构的、欲望匮乏的主体的不断回溯的、循环往复的表现，"避地而居"是作为主体的黄宾虹永远的"桃花源"。

结论　黄宾虹个案研究的价值与反思

　　"结论"部分是本书的最终篇章，亦是本书"价值""创新性"等的彰显。也即，"结论"要建构课题研究的创新价值。从某种角度而言，这是"知识"的"功利性"色彩的呈现。通过个案的历史研究，对于研究者自身而言，得到更多的是一种"反思性"，也即是否对于自身史观有所增益。优秀的历史作品都能体现对研究者自身所处时代的关怀，或许这才是"一切历史皆是当代史"的真正含义。因而，笔者在"结论"部分的呈现，一部分是功利性的价值，更多的是一些反思。或言，笔者的课题关乎黄宾虹的个案研究，但目的却并不是为了黄宾虹而研究黄宾虹，希冀借助黄宾虹个案去窥视那个时代，窥视那个时代是为了更好地认知自身所处的当下，或言，我们总是从"他者"那里去获得对自身的观照。

一、几点价值

　　第一，祛除"熟悉化"的遮蔽。其实，选择一位今天被普遍认为是"大师级画家"的黄宾虹进行个案研究，但在论文的研究中却鲜有对其绘画作品的阐释，这似乎看起来不具备论证的"合法性"。何以？首先，针对笔者自身而言，并非绘画专业出身，所储备的绘画经验、知识匮乏，从而"先天"不具备合法性；其次，因为笔者选择的是一个被当下普遍认可的"画家"来进行研究，但是于整本书中却鲜有对其作品的阐述，有"非专业化"的嫌疑，从而不具备"合法性"。但是，当笔者把这一问题呈现出来的时候，亦会揆诸自身，何以会去反思这个问题？或言，对于画家的身份，是否会产生一种认知上的不确定性？当然这是基于"我"——因当下知识资源的建构生成的主体——在面对问题时所产生的认知的结果呈现，事实上，揆诸这一问题，是基于语境的不同而产生的认知差异。也即，原来画家的身份即一种正常化的职业，在熟悉化的经验认知中无须检讨，但是置于今天的语境——去熟悉化——我们要对画家何以被塑造、画家的身份等问题产生一种新的反思与认知。相对于黄宾虹而言，笔者通过对这一个案的检讨发现，事实上，黄宾虹画家的身份在真实的历史语境中并非其最主要的被认可的身份，反而其美术理论家、古文字学家、书法家、金石鉴藏家、书画鉴定家、媒介主编、教授等身份是被更加广泛认同的，画家这一身份是被附着于这一系列身份之内的，抑或而言，其作为画家的身份并非如今天般是身处神坛或难以回避。但是，今天我们对黄宾虹的身份认知却恰恰相反，也即，我们首先把他看作一个大师级的画家，其金石、诗词、鉴藏、古文字等的修养被看作黄宾虹画家身份生成的一种"养料"或"土壤"，特别是通过对近百年来关于黄宾虹学术史研究现状的检讨，我们发现，自20世纪80年代以来，对于黄宾虹研究呈现出的以笔墨为中心的话语体系，使得黄宾虹在彼时历史语境中的真实身份被不断遮蔽，层层蒙面，长此以往的结果，便是当我们在提到黄宾虹时，脑海中首先映出的是其大师级的画家形象。著名的艺术史家郎绍君先生指出，20世纪艺术史抑或中国现代美术史的一个根本性的任务就是追求真实，祛除遮蔽性，力求最大限度地还原历史真貌。[①]若以此角度而言，笔者以黄宾虹的"避地而居"为中心展开研究，对于黄宾虹一生的重要节点以生活史视角进行阐释，建构了可以展开研究的合法性。本书所选取的角度本身就显现出对当下普遍被建构的黄宾虹这一大师形象的质疑，并反思这一被建构的过程，在去掉这一"熟悉化"经验认知的基础上，回到历史语

---

① 　参见张鹏《郎绍君：寄淡泊以发豪猛》，《光明日报》2018年9月17日。

境中去看待黄宾虹于彼时被认同的真实身份，而并不是一个被后世建构的黄宾虹。从某种角度而言，熟悉化本身就是一种"遮蔽"，因此对于本书而言，祛除熟悉化认知造成的遮蔽、还原黄宾虹的真实身份才是首要任务，亦是本书的一点"价值"所在。正如郎绍君先生所言："我们努力投下一束光，起到一点去蔽的作用。这出于需要，也是可能的。"①通过检讨，发现了黄宾虹被遮蔽，就有了去遮蔽的需要和前提，但作为研究者，自身也必须时时检讨是否造成了无意的遮蔽，因为那也是"黑暗"。

第二，新史料的发现与运用。傅斯年有句名言：研究史学能扩充史料则得进步，不能扩充史料则不得进步。在黄宾虹研究的知识层面，笔者怀"上穷碧落下黄泉、动手动脚找材料"的态度，对黄宾虹的材料全面搜罗，最终挖掘出未经检讨的新史料，诸如黄宾虹1936年北平之行中参加"汪亚尘公宴"的事件报道与发布照片、《益世报—北京》中关于北平围棋社举办黄宾虹画展的相关报道等，对这些史料的重新阐释和运用，成为笔者文中重建黄宾虹北平一行中交游场域的关键"事件"和"节点"，亦能够丰富和拓展"黄宾虹研究"这一叙事话语的复杂、多元面向。

第三，对于"黄宾虹研究"叙事的细节进行考证和阐释，如黄宾虹1936年北平之行中的交游对象与事件、1936年10月北平围棋社举办的黄宾虹画展及过程、黄宾虹川行的动因及结果、黄宾虹1938年隐秘的金华之行、黄宾虹困居北平时的真实生活状态及"南返"动因检讨，等等，重建黄宾虹的交游场域，为后世对于黄宾虹处于不同历史语境中的真实身份的认知与解读提供了更丰富的观看路径。

第四，揆诸黄宾虹一生中不断展开的"避地而居"，基于诸种动因，既有现实的生存危机，亦有身份认同、文化认同导致的理想矛盾，皆因处于变动时代下的"安身立命"的选择。以黄宾虹个案，可以窥视诸如黄宾虹一般

---

① 参见张鹏《郎绍君：寄淡泊以发豪猛》，《光明日报》2018年9月17日。

的传统文人、现代知识人抑或兼具过渡时代过渡身份的读书人群体，于变动
时代的历史语境下基于"安身立命"而做出的不同选择，亦是读书人群体精
神历程的图谱呈现。而作为个体的人是难以摸清历史的动脉走向，只能随波
逐流，上下沉浮，即便是有强烈的前瞻意识，亦会因为历史走向的突然改变
而失效，于此而言，"避地而居"亦是变动的时代"印记"对于个体的强烈
投射。

二、几点反思

第一，历史研究中游离的不确定性。通过检讨，可知黄宾虹在选择
"避地而居"或亟图"南返"的过程中，呈现出一种反复或游离不定的心态，
后世研究者在面对研究对象呈现出这一状态时，值得警惕和反思。因为传统
的叙事研究中，往往会把研究主体纳入研究者所预设统一的、中心的、对称
的叙事框架中，进而生成貌似鲜明的知识生产的效果。对于研究者而言，是
要把它强行纳入一个预设的统一性、中心的叙事框架中，还是保持游离的、
发散的不确定状态呈现，以彰显历史的真实性，这是检验历史研究者学问功
底或者是对于研究者自身所持历史观严谨性的一种考验。诚然，强行纳入统
一性的预设框架中，使得全书结构整体比较系统、思路严谨、结构精当，更
能呈现出一种知识生产的效果性，但却是对真实历史的遮蔽，而且是有意的
遮蔽，开放的、游离（无序）的状态虽然给人以凌乱的、打破中心的、非对
称的、非统一性的观点的呈现，难以纳入一种类似有序、统一的叙事框架
中，但是却能真实地呈现出以"人"为主体的艺术史研究的特质——还原历
史的真实性，在"共情"的基础上，在掌握、占有充足的史料基础之上可以
展开、进行的合理想象，并行之以文，如实地表述出来，呈现的状态似乎
是一种游离的无序状态，但却是一个可以认知的状态，是一个迫近真实的状
态呈现，或许真实的历史本身并非后世建构的中心式、对称式的状态，此亦

为后现代史学一直强调和反思的重点。对于史学研究中呈现的游离性或不确定性，正如马克·布洛克所言："史学的不确定性正是史学存在的理由，它使我们的研究不断更新。由于全新的开拓，我们肯定可以理直气壮地声称自己将更执着于历史。只要不懈地努力实现自身的价值，史学的不完善性与完美无瑕的成功，同样是富有魅力的。借用贝珋的话来说，一个好农民在播种耕耘时的喜悦并不亚于收获时的欢欣。"①

第二，"主体确认"的研究范式。②于黄宾虹的个案而言，主体确认的研究范式，即作为主体的黄宾虹，在历史中是如何被建构和形塑，以及在历史中又是如何步步确认自身的一种研究范式。以黄宾虹的"避地而居"为中心展开的探究，实际上也是对于主体确认这一研究范式带有试错的尝试。主体确认的研究范式，首先要明确主体的特质，主体是被"他者"建构和结构的主体，因而，主体的问题即为"他者"的问题。确认，是主体寻觅自身、认同的过程。主体确认的研究范式，即要把研究对象置于"他者"——真实的历史语境中进行"自身"的考察。那么，这里的问题是何以建构真实的历史语境？需要研究者掌握大量的史料，并在此基础上进行深入的解读、厘清与辨析，展开历史想象，生成"共情"的基础，于"共情"的基础上使之呈现出"问题化"和"场域化"的研究态势。何谓历史研究？以笔者愚见，历史研究包含两个面向，一是真实的历史面向，即有明确的史料可以考证的；二是"重建"的历史面向，也即杭春晓所指出的"幽暗因子的架构力量"③，即在掌握大量史料的基础上，以"同情之理解、理解之同情"的态度，展开

---

① ［法］马克·布洛克：《历史学家的技艺》，张和声译，北京师范大学出版社2014年版，"导言"部分。
② 这一研究范式的提出，笔者所闻源自中国艺术研究院美术研究所研究员杭春晓的讲座《20世纪早期潘天寿的交游及其主体确认》，笔者受此启发，亦在此表示感谢。
③ 杭春晓：《隐匿的"知识"与"权力"——由徐悲鸿编〈齐白石画册〉论20世纪20年代美术界之文化场》，未刊稿。承蒙杭春晓先生嘉惠，提前阅读书稿，受益匪浅，在此表示感谢。

历史想象，重建历史的场域，亦能还原历史的真实语境，此亦为笔者在书中试图要论证、阐释的一个重要方面。另外值得警惕的是，主体确认的研究范式在不解的情形下，易被误读为是"推销"作者的历史观和认知水平，正如前述，历史人物基于不同的语境，其观念往往呈现一种"游离的不确定性"，因而，主体确认的研究范式是一种"冒险"的尝试。但是，正如海登·怀特所言"建构一种可以用观念解读历史冒险经历的思维模式"，其本身也是一场冒险；但这场冒险是必要的，因其包含了我们对于观念的敏感之心、好奇之心与思变之心——它是文明活跃之所在，亦是人类社会不断转变，得以生存的动力。① 而在笔者看来，人文科学的沉思亦从来不是为了提供一个正确的答案，而是提供一种差异化的视角，并以此反思自己的偏见。

第三，以"人"为主体的艺术史。在黄宾虹个案的研究过程中，笔者发现了更多的"问题点"值得展开论证和探究。但这个问题点并非以黄宾虹的笔墨为中心而可能展开的研究性，以笔者在本书中的检讨，问题点往往筑基于黄宾虹的交游场域中，从某种角度而言，交游貌似是一种身份认同之间的契合，但身份认同的背后隐藏的是文化认同问题、权力关系，交游的情境是权力、文化博弈的场域，互动生长。因而通过交游的检讨，可以发现更多的问题点，而通过这些问题点的研究，又能引发更多的问题和想象，进而能够使得研究进一步拓展和深入，如此，则形成一个具有鲜明问题意识的良性循环机制，新的知识生产得以不断进行。以笔者愚见，自 2000 年以来，作为学科的艺术史，基于"他者"的影响和形塑，逐步向场域化的状态温和地渐进，也即，在文化研究逐步深入化的历程中，各学科之间呈现出一种"既专又融""跨界与重组"的趋势，于艺术史学科而言，成为各个学科的实验场，而研究者因跨界亦建构了其多重的身份。因而，近年来有学者焦虑艺术

---

① 参见黄进兴《后现代主义与史学研究：一个批判性的探讨》，生活·读书·新知三联书店 2008 年版，第 53—95 页。

史学科的边界因不断扩张，最后会导致消解。在笔者看来，在生成这种焦虑之前，我们首先要反思、检讨的是问题本身：艺术史的主体是什么？什么是艺术史的边界？揆诸近年来艺术史呈现的新变化，正是基于艺术史学科以开放的姿态、不断拓展的结果。以黄宾虹研究而言，今时今日的研究早已超出了"笔墨中心"的藩篱，我们要担心或焦虑的不是关于黄宾虹研究是否因脱离了作品、脱离了"笔墨"就不再是专业化的"黄宾虹研究"，更应该引起反思的是：在艺术史研究越来越呈现出场域化的趋势时，面对"黄宾虹"及其背后的叙事话语体系，我们是否具备重新提问问题的能力？又能以何种角度进行提问？问题的答案隐藏在我们对于艺术史的主体认知上。借用罗志田的观点[①]，笔者愚见，艺术史的主体，最终指向的是人，也即，艺术史是"人"的历史。这里的"人"不仅仅是生理维度的认知，更是被他者建构的"主体"的人，是被历史"结构化"的产物。如此而言，主体因"他者"变化而不断变化，那么以"人"为主体的艺术史亦会呈现出不断"实验""生长"的状态。显然，以人为主体的艺术史学科本身就是一个不断开放、不断被打破、不断被重构的一门学科，因而，艺术史是否被"消解"，无须担心。

最后，仍需指出的是，书中的观点及展开，虽筑基于诸种史料之上，但难免有"一厢情愿"的嫌疑，疏漏、偏颇之处时见，祈请师长前辈批评教正。行文之时，因限于学力，兼及黄宾虹之学问高深，恒患文不逮意，内心惶恐，然，业已成文，逝不可追，如此，唯望来日精耕细研，以期继续深入。

---

① 罗志田在新著中指出：历史的主体是人。参见《风雨鸡鸣：变动时代的读书人》"自序"，生活·读书·新知三联书店 2019 年版，第 1 页。

参考文献

一、著述类

[1]杭春晓:《渐进式文化改良——以民初北京地区传统派画家为中心的考察》,安徽美术出版社 2013 年版。

[2]黄宾虹研究会编:《墨海波涛——黄宾虹研究论文集》,萧山文联印刷厂1998 年版。

[3]《黄宾虹全集》编辑委员会编:《黄宾虹全集》,山东美术出版社、浙江人民美术出版社 2006 年版。

[4]范迪安主编:《百年巨匠黄宾虹》,山东美术出版社 2018 年版。

[5]王中秀编著:《黄宾虹年谱》,上海书画出版社 2005 年版。

[6]黄宾虹原著,王中秀编著:《编年注疏——黄宾虹谈艺书信集》,人民美术出版社 2016 年版。

[7]王中秀:《黄宾虹画传》,上海画报出版社 2006 年版。

[8]杭州黄宾虹学术研究会:《黄宾虹艺术研究文集》,浙江大学出版社2016 年版。

[9]关山月美术馆:《黄宾虹与笔墨问题文集》,广西美术出版社 2008年版。

[10]孔令伟、[德]尤莉主编:《黄宾虹与现代艺术思想史国际学术研讨会文集:2012 杭州》,中国美术学院出版社 2014 年版。

[11]中国美术学院艺术人文学院:《纪念黄宾虹诞辰一百五十周年国际学术研讨会论文集浙江省博物馆》,浙江人民美术出版社 2015 年版。

[12]浙江省博物馆:《无尽藏·黄宾虹的鉴藏》,西泠印社出版社 2017 年版。

[13]王鲁湘:《黄宾虹艺术研究文集》,人民美术出版社 2014 年版。

[14]浙江省博物馆、中国美术学院艺术人文学院编:《黄宾虹文集》,上海书画出版社 1999 年版。

[15]黄宾虹:《琴书都在翠微中——黄宾虹自述》,文化艺术出版社 2015 年版。

[16]尹吉男、王璜生、曹庆晖编:《北平艺专与民国美术学术研讨会》,人民美术出版社 2016 年版。

[17]李伟铭:《传统与变革:中国近代美术史事考论》,商务印书馆 2015 年版。

[18]方维规主编:《思想与方法——近代中国的文化政治与知识建构》,北京大学出版社 2015 年版。

[19]罗志田:《裂变中的传承:20 世纪前期的中国文化与学术》,中华书局 2009 年版。

[20]王尔敏:《中国近代思想史论》,社会科学文献出版社 2003 年版。

[21][日]高柳信夫:《中国"近代知识"的生成》,唐利国译,商务印书馆 2016 年版。

[22]黄宾虹研究会编:《墨海青山——黄宾虹研究论文集》,山东教育出版社 1988 年版。

[23]黄宾虹研究会编:《墨海烟云——黄宾虹研究论文集》,安徽美术出版社 1989 年版。

[24]上海书画出版社编:《黄宾虹研究(朵云 64 集)》,上海书画出版社 2005 年版。

［25］裘柱常：《黄宾虹传记年谱合编》，人民美术出版社 1985 年版。

［26］赵志钧编著：《画家黄宾虹年谱》，人民美术出版社 1992 年版。

［27］查永玲：《传统与革新的集大成者：黄宾虹》，海峡文艺出版社 2003
　　年版。

［28］上海教育学院古籍整理研究室编：《黄宾虹书信集》，上海古籍出版社
　　1999 年版。

［29］孙美兰：《李可染研究》，江苏美术出版社 1991 年版。

［30］黄宾虹：《虚白斋丛书·黄宾虹诗集》，香港虚白斋 1993 年版。

［31］夏承焘：《天风阁学词日记》，浙江古籍出版社 1984 年版。

［32］郭若愚：《落英缤纷——师友忆念录》，上海书画出版社 2003 年版。

［33］汪林茂：《晚清文化史》，人民出版社 2005 年版。

［34］李朴园、李树化、梁得所、杨邨人、邓君里：《近代中国艺术发展史》，
　　良友图书印刷公司 1936 年版。

［35］王伯敏、钱学文编：《黄宾虹画语录图释》，西泠印社出版社 1993
　　年版。

［36］朱良志主编：《内美静中参》，浙江人民美术出版社 2015 年版。

［37］初中海：《海上虹影——黄宾虹上海三十年艺术活动之雪泥鸿爪》，中
　　国书店 2017 年版。

二、期刊论文类

［1］朱天曙：《黄宾虹致卞孝萱的五通手札——兼谈黄宾虹的印学与画学》，
　　《美术观察》2018 年第 4 期。

［2］王志勇：《线质：心画的直接表征——从黄宾虹的艺术实践谈起》，《美
　　术研究》2018 年第 2 期。

［3］陈都：《不能让伪史助长艺术市场的价格泡沫——以"黄宾虹热"为

例》,《中国美术》2018 年第 1 期。

[4]李明:《民国时期北京"正统派"画风与黄宾虹晚年绘画新变》,《文艺研究》2017 年第 11 期。

[5]王建国:《叶恭绰与黄宾虹、蔡元培书画交游考论——兼论其"艺术救国"思想》,《中国书法》2017 年第 16 期。

[6]尚辉:《发现与开拓——广西题材美术创作对于中国美术现代性转型的价值》,《美术》2017 年第 5 期。

[7]倪龙娇:《五四新文化运动时期安徽籍知识分子的美术观》,《美术教育研究》2017 年第 4 期。

[8]李明:《从"启祯崛起"到"道咸中兴"——黄宾虹审美观念中的"笔墨中心"》,《西南民族大学学报(人文社科版)》2017 年第 3 期。

[9]李明:《"道咸画学中兴"说与"正统派"传统》,《美术观察》2017 年第 1 期。

[10]陆明君:《黄宾虹以金石文字笔法为宗的画学观寻绎》,《美术观察》2016 年第 7 期。

[11]陈振濂:《观念与趣味——作为"现代知识分子"的黄宾虹》,《中国书法》2016 年第 1 期。

[12]洪再新:《〈黄宾虹文集全编〉序》,《新美术》2015 年第 7 期。

[13]陈长田:《小议傅雷与黄宾虹交往中的文体策略》,《美术观察》2015 年第 6 期。

[14]张涛:《纸上济苍生——民初北京的古物流失与画家经营》,《美术研究》2015 年第 1 期。

[15]彭飞:《国难下的忍辱负重——王石之与国立北京艺术专科学校》,《美术研究》2014 年第 3 期。

[16]朱浩云:《黄宾虹书画作品正在市场热起来》,《东方收藏》2014 年第 7 期。

［17］洪再新：《展开现代艺术空间的跨语境范畴：探寻 1920 年代初上海的"国画复活运动"的启示》，《美术学报》2014 年第 2 期。

［18］江志伟：《香港〈大公报〉与新安黄宾虹》，《收藏》2013 年第 21 期。

［19］洪再新：《从民族主义到现代主义：邓实、黄宾虹学术思想关系考略（下）》，《美术学报》2013 年第 4 期。

［20］王昱：《黄宾虹和抽象表现主义绘画的相通之处》，《艺术教育》2012 年第 9 期。

［21］李明：《"道咸画学中兴"说之"笔墨"原意考》，《美术研究》2012 年第 3 期。

［22］鲁明军：《"士气"之变：黄宾虹画论中的观念与认同》，《文艺研究》2012 年第 5 期。

［23］于洋：《返本开新的选择——以黄宾虹上海时期的画学思想为中心》，《文艺研究》2011 年第 9 期。

［24］朱万章：《商承祚与黄宾虹：一段美术关系的钩沉——以鉴藏〈骢马归朝诗叙〉为例》，《文物鉴定与鉴赏》2011 年第 1 期。

［25］王好军：《黄宾虹晚年在中国港澳地区鬻画情况探略》，《艺术百家》2009 年第 S2 期。

［26］薛帅杰：《新史学民族性与黄宾虹"文艺救国"思想关系考察》，《语文学刊》2008 年第 9 期。

［27］张言梦：《黄宾虹的几通书信及相关问题》，《美术研究》2007 年第 2 期。

［28］《黄宾虹作品拍卖成交价格排名》，《收藏界》2005 年第 4 期。

［29］舒士俊：《黄宾虹的学术价值与释读的困惑》，《荣宝斋》2005 年第 1 期。

［30］杭春晓：《严肃与自由——黄宾虹学术研讨会综述》，《荣宝斋》2004 年第 6 期。

[31]徐鼎一：《及年三十弃举业——经学与黄宾虹》，《荣宝斋》2004 年第
　　6 期。

[32]万青力：《黄宾虹与"道咸画学中兴"说》，《文艺研究》2004 年第
　　6 期。

[33]薛永年：《黄宾虹与近代美术史学》，《南京艺术学院学报（美术与设计
　　版）》2004 年第 4 期。

[34]尚辉：《论黄宾虹艺术的海派文化特征——20 世纪初海上文化对于确
　　立黄宾虹艺术思想的影响》，《文艺研究》2004 年第 6 期。

[35]杭春晓：《黄宾虹的意义——郎绍君访谈》，《美术观察》2004 年第
　　6 期。

[36]洪再新：《古玩交易中的艺术理想：黄宾虹、吴昌硕与〈中华名画——
　　史德匿藏品影本〉始末考略（续）》，《美术研究》2002 年第 1 期。

[37]蒋璐：《大画家黄宾虹的民主革命生涯》，《世纪行》2001 年第 11 期。

[38]文楚：《黄宾虹与辛亥革命》，《档案与史学》2001 年第 4 期。

[39]王永敬：《走向现代：中国画内部的突破——回眸黄宾虹》，《美术》
　　2000 年第 4 期。

[40]今哲：《"中国人民优秀的画家"黄宾虹》，《今日浙江》2000 年第
　　9 期。

[41]张文俊：《回忆黄宾虹》，《艺苑（美术版）》1998 年第 3 期。

[42]李维：《黄宾虹与毛泽东、周恩来的丹青之谊》，《合肥教育学院学报》
　　1999 年第 4 期。

[43]云雪梅：《读黄宾虹致过旭初的一封信》，《美术观察》1996 年 04 期。

[44]严武栩：《古玩轶闻逸事录》，《上海艺术家》1997 年第 4 期。

[45]查永玲：《黄宾虹与中外学术交流——介绍美国德里斯珂教授给黄宾虹
　　先生的信》，《新美术》1990 年第 3 期。

[46]义荔：《继承优秀传统弘扬民族文化——黄宾虹研究会第四次年会在南

京举行》,《南京艺术学院学报（美术与设计版）》1990 年第 1 期。

[47]王志纯:《借古开今——吴、齐、黄、潘四大家学术研讨会综述》,《新
美术》1992 年第 10 期。

[48]洪再新:《静中参与格式塔 黄宾虹的艺术世界》,《新美术》1985 年
第 3 期。

[49]赵志钧:《傅雷与黄宾虹》,《新文学史料》1987 年第 3 期。

[50]朱金楼:《近代山水画大家——黄宾虹先生（上）》,《美术研究》1957
年第 2 期。

[51]裘柱常:《黄宾虹与南社》,《新美术》1982 年第 4 期。

三、硕博士学位论文类

[1][韩] 金元卿:《黄宾虹思想及其绘画美学演进之研究》,博士学位论文,
中国社会科学院,2003 年。

[2]李明:《"道咸画学中兴说" 研究》,博士学位论文,中央美术学院,
2010 年。

[3]黄志勇:《黄宾虹"士夫画"理念研究》,博士学位论文,山东师范大
学,2018 年。

[4]方辉:《黄宾虹"国画民学论"研究》,博士学位论文,中国艺术研究
院,2017 年。

[5]张桐瑀:《"引书入画"在黄宾虹山水画笔墨转换中的重要作用》,博士
学位论文,中国艺术研究院,2007 年。

[6]苏碧懿:《黄宾虹（1865—1955）及其对二十世纪中国绘画传统的重新
界定》,博士学位论文,香港大学,1998 年。

[7]刘佩萦:《黄宾虹书画研究》,硕士学位论文,高雄师范大学,2017 年。

[8]刘瑞兰:《黄宾虹对浑厚华滋的新诠释》,硕士学位论文,台湾艺术大

学，2012年。

[9]郭启第：《复古褪新：黄宾虹山水画之承与变》，硕士学位论文，高雄师范大学，2008年。

[10]林佳贞：《以黄宾虹为例检证"身即山川"的创作观》，硕士学位论文，台湾中国文化大学，2003年。

[11]杨静如：《黄宾虹藏古玺印与其古文字书法之研究》，硕士学位论文，台湾师范大学，2003年。

[12]姜昌明：《画学复兴思救国——论黄宾虹画学中的救国思想与其晚年的北宋画风》，硕士学位论文，台湾"中央大学"，2000年。

[13]叶奉安：《黄宾虹生平及其绘画艺术之研究》，硕士学位论文，台湾中国文化大学，1995年。

[14]吴逢春：《黄宾虹绘画艺术之研究》，硕士学位论文，台湾中国文化大学，1988年。

[15]王忆天：《黄宾虹山水画法中的太极图原理浅析》，硕士学位论文，陕西师范大学，2016年。

[16]宋舒曼：《程邃在扬州：身份认同与绘画创作的嬗变研究》，硕士学位论文，扬州大学，2015年。

[17]陈亚萍：《士商互动背景下的徽州宗族教化——基于歙县黄氏宗族的研究》，硕士学位论文，浙江师范大学，2015年。

[18]王宣艳：《画人之前：作为士人的黄宾虹——早年黄宾虹的经历与心境》，硕士学位论文，浙江大学，2011年。

[19]王兴堂：《中国近代山水画的中西体用之间》，硕士学位论文，中央美术学院，2008年。

[20]田亮：《黄宾虹在民国时期的鉴定活动与鉴定观念》，硕士学位论文，中央美术学院，2006年。

[21]耿晶：《史眼与慧识——作为美术史家和学者的黄宾虹》，硕士学位论

文，中国艺术研究院，2005 年。

四、画册画集类

［1］叶子、江吟主编：《现代名家翰墨鉴藏丛书·卷2　黄宾虹》，西泠印社出版社 2009 年版。

［2］陈凡编辑：《黄宾虹先生画集》，香港中央印务馆 1961 年版。

［3］《黄宾虹山水画集》，上海人民美术出版社 1955 年版。

［4］《冰上鸿飞·黄宾虹书画集》，上海人民美术出版社 2004 年版。

［5］王伯敏编：《黄宾虹画语录》，上海人民美术出版社 1961 年版。

［6］王伯敏：《中国画家丛书——黄宾虹》，上海人民美术出版社 1979 年版。

［7］《黄宾虹山水写生册》，中华书画出版社 1980 年版。

［8］《西泠艺丛——黄宾虹专辑》，西泠印社出版社 1981 年版。

［9］《黄宾虹山水画选》，浙江人民美术出版社 1984 年版。

［10］《黄宾虹画集》，上海人民出版社、浙江人民美术出版社 1985 年版。

［11］《黄宾虹蜀游画选》，四川人民出版社 1985 年版。

［12］浙江省博物馆编纂：《黄宾虹山水花鸟集》，中国工人出版社 1993 年版。

［13］《黄宾虹山水册》，人民美术出版社 1986 年版。

［14］《黄山卧游——黄宾虹黄山写生册页》，安徽美术出版社 1985 年版。

［15］《黄宾虹画集》，台湾华正书局有限公司 1987 年版。

［16］《荣宝斋画谱——黄宾虹绘山水部分》，荣宝斋出版社 1987 年版。

［17］《黄宾虹书法集》，江苏美术出版社 1991 年版。

［18］《澄怀古道·黄宾虹》，香港市政局、香港艺术馆 1995 年版。

［19］《黄宾虹笔墨探微》，浙江人民美术出版社 1995 年版。

［20］《黄宾虹黄山写生册》，上海画报出版社 1997 年版。

［21］中国艺术大展组织委员会编：《中国艺术大展作品全集——黄宾虹卷》，
　　　上海书画出版社 1997 年版。

［22］《黄宾虹山水画艺术论》，浙江人民美术出版社 1998 年版。

［23］浙江省博物馆、浙江人民美术馆编：《中国画名家册页典藏——黄宾虹
　　　册页》，浙江人民美术出版社 1999 年版。

［24］《黄宾虹书法集》，上海书画出版社 1999 年版。

［25］王中秀编著：《中国画名家作品真伪——黄宾虹》，上海书画出版社 2000
　　　年版。

［26］《黄宾虹画集（上、下卷）》，人民美术出版社 2003 年版。

［27］《黄宾虹山水写生册》，人民美术出版社 1962 年版。

［28］《黄宾虹山水写生》，浙江人民美术出版社 1981 年版。

［29］《黄宾虹、吴昌硕、齐白石精品集》，人民美术出版社 2012 年版。

［30］赵军主编：《虹叟书画集·纪念黄宾虹诞辰一百五十周年》，浙江人民
　　　美术出版社 2014 年版。

后 记

行文至此，猛然醒悟，博士生涯已迫近结束，然犹感无所成就，心中不免怅怅。按照惯例，总要说几句感谢的话，但对我而言，真正的感谢从来都是深藏心底，因而言及感谢，不如自我反思读博的历程，这深深的感谢就嵌合其中。

我与导师杭春晓先生相识已久，当年春晓师在南京艺术学院跟随阮荣春先生读研究生，我则读本科。时有"中国画论"课程，据言为周积寅先生教授，然真正授课之时，来的却是一位长发飘逸、佩戴眼镜的"年轻人"，言谈之间，倒颇有"长者"之风，古文、画论精熟于心，寄妙理于豪放之外，出新意于法度之中。犹记当时，"年轻人"放言："《古文观止》，唐宋之后诸篇，皆可倒背如流！"吾等自然难以信服，遂存"刁难"之心，挑选"长篇"，一一试之，果如其言！又演示背诵《离骚》，语速之快，竟不能辨！豪迈之情，言犹在耳。这位"放言"的年轻人，即是我的导师杭春晓。经此一课，我与老师结识，亦经此一课，为老师所折服。因慕其才华，觅其住处，发现与我所在之镇江路宿舍，仅隔一墙耳！遂登门求教，畅谈之余，犹记春晓师当时指出的课题：牛头马面研究。我则之后搜罗史料，"剪刀加糨糊"[①]，编辑万余言，示以老师，老师欣然默许之。可惜毕业匆忙之际，文

---

① 2003 年至 2005 年，笔者在读书之余，由军伟兄引荐，成为著名美术史论家林树中先生之助手，每天下午三点至五点在其家中帮忙，或整理杂志、书籍、文稿，或粘贴六朝瓷器，或打印、复印，时时见老先生伏案工作，从报纸杂志中剪贴所需之图片，粘于文稿中，彼时电脑写作未曾普及，老先生因高寿，还是传统的写作方法，称为"剪刀加糨糊"。后与春晓师聊及此事，未料其亦有为林树中老师做助手之经历，不胜感慨。

稿遗佚。现在想来，这篇万言稿，竟是我本科生涯所撰写论文中最长的一篇，虽价值阙如，但亦为"见证"，深以为憾。当时与老师之交往，还有一事，现在想来记忆模糊，犹记老师偕我参加晚宴，在座诸位，除老师之外，我只记得扬州大学的贺教授。席间言谈的话语早已随风飘逝，但我至今还清晰记得的是老师对徐文长绘画一句评价：徐渭《墨葡萄》中用墨，应含"胶"颇多。

在南京与老师的交往，记忆中也只有这一两段"碎片"了，对于"我"的形塑而言，是学术的启蒙与开端，亦是我探寻老师学术谱系的重要"史料"。跟随老师读书之时，我时常反思怎样"跟随"老师读书。在我看来，选择"谁"作为导师，你所选择的是作为"主体"的导师，质言之，即老师的学问。那么，既然选择老师的学问，根本的前提就是要知晓老师的学问究竟是什么。何以知晓？可以从过去、现在、未来三个向度来思考和链接，只有清楚老师是何以成为老师的（过去），才能了解老师现在的学术和思想，进而展望老师未来的研究。过去是当下的过去，未来亦是当下的未来，因而，老师过去的研究观点和学术思想都在我当下撰写的这本书中得以呈现。何以？当然，这并非故意"讨好"，于老师之"学术性格"亦不容。跟随老师学习这三年间，最大的收获即为学术的严谨性，"有一分材料，便说一分话"，能找到"原始文本"，就不要用"二手"的材料。与老师交谈，三两句琐事之后便直奔学术主题，进入知识、思想的海洋遨游。从一开始的不适应，到现在的常态化，潜意识中业已成为自身聊天时的言谈习惯，不知不觉间，思考问题的方法、角度、路向逐步向老师"靠拢"，视野亦随之逐步拓展，宛如徐徐打开一幅古代的手卷，意料之中总有几分惊喜显现。正是基于此，伴随老师的引导，进入中国现代艺术史的领域，在对黄宾虹展开研究时，基于史料进行的思考与老师之前的研究不免有"异曲同工之妙，不谋而合之处"，诸如老师对于关良的"双重身份"的探讨，对于溥心畲"三度遗民"的想象，对于徐悲鸿、林风眠、蔡元培之间文化场的博弈，对潘天寿 20 世纪 20 年代的主体确认，等等，黄宾虹身上亦有所体现，笔者在研究中检讨黄宾虹之过渡时代的过渡身份、北平沦陷时期"遗民"身份的想象、北平之行中交游场域的重建等问题，都能从老师之前的研究中获得极为重要的参考价值。当然，这也是老师"洗脑"的成果彰显。老师在课堂上常言：洗洗更健康。犹记暌隔十多年后与老师首次见面时所感受到的惊讶与震撼，其早已跳脱传统美术史研究范式的藩篱，且背后的知识系统愈加复杂、多元化，言谈间呈现出的认知维度，已非我这个"老南艺"知识系统一时所能接受的了。对于读博，老师用两个字便归纳出我当时最大的问题和未来的路向——"开窍"。实际上，行文之际，我依然彷徨于自己是否已经开窍，但当我把第二章呈现在老师面前时，老师欣然语我："算是开窍了。"如此而言，开窍，以我的愚见，也即能够在清理习见、反思常识的基础上逐步形成自己的史观——认知问题的方法、角度和眼光。何以开窍？唯有读书。但时值当下，出版物浩瀚如星辰，何以在无涯的书海中建构最有效的有涯阅读？老师以自己的学术经历为我们指明了终南捷径——开放式阅读，不能囿于专业一隅，目光要放长远，艺术史研究终究依赖于人文学科的沉思折射。随后，老师为我们的阅读列出了"基石"性质的书目，迄今亦是三代相传，成为"杭门"之传统阅读惯例。实际上，书目寥寥，老师真正想要传达的，是我们通过这寥寥书目的阅读之后，能够反思自身被建构的熟悉化经验，并于此基础上可以形成一种自由"生长式"的阅读习惯。阅读的效果如何？虽然我未曾全部读完，效果不详，但于师弟、师妹身上，影响显豁，每当老师在群里发布文章，进行思想与话语的"训练"之时，师弟、师妹们的思考与言论成为我借鉴学习的有效资源。行文至此，想到博士生涯即将结束，虽依然在群可参与讨论，但于我而言，毕竟语境已然发生改变，心中更加怅怅。

著名历史学家罗志田，有一次接受记者采访，被问及当年在美国普林斯顿大学跟随余英时先生读博时最后悔的事情时,罗志田怅然回答:"最后悔的就是与老师聊天的机会太少了。"对于这个答案,笔者深以为然,因为真学者的品质是相通的。三年读书,貌似时间悠长,沉浸其中,眨眼便是今天。揆诸与老师的聊天,基于亲炙于前的机会,笔者极为珍惜,言谈中,每每都能在老师的引导下,思维急速运转、碰撞,火花隐现。因而,每次从老师工作室回来,兴奋且疲惫。第二天便整理聊天的录音,这是思想的第二次洗礼,从自身的知识经验出发,细细咀嚼老师说的每一句话,从中体会学问之道,受益匪浅。每次当面请教时,老师亦会言及自身正在写作的文章或构思,因而能够使我时刻把握老师的学术动态、思想动态,并从老师的话语中,寻觅这一话语的知识谱系,进而快速"充电",试图紧跟老师的脚步。本书的写作亦是受到老师当时写作的文章之深刻影响,书中的某些观点,甚至历史研究的叙事框架都直接或间接地来自老师最新的知识生产,亦为本文增添不少"光彩"。撰写过程中,老师虽"只言片语",但极有助于笔者写作过程中思路的开拓,使得"揉面"的功夫日益精进。"揉面"是老师在我们后期教学中常用的词语之一,史料是面粉,艺术史研究就是揉面的功夫,高手就是能够把各种颜色的面粉揉成一团,使之"浑然一体"。老师的比喻形象生动且醒目,但真正于写作中呈现却是极为困难的。笔者第二章的写作叙事,有学者便指出由于阐发"突兀",太接近"史学研究",反而丧失了美术史的"特色"。质言之,这仍然是"揉面"的问题,对于此,老师指出:"自己关于人生的真情实意,是揉面的真正酵母,所谓同情并理解者,即为此意。"老师的这句话,使我感触颇深。最后一章论及黄宾虹在北平的困居,揆诸自身北来读博,负担颇重,现实生活中的压力犹如当年困居此地的黄宾虹,在第三章与第四章的写作中,笔者亦试图怀"同情并理解"的态度进行论述,并时时检讨自身的主观因素,最终虽然完成,但在时间紧迫之下,不如意之处甚多,日后应当在史料的厘清与辨析中,再加检讨。

读博三年,于老师的治学与教学中受益良多。2017 年入学后,老师便在微信中建立思想的训练群，名曰"借声楼学习小组"，老师以其广泛的兴趣、深厚之学力和眼力，不时在群里发布最新文章，内容广博，跨界多元，涵盖哲学、思想史、经济史、政治史、艺术史、考古等多种学科，作者诸如拉康、福柯、阿甘本、哈耶克、波普尔、巴迪欧、萨义德、王汎森、罗志田、葛兆光，等等，极大地拓展了我们的阅读视野，把艺术史这门学科真正纳入人文学科的范畴中来观看，并给予一个世界主义的语境。每位同学在读完老师发布的文章后，必须做出相应的评价，角度多元，同门之间亦可针对评论进行论争，但亦要警惕"辩手"思维，最后由一名或两名同学针对这一次训练进行总结，并记录成文。这样的思想训练从未停歇，身处其中的我们，彼时虽无法体会到"立竿见影"的效果，但之后在论文的写作中，特别是在针对史料的观看、厘清与辨析中却有了显著的变化，能于材料的细微变化中发现逻辑的缝隙，进而促成问题的开展。针对我们在群里的评论，老师从不作价值、是非判断，而是针对同学的各自观点背后所依托的知识系统进行简评，从而让我们能观照自身的"症状"，围绕自身的"症状"进行阅读和反思。

老师常言："做学问需要提出'真'问题。"那么"真"问题哪里得来？来自对史料的检讨和反思。对于材料，老师自有观点："学问的进步有两个重要方面：一是材料的积聚与剖解；二是材料的组织与贯通。前者须靠精勤的功力，后者全靠综合的理解。"因而，在论文的选题上，老师只给出方向，具体的"写作点"，皆由自己阅读史料反思得来，在我看来，由史料反思、检讨而生成的问题，才是老师所言之"真"问题，基于真问题而展开的写作，才能使自身不断检讨"预设"的叙事框架，从而使得写作能够逐步呈现出"自由生长"的态势。而基于自身对史料检讨得出的真问题，亦会激发写作者的"兴趣"，并能揆诸当下的现实，从而不断寻找新史料，得出新问题，进而生成研究中良性的"理性循环"机制，使得有效的知识生产得以不断进行。

实际上，在当今艺术界，老师亦为多重身份的融合者，除艺术史学者外，还是著名的艺术批评家、策展人，对于当代艺术亦有深刻的认知，因此揆诸跟随老师读书的时光，若谈到遗憾，除跟老师聊天机会少之外，仅有的就是没有跟随老师进入展览现场，聆听老师对于当下艺术作品的观念阐释和视觉分析，毕竟，这是训练自身"眼光"的绝佳契机，且在我看来，艺术史研究应具有一个"整体"的艺术史观，不可能仅仅埋头关注自己的那块田地，亦应时时抬头，注意周围的动向，"附近"与"临近"的光景都要兼顾，不断探究"知识"是何以旅行的。

最后，是感谢的话语。感谢在论文开题、中期检查、答辩中诸位老师给予的有价值的建议，正是这些建设性的意见，才使得论文能够顺利推进，本书得以出版。感谢高勇、巩秦羽、邓琦、罗冰、邓经儒等同门师弟、师妹们，共同在杭老师门下学习，相互探讨，助我打开思路，受益匪浅。感谢金成辉、王鹏、刘晓衡、黄瑞、费秋生、李洪贞、郭楚开等诸位同窗，或与之坐而论道助益学问，或助我生计以解燃眉之急。感谢单位及郭栋、范晓颖、钟祥虎、朱芋静、宋二崇、王钟、孟亮、李芳等朋友、同事，在我离开学校之际，遇到困难时，仍能慷慨解囊，助我完成学业，深表谢意。感谢家人的支持，最要感谢的是我的妻子王惠，三年来不辞辛苦，一人支撑整个家庭，照顾女儿，没有她的支持，我无法顺利完成学业。还要感谢王惠的闺蜜们（小勾、小郑、小于、杨洋），以及我在北京结识的诸位朋友，在我们生活中排忧解难，陪伴小女有个快乐的童年。

最后再次感谢我的妻子王惠和宝贝女儿嘟嘟，她们不仅带给我快乐，亦是我人生奋斗永不停歇的动力之源。

2020 年 5 月 14 日于北京西坝河中里